每周一讲

高中数学

（选择性必修第二册）

主　编　任伟芳

副主编　华　婧　丁飞君　高　琪

编　委　陆巳钧　虞淑明　蒋亚军　沈钰吉　鲁　伟　吴伟燕
毛月妮　戴乐乐　吴方胜　俞建英　於家海　周琳莉
陈　静　竺佳菁　黄学文　季潮丞　史琼怡　陈碧文
翁树祥　桑红迪　毛浙东　林薇薇　吕增锋　乐海霞
王　伟　楼许静　王　燕　贾　俊

ZHEJIANG UNIVERSITY PRESS
浙江大学出版社

图书在版编目(CIP)数据

每周一讲．高中数学：选择性必修．第二册／任伟芳主编．—杭州：浙江大学出版社，2021.8

ISBN 978-7-308-21587-9

Ⅰ．①每… Ⅱ．①任… Ⅲ．①中学数学课—高中—教学参考资料 Ⅳ．①G634

中国版本图书馆 CIP 数据核字(2021)第 138767 号

每周一讲·高中数学(选择性必修第二册)

主　编　任伟芳

策　　划　陈海权(QQ:1010892859)

责任编辑　董　文

责任校对　闫　亮

封面设计　林智广告

出版发行　浙江大学出版社

(杭州市天目山路 148 号　邮政编码 310007)

(网址:http://www.zjupress.com)

排　　版　杭州朝曦图文设计有限公司

印　　刷　嘉兴华源印刷厂

开　　本　889mm×1194mm　1/16

印　　张　6.25

字　　数　228 千

版 印 次　2021 年 8 月第 1 版　2021 年 8 月第 1 次印刷

书　　号　ISBN 978-7-308-21587-9

定　　价　20.00 元

序　言

随着新课程新教材实施的不断深入和推广，很多同学为自己数学成绩不好而烦恼，为自己数学学习进步不大而焦虑，为自己学习数学兴趣不浓而担忧. 究其原因，是没有练好扎实的知识技能基本功、没有掌握正确的数学思维方法、没有找到适合自己的同步复习用书，最终使得数学成为短板. 鉴于此，我们组织二十余所学校的教师进行了以“夯实‘四基’，提高‘四能’”为主题的创新命题教学大比武，编拟了一批能促进深度学习且具有高阶思维的原创题目. 而来自一线的具有丰富教学经验的骨干教师又将这批题目进行了精心整理，编拟成了这本完全服务于每位同学，对每位同学都大有裨益的精品书.

这些编写老师个个都是出类拔萃的骨干教师：他们指导的学生，有的荣获国家奥数金牌，有的在高考中数学满分，更多的在他们的精心辅导下完成了从“学渣”到“学霸”的逆袭.

本书的编写基于新课程单元教学设计和课程整体融合的理念，且有以下几个特点.

第一，有料. 选题材料新颖、经典，同时兼顾最新高考和普通高中学业水平考试的命题方向. 书中教学目标严格执行《普通高中数学课程标准(2017 年版 2020 年修订)》的要求，每周一讲，内容相对独立，又相互联系，重视知识的逻辑连续性并符合数学学习认知的阶段性特点.

第二，有用. 学习内容编排由浅入深、循序渐进、螺旋上升，不同于一般的教辅资料. 本书以现代认知心理学理论为指导，按照认知信息加工规律，注重知识与能力的最近发展区. 每个“认知加工单元”均包括四基概述、典例分析、思路点拨、自主解答、巩固练习等环节，类似于一个高层次的“自学设计”周末套餐，对提高同学们解决问题的能力大有帮助.

第三，有效. 只要够勤快、够努力，本书对每位同学都很有效. 要用好“典例每周一讲微课增值服务”，每一讲都有配套视频讲解. 扫一扫封面上的二维码可以观看每讲 30 分钟左右的微课. 微课设计针对四基概述和典例分析做了二次开发和挖掘，对某些题目做了拓展延伸和解法优化. 视频画面清晰、声音洪亮、制作精美，运用了手写软件新技术，使观看者有身临其境的感觉. 来自一线且有着丰富教学经验的骨干教师担任主讲，他们讲解题目思路清晰透彻，知识点梳理到位，注重数学思想方法的提炼总结，对每道典例，解决问题后都会从不同角度进行回顾反思. 每周一讲的精讲精练会使数学变得简单易学，达到诊治思维痛点的效果，这样的课堂一定会让你受益匪浅.

第四，有趣. 数学不但要发挥其工具性功能，还要发挥其育人功能. 数学文化贯穿数学知识，使数学变得更加自然有趣. 每周精美邮票的旁边有名人名言. 一张张邮票仿佛能穿越时空，连接着过去和未来，而名人名言更能激励同学们不断攀登数学的高峰.

总之，这是一本有书可阅读、有课可观看、有群可交流的数学学习立方书. 本书提供了丰富的数学题目，既可供教师用于课堂教学与课外培优辅导，也可供同学们周末自主同步自学，是高中数学选择性必修第二册理想的同步学习用书. 本书是新课标新教材转型期指向发展核心素养的一次全新的探索与实践，是一线骨干教师长期教学实践的智慧结晶. 尽管我们追求尽善尽美，但难免会有不足之处，读者若有意见和建议，欢迎加入“每周一讲高中数学交流群”(QQ 群号：722467501)参与讨论，使本书更加完美.

感谢为本书出版给予大力支持的所有人，感谢教育部重点课题“基于 HPM 视角下的高中数学系列微课开发研究”(课题批准号：DCA180419)课题组成员的默默付出，感谢参加创新命题教学比赛的老师精心设计的原创题目. 特别感谢读者朋友对本书的厚爱，正因为有了您的支持，本书才有它的价值与意义.

任伟芳

目 录

Contents

第1篇 知识技能篇

第1讲　定序成数列　通项及递推

四基概述

1. 知识要点

(1) 数列的有关概念

数列	按照确定的顺序排列的一列数称为数列
数列的项	数列中的每一个数叫作这个数列的项
数列的首项	数列$\{a_n\}$的第1项
通项公式	如果数列$\{a_n\}$的第n项a_n与它的序号之间的对应关系可以用一个式子$a_n=f(n)$表示，那么这个式子叫作这个数列的通项公式
递推公式	如果一个数列的相邻两项或多项之间的关系可以用一个式子来表示，那么这个式子叫作这个数列的递推公式
前n项和	在数列$\{a_n\}$中，$S_n=a_1+a_2+\cdots+a_n$叫作数列$\{a_n\}$的前n项和

(2)数列的表示方法

列表法、图象法、通项公式法、递推公式法.

(3)a_n与S_n的关系

$$a_n=\begin{cases}S_1, n=1,\\ S_n-S_{n-1}, n\geqslant 2.\end{cases}$$

(4)数列是一种特殊的函数

数列是一种定义在正整数集或它的有限子集上的特殊函数.利用函数的有关知识解决数列问题时，既要注意函数方法的普遍性，又要考虑数列方法的特殊性.

(5)数列的单调性与最值

利用数列的单调性求解数列的最大项与最小项的常用方法有两种：

①对数列的前后项作差(或作商)，利用比较法判断；

②通过研究数列对应的函数的单调性判断.

2. 思想方法

函数思想、数形结合思想、分类讨论思想.

3. 注意点

利用a_n与S_n的关系求通项时，要注意检验首项.

典例分析

例1　如果数列1,5,12,22,…中的每一项都可用如图所示的图形表示出来，那么这个数列的第8项为(　　).

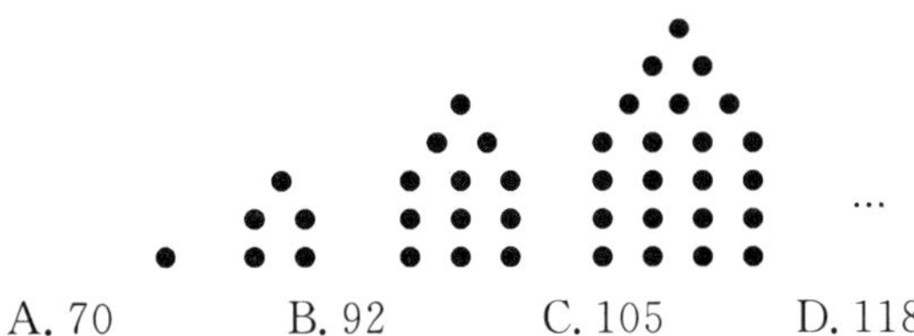

A. 70　　B. 92　　C. 105　　D. 118

【思路点拨】本题可以从数列的项和项之间的关系角度找规律，也可以从图形角度找规律.

【自主解答】

例2　写出下列数列的一个通项公式，使它的前4项分别是下列各数：

(1)$\frac{2^2-1}{3},\frac{4^2-2}{9},\frac{6^2-3}{27},\frac{8^2-4}{81}$;

(2)$-1,7,-13,19$;

(3)0.7,0.77,0.777,0.7777;

(4)$1,\frac{8}{5},\frac{15}{7},\frac{24}{9}$.

【思路点拨】本题通过观察法求数列的通项公式，此法的关键在于探求 a_n 与 n 之间的对应关系. 观察时可以先对已知项的结构进行分析，如符号特征、分式形式特征、相邻项间的不变量与变化量的特征等，有时还要适当地改变项的表达式，多次尝试后得到结果. 要熟记一些特殊数列的通项公式，以便直接应用或变形应用.

【自主解答】

例 3 已知数列 $\{a_n\}$ 满足 $a_1=1, a_{n+1}=2a_n+3(n\in\mathbf{N}^*)$.

(1)求数列 $\{a_n\}$ 的第 2,3,4 项；

(2)若 $b_n=a_n+3$，求 $\{b_n\}$ 的第 1,2,3 项，并猜想 $\{b_n\}$ 的通项公式.

【思路点拨】利用递推公式，通过相邻两项的关系求通项.

【自主解答】

例 4 已知数列 $\{a_n\}$ 的前 n 项和为 S_n，解决下列问题.

(1)若通项公式为 $a_n=1$，求其前 n 项和 S_n；

(2)若前 n 项和 $S_n=n^2+n+2$，求其通项公式 a_n；

(3)若前 n 项和 $S_n=4^n+1$，求其通项公式 a_n；

(4)已知 $a_1+2a_2+3a_3+\cdots+na_n=3^n$，求其通项公式 a_n.

【思路点拨】本题可借助 a_n 与 S_n 的关系求解，要特别注意检验首项是否满足条件.

【自主解答】

例 5 已知数列 $\{a_n\}$ 的通项公式为 $a_n=an^2+n$，若 $a_1<a_2<a_3<a_4<a_5$，且 $a_n>a_{n+1}$ 对 $n\geqslant 8$ 恒成立，求实数 a 的取值范围.

【思路点拨】数列是一种特殊的函数，在平时的学习中，要把函数概念、图象有机地融入数列中. 本题可以借助二次函数的单调性来处理，但是要注意“数列的单调性”和“函数的单调性”的区别.

【自主解答】

例 6　已知数列$\{a_n\}$的通项公式为$a_n=\frac{2n-5}{2^n}$,求数列$\{a_n\}$的最大项.

【思路点拨】本题可以用作差比较法判断数列$\{a_n\}$的单调性,进而找出其最大项.

【自主解答】

巩固练习

1. 已知数列$\{a_n\}$的通项公式为$a_n=n^2-8n+15$,则3(　　).

A. 不是数列$\{a_n\}$中的项

B. 只是数列$\{a_n\}$的第 2 项

C. 只是数列$\{a_n\}$的第 6 项

D. 是数列$\{a_n\}$的第 2 项或第 6 项

2. 数列$\frac{2}{3},\frac{4}{15},\frac{6}{35},\frac{8}{63},\frac{10}{99},\cdots$的第 8 项是(　　).

A. $\frac{14}{195}$　　B. $\frac{16}{255}$　　C. $\frac{18}{323}$　　D. $\frac{20}{399}$

3. 符合递推关系式$a_n=\sqrt{3}a_{n-1}$的数列是(　　).

A. 1,2,3,4　　B. $1,\sqrt{3},3,3\sqrt{3}$

C. $\sqrt{3},3,\sqrt{3},3$　　D. $0,\sqrt{3},3,3\sqrt{3}$

4. 已知数列$\{a_n\}$的前n项和$S_n=n^2-9n$,第k项满足$5<a_k<8$,则k等于(　　).

A. 6　　B. 7　　C. 8　　D. 9

5. 已知S_n是数列$\{a_n\}$的前n项和,$S_n+S_{n+1}=a_{n+1}$ $(n\in\mathbf{N}^*)$,则此数列是(　　).

A. 递增数列　　B. 递减数列

C. 常数数列　　D. 摆动数列

6. (多选题)已知数列$\{a_n\}$的前 4 项分别为 3,0,3,0,则下列各式中,可以作为数列$\{a_n\}$的通项公式的是(　　).

A. $a_n=\frac{3}{2}+\frac{3}{2}\cdot(-1)^{n+1}$

B. $a_n=3\left|\sin\frac{n\pi}{2}\right|$

C. $a_n=\frac{3}{2}+\frac{3}{2}\cos n\pi$

D. $a_n=\begin{cases}3,n\text{ 为奇数}\\0,n\text{ 为偶数}\end{cases}$

7. 若数列$\{a_n\}$的前n项和$S_n=n^2-1$,则$a_4=$________.

8. 已知数列:$\frac{1}{1},\frac{2}{1},\frac{1}{2},\frac{3}{1},\frac{2}{2},\frac{1}{3},\frac{4}{1},\frac{3}{2},\frac{2}{3},\frac{1}{4},\cdots$,则这个数列的第 17 项$a_{17}=$________.

9. 已知数列$\{a_n\}$,$a_4=1$,$a_{11}=9$,且任意连续三项的和都是 15,则$a_{2022}=$________.

10. 如图,观察其中数的规律,第 6 行左起第 4 个数是________.

1

2　4

3　5　7

6　8　10　12

9　11　13　15　17

…

11. 九连环是我国从古至今广泛流传的一种益智玩具,它的九个圆环相连成串,以解开为胜. 在某种玩法中,用a_n表示解下$n(n\leqslant9,n\in\mathbf{N}^*)$个圆环所需的最少移动次数,满足$a_1=1$,且$a_n=\begin{cases}2a_{n-1}-1,n\text{ 为偶数},\\2a_{n-1}+2,n\text{ 为奇数},\end{cases}$则解下 5 个圆环所需的最少移动次数为________.

12. 已知数列$\{a_n\}$的通项公式为$a_n=\left(\frac{3}{4}\right)^n\cdot n^2$,则数列$\{a_n\}$的最大项为第________项.

13. 著名的斐波那契数列$\{a_n\}$满足$a_1=1,a_2=1$,$a_{n+2}=a_{n+1}+a_n,n\in\mathbf{N}^*$,若$1+a_2+a_4+a_6+a_8+\cdots+a_{2020}=a_k$,则$k=$________.

14. 已知数列$\{a_n\}$满足$a_1=a_2=2,a_{n+1}=|a_n-a_{n-1}|$ $(n\in\mathbf{N}^*,n\geqslant2)$,求该数列的前 100 项的和.

15. 已知函数 $f(x)=\begin{cases}a^{x-5}, x>5,\\ \left(4-\dfrac{a}{2}\right)x+4, x\leqslant 5,\end{cases}$ 数列 $\{a_n\}$ 满足 $a_n=f(n)(n\in\mathbf{N}^*)$，且数列 $\{a_n\}$ 是单调递增数列，求实数 a 的取值范围.

拓展探究

16. 已知数列 $\{x_n\}$ 满足 $x_0=1$，$x_n=\dfrac{\sqrt{1+x_{n-1}^2}-1}{x_{n-1}}$，$n\in\mathbf{N}^*$，求证：$x_n>\dfrac{\pi}{2^{n+2}}$.

“也许听起来奇怪，数学的力量在于它规避了一切不必要的思考和惊人地节省了脑力劳动.”

——恩斯特·马赫

第 2 讲　等差差为常　倒序来求和

四基概述

1. 知识要点

(1)等差数列的通项公式

$a_n=a_1+(n-1)d,n\in\mathbf{N}^*$.

(2)等差数列的前 n 项和公式

$S_n=\dfrac{(a_1+a_n)n}{2}=a_1n+\dfrac{n(n-1)}{2}d,n\in\mathbf{N}^*$.

(3)等差中项

实数 a,b 的等差中项为 $c=\dfrac{a+b}{2}$.

(4)等差数列的主要性质

设数列 $\{a_n\}$ 是公差为 d 的等差数列，$m,n,k,l\in\mathbf{N}^*$，S_n 为数列 $\{a_n\}$ 的前 n 项和.

①$a_n=a_m+(n-m)d$ 或 $d=\dfrac{a_n-a_m}{n-m}(m\neq n)$.

②若 $m+n=k+l$，则 $a_m+a_n=a_k+a_l$. 反之不一定成立，如常数数列.

③数列 $\{\lambda a_n+b\}$(λ,b 是常数)是公差为 λd 的等差数列.

④下标成公差为 m 的等差数列的项 $a_k,a_{k+m},a_{k+2m},\cdots$ 组成的数列仍然为等差数列，且公差为 md.

⑤$S_{2m-1}=(2m-1)a_m(m\in\mathbf{N}^*)$.

⑥数列 $\left\{\dfrac{S_n}{n}\right\}$ 为等差数列.

⑦若 $S_m=n,S_n=m$，则 $S_{m+n}=-(m+n)$.

2. 技能技巧

(1)判定一个数列是等差数列的方法

①定义法：当 $n\in\mathbf{N}^*$ 时，$a_{n+1}-a_n$ 为同一个常数.

②等差中项法：当 $n\in\mathbf{N}^*$ 时，$2a_{n+1}=a_n+a_{n+2}$.

③公式法：$a_n=dn+r$($n\in\mathbf{N}^*$，d,r 为常数)或 $S_n=An^2+Bn$($n\in\mathbf{N}^*$，A,B 为常数).

(2)解决等差数列问题的方法

基本量法是常用方法，数列中有五个量 a_1,n,d,a_n,S_n，一般可以“知三求二”，列方程(组)，问题便可迎刃而解.

(3)求等差数列前 n 项和的最值的常用方法

①将前 n 项和看作关于 n 的二次函数，借助二次函数的性质求最值.

②利用通项公式求最值，即求使 $a_n\geqslant 0$(或 $a_n\leqslant 0$)成立时 n 的最大值.

典例分析

例 1　已知数列 $\{a_n\}$ 与 $\left\{\dfrac{a_n^2}{n}\right\}$ 均为等差数列($n\in\mathbf{N}^*$)，且 $a_1=2$，则 $\{a_n\}$ 的公差为______.

【思路点拨】本题考查等差数列的通项公式，利用基本量法求解.

【自主解答】

例 2　已知等差数列 $\{a_n\}$ 的前 10 项和是 310，前 20 项和是 1220，则数列的通项公式为________.

【思路点拨】本题根据等差数列的前 n 项和公式列方程求得 a_1 与公差 d，即可求通项公式.

【自主解答】

例 3 已知在数列$\{a_n\}$中,$a_1=1$,$a_2=\frac{3}{7}$,对于$n\geqslant 3$且$n\in\mathbf{N}$,有$a_n=\frac{a_{n-2}a_{n-1}}{2a_{n-2}-a_{n-1}}$,若$a_{2021}=\frac{p}{q}$($p$,$q\in\mathbf{N}^*$,且$p$,$q$互质),则$p+q=$________.

【思路点拨】本题根据递推关系的结构进行分析,可以两边取倒数.

【自主解答】

例 4 设正项等差数列$\{a_n\}$的前n项和为S_n,若$S_{2021}=6063$,则$\frac{1}{a_2}+\frac{1}{a_{2020}}$的最小值为________.

【思路点拨】等差数列的性质与它的下标紧密相关,利用等差数列求和公式,分析问题,得到相应的条件,再结合基本不等式即可求解.

【自主解答】

例 5 已知数列$\{a_n\}$是公差不为0且各项均为正数的无穷等差数列,其前n项和为S_n.若$p<m<n<q$且$p+q=m+n$($p,q,m,n\in\mathbf{N}^*$),则下列判断中正确的为________.(填序号)

①$S_{2p}=2p\cdot a_p$;

②$a_pa_q>a_ma_n$;

③$\frac{1}{a_p}+\frac{1}{a_q}<\frac{1}{a_m}+\frac{1}{a_n}$;

④$\frac{1}{S_p}+\frac{1}{S_q}>\frac{1}{S_m}+\frac{1}{S_n}$.

【思路点拨】本题考查等差数列中不等关系的判断,在解题过程中充分利用基本量来表示a_n,S_n,并结合作差法、不等式的基本性质进行判断.

【自主解答】

例 6 已知等差数列$\{a_n\}$的前n项和为S_n,$a_1=5$,a_2为整数,且$S_n\leqslant S_3$($n\in\mathbf{N}^*$).

(1)求$\{a_n\}$的通项公式;

(2)若$b_n=|a_n|$,求数列$\{b_n\}$的前n项和T_n.

【思路点拨】对于有正负项的等差数列来说,在对其绝对值求和时要注意,以发生正负号改变的项为界进行分段,再进行分类讨论,求出结果.

【自主解答】

巩固练习

1. 已知在等差数列$\{a_n\}$中，$a_1+a_2=3,a_5+a_6=7$，则$a_9+a_{10}=$(　　).

A. 8　　B. 9　　C. 10　　D. 11

2. 已知等差数列$\{a_n\}$的前n项和为S_n，且$a_3+a_5+2a_{10}=4$，则S_{13}的值为(　　).

A. 8　　B. 13　　C. 26　　D. 162

3. 若等差数列$\{a_n\}$的前n项和为S_n，首项$a_1>0$，$a_{2020}+a_{2021}>0$，$a_{2020}a_{2021}<0$，则满足$S_n>0$的最大正整数n的值为(　　).

A. 4039　　B. 4040

C. 4041　　D. 4042

4. 若等差数列$\{a_n\}$满足$a_1^2+a_3^2=2$，且$a_1\geqslant 1$，则$\frac{a_2+a_3}{a_1+a_2}$的取值范围是(　　).

A. $(-1,1)$

B. $[-1,1]$

C. $(-\infty,-1)\cup(1,+\infty)$

D. $(-\infty,-1]\cup[1,+\infty)$

5. 已知数列$\{a_n\}(n\in\mathbf{N}^*)$为等差数列，则“$a_1+2a_2+\cdots+2020a_{2020}$为有理数”是“数列$\{a_n\}$中存在有理数”的(　　).

A. 充分不必要条件

B. 必要不充分条件

C. 充要条件

D. 既不充分也不必要条件

6. (多选题)记S_n为等差数列$\{a_n\}$的前n项和，若$3a_8=5a_{15}$，且$a_1>0$，则下列关于数列$\{a_n\}$的描述中，正确的是(　　).

A. $a_2+a_{49}=0$

B. 数列$\{S_n\}$中最大的项是S_{25}

C. 公差$d>0$

D. 数列$\{|a_n|\}$也是等差数列

7. (多选题)已知正项数列$\{a_n\}$的前n项和为S_n，若对于任意的$m,n\in\mathbf{N}^*$，都有$a_{m+n}=a_m+a_n$，则下列结论中正确的是(　　).

A. $a_1+a_{12}=a_8+a_5$

B. $a_5a_6<a_1a_{10}$

C. 若该数列的前三项依次为$x,1-x,3x$，则$a_{10}=\frac{10}{3}$

D. 数列$\left\{\frac{S_n}{n}\right\}$为递减的等差数列

8. 已知在等差数列$\{a_n\}$中，$a_m=n,a_n=m(m,n\in\mathbf{N}^*)$，则$a_{m+n}=$________.

9. 已知等差数列$\{a_n\}$的前n项和为S_n，$a_1=9$，$\frac{S_9}{9}-\frac{S_5}{5}=-4$，则$a_n=$________.

10. 已知数列$\{a_n\}$为等差数列，$a_1+a_3+a_5=1$，S_n表示数列$\{a_n\}$的前n项和，若当且仅当$n=20$时，S_n取到最大值，则$a_2+a_4+a_6$的取值范围是________.

11. 记数列$\{a_n\}$的前n项和为S_n，$na_{n+1}-(n+1)a_n+\frac{1}{2}=0$，且$a_1=\frac{3}{2}$.若对任意的$n\in\mathbf{N}^*$，都有$m>\frac{S_n}{2^n}$，则实数$m$的取值范围是________.

12. 第七届国际数学教育大会的会徽如图1所示，它的主题图案是由如图2所示的一系列直角三角形变化而成的.设其中的第一个Rt$\triangle OA_1A_2$是等腰直角三角形，且$OA_1=A_1A_2=A_2A_3=A_3A_4=\cdots=A_7A_8=1$，它可以形成近似的等角螺线.记$OA_1,OA_2,OA_3,\cdots,OA_8$的长度组成数列$\{a_n\}(n\in\mathbf{N}^*,1\leqslant n\leqslant 8)$，且$b_n=\frac{1}{a_n+a_{n+1}}$，则数列$\{b_n\}$的前7项和为________.

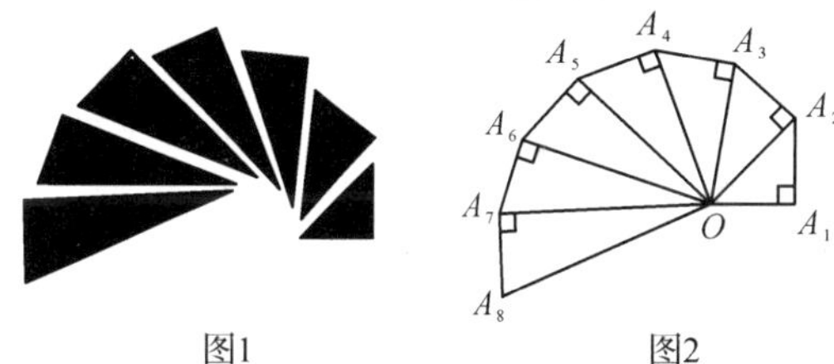

图1　　图2

13. 已知首项为1的数列$\{a_n\}$的前n项和为S_n，若$\lambda S_{n+1}+S_nS_{n+2}=\lambda S_n+S_{n+1}^2$，且数列$a_1,a_2,\cdots,a_k(k>3)$是各项均不相等的等差数列，则$k$的最大值为________.

14. 已知等差数列$\{a_n\}$的公差为1，$a_1+a_2+\cdots+a_{99}=102$，求$a_3+a_6+\cdots+a_{99}$的值.

15. 已知数列$\{a_n\}$满足$a_1=1, a_2=2, a_{n+2}=\left(1-\cos^2\frac{n\pi}{2}\right)a_n+\sin^2\frac{n\pi}{2}, n\in\mathbf{N}^*$.

(1)求a_3, a_4,并求数列$\{a_n\}$的通项公式;

(2)设$S_n=a_1+a_2+\cdots+a_n$,求S_n.

拓展探究

16. 已知数列$A: a_1, a_2, \cdots, a_n$($0\leqslant a_1<a_2<\cdots<a_n$, $n\geqslant 3$)具有性质P:对任意i, j($1\leqslant i\leqslant j\leqslant n$),$a_j+a_i$与$a_j-a_i$两数中至少有一个是该数列中的一项.$S_n$为数列$A$的前$n$项和.

(1)分别判断数列0,1,3,5与数列0,2,4,6是否具有性质P;

(2)求证:$a_1=0$,且$S_n=\frac{na_n}{2}$;

(3)求证:当$n=5$时,a_1, a_2, a_3, a_4, a_5成等差数列.

“恰当的礼仪、端正的面貌与自由的意志,乃是人性的精髓.”

——麦克斯韦

第 3 讲　等比比相等　求和用错位

四基概述

1. 知识要点

(1)等比数列的通项公式

$a_n=a_1q^{n-1},n\in\mathbf{N}^*$.

(2)等比数列的前 n 项和公式

$$S_n=\begin{cases}\dfrac{a_1-a_nq}{1-q}=\dfrac{a_1(1-q^n)}{1-q},q\neq1,\\ na_1,q=1,\end{cases}n\in\mathbf{N}^*.$$

(3)等比中项

实数 a,b 的等比中项为 $c=\pm\sqrt{ab}(ab>0)$.

(4)等比数列的主要性质

设数列 $\{a_n\}$ 是公比为 q 的等比数列，$m,n,k,l\in\mathbf{N}^*$，S_n 为数列 $\{a_n\}$ 的前 n 项和.

①$a_n=a_mq^{n-m}$.

②若 $m+n=k+l$，则 $a_ma_n=a_ka_l$.

③每隔 k 项取出一项，按原来的顺序排列，所得新数列仍为等比数列.

2. 技能技巧

(1)判定一个数列是等比数列的方法

①定义法：当 $n\in\mathbf{N}^*$ 时，$\dfrac{a_{n+1}}{a_n}$ 为同一个常数.

②等比中项法：当 $n\in\mathbf{N}^*$ 时，$a_{n+1}^2=a_na_{n+2}$.

③公式法：$a_n=cq^n$($n\in\mathbf{N}^*$，c,q 均是不为 0 的常数).

(2)解决等比数列问题的方法

基本量法是常用方法，数列中有五个量 a_1,n,q,a_n,S_n，一般可以“知三求二”，列方程(组)，问题便可迎刃而解.

(3)错位相减法

如果一个数列的各项是由一个等差数列和一个等比数列的对应项之积构成的，那么这个数列的求和可用错位相减法.

典例分析

例 1　已知数列 $\{a_n\}$ 为等比数列，且 $a_2a_3a_4=-a_7^2=-64$，则 a_4a_6 等于(　　).

A. -32　　B. 32　　C. 12　　D. -12

【思路点拨】本题利用等比数列的性质即可求解.

【自主解答】

例 2　已知数列 $\{a_n\}$ 为等比数列，若 $a_2a_3=2a_1$，且 a_4 与 $2a_7$ 的等差中项为 $\dfrac{5}{4}$，则 $a_1a_2a_3\cdots a_n$ 的最大值为(　　).

A. 5　　B. 512　　C. 1024　　D. 2048

【思路点拨】在等比数列 $\{a_n\}$ 中，如果 $a_1>1,0<q<1$，求 $a_1a_2a_3\cdots a_n$ 的最大值，一般利用“1 交界法”求解，找到大于等于 1 的项和小于 1 的项，即得解.

【自主解答】

例3 已知等比数列$\{a_n\}$的公比为q,前n项积为T_n,且$T_9=512$,则“$a_2a_4=1$”是“$q=\sqrt{2}$”的(　　).

A. 充分不必要条件

B. 必要不充分条件

C. 充要条件

D. 既不充分也不必要条件

【思路点拨】等比数列中所有奇数项和所有偶数项的正负号分别相同.

【自主解答】

例4 记S_n为等比数列$\{a_n\}$的前n项和,若$a_4-a_3=10$,$a_5-a_4=20$,则$2a_n-S_n=$________.

【思路点拨】等比数列基本量的运算是等比数列中的一类基本问题,数列中有五个量a_1,n,q,a_n,S_n,一般可以“知三求二”,列方程(组)即可求解.

【自主解答】

例5 已知数列$\{a_n\}$的前n项和为S_n,且满足$a_n+S_n=1$,则$\frac{S_1}{a_1}+\frac{S_2}{a_2}+\frac{S_3}{a_3}+\cdots+\frac{S_9}{a_9}=$________.

【思路点拨】利用a_n,S_n的关系求解.

【自主解答】

例6 已知等差数列$\{a_n\}$的公差$d=1$,且$a_{k_1},a_{k_2},\cdots,a_{k_n},\cdots(k_1<k_2<\cdots<k_n<\cdots)$成等比数列,公比为$q$.

(1)若$k_1=1,k_2=2,k_3=4$,求a_n和k_n,并求$\{a_nk_n\}$的前n项和T_n;

(2)当a_1为何值时,数列$\{k_n\}$为等比数列?

【思路点拨】根据等比数列的性质,可求出$\{a_n\}$的通项公式,得到$\{k_n\}$的通项公式.

【自主解答】

巩固练习

1. 已知在等比数列$\{a_n\}$中，$a_1<0$，则“$a_3<a_6$”是“$a_1<a_5$”的（　　）.

A. 充分不必要条件

B. 必要不充分条件

C. 充要条件

D. 既不充分也不必要条件

2. 在正项等比数列$\{a_n\}$中，若$a_3a_7a_8=8$，$a_2+a_{10}=5$，则公比$q=$（　　）.

A. $2^{\frac{1}{2}}$　　B. $2^{\frac{1}{2}}$或$\left(\frac{1}{2}\right)^{\frac{1}{2}}$

C. $2^{\frac{1}{4}}$　　D. $2^{\frac{1}{4}}$或$\left(\frac{1}{2}\right)^{\frac{1}{4}}$

3. 已知数列$\{a_n\}$的前n项和为S_n，若$a_1=-2a_2=6$，a_n，a_{n+2}，a_{n+1}成等差数列，则$S_{2020}=$（　　）.

A. $4+\frac{1}{2^{2020}}$　　B. $4+\frac{1}{2^{2018}}$

C. $4-\frac{1}{2^{2020}}$　　D. $4-\frac{1}{2^{2018}}$

4. 已知a_1，a_2，a_3，…，a_n为各项都大于0的等比数列，公比$q\neq1$，则（　　）.

A. $a_1+a_8>a_4+a_5$

B. $a_1+a_8<a_4+a_5$

C. $a_1+a_8=a_4+a_5$

D. a_1+a_8与a_4+a_5的大小关系不能由已知条件确定

5. 已知各项均为正数的等比数列$\{a_n\}$，a_6，$3a_5$，a_7成等差数列，若$\{a_n\}$中存在两项a_m，a_n，使得$4a_1$为其等比中项，则$\frac{1}{m}+\frac{4}{n}$的最小值为（　　）.

A. 4　　B. 9　　C. $\frac{2}{3}$　　D. $\frac{3}{2}$

6.（多选题）已知$\{a_n\}$为等比数列，则下列结论中正确的是（　　）.

A. 若$a_3=-2$，则$a_2^2+a_4^2\geqslant8$

B. $a_3^2+a_5^2\geqslant2a_4^2$

C. 若$a_3=a_5$，则$a_1=a_2$

D. 若$a_5>a_3$，则$a_7>a_5$

7.（多选题）已知数列$\{a_n\}$的前n项和为S_n，且$a_1=p$，$2S_n-S_{n-1}=2p$（$n\geqslant2$，p为常数），则下列结论中正确的是（　　）.

A. $\{a_n\}$一定是等比数列

B. 当$p=1$时，$S_4=\frac{15}{8}$

C. 当$p=\frac{1}{2}$时，$a_ma_n=a_{m+n}$

D. $|a_3|+|a_8|=|a_5|+|a_6|$

8.（多选题）已知数列$\{a_n\}$的前n项和为S_n，则下列说法中正确的是（　　）.

A. 若$S_n=n^2-1$，则$\{a_n\}$是等差数列

B. 若$S_n=2^n-1$，则$\{a_n\}$是等比数列

C. 若$\{a_n\}$是等差数列，则$S_{99}=99a_{50}$

D. 若$\{a_n\}$是等比数列，且$a_1>0$，$q>0$，则$S_{2n-1}\cdot S_{2n+1}>S_{2n}^2$

9.（多选题）在数学课堂上，教师引导学生构造新数列：在数列的每相邻两项之间插入这两项的和，形成新的数列，再把所得数列按照同样的方法不断构造出新的数列. 将数列1，2进行构造，第1次得到数列1，3，2；第2次得到数列1，4，3，5，2……第n（$n\in\mathbf{N}^*$）次得到数列1，x_1，x_2，x_3，…，x_k，2. 记$a_n=1+x_1+x_2+\cdots+x_k+2$，数列$\{a_n\}$的前$n$项和为$S_n$，则（　　）.

A. $k+1=2^n$

B. $a_{n+1}=3a_n-3$

C. $a_n=\frac{3}{2}(n^2+3n)$

D. $S_n=\frac{3}{4}(3^{n+1}+2n-3)$

10.（多选题）已知各项均为正数的等比数列$\{a_n\}$的前n项积为T_n，若$a_1>1$，公比$q\neq1$，则下列命题中正确的是（　　）.

A. 若$T_5=T_9$，则$T_{14}=1$

B. 若$T_5=T_9$，则T_7是$\{T_n\}$中最大的项

C. 若$T_6>T_7$，则$T_7>T_8$

D. 若$T_6>T_7$，则$T_5>T_6$

11. 若a，b分别是正数p，q的算术平均数和几何平均数，且a，b，-2这三个数可适当排序后成等差数列，也可适当排序后成等比数列，则$p+q+pq$的值组成的集合是________.

12. 已知数列$\{a_n\}$，$\{b_n\}$均为正项等比数列，P_n，Q_n分别为数列$\{a_n\}$，$\{b_n\}$的前n项积，且$\frac{\ln P_n}{\ln Q_n}=\frac{5n-7}{2n}$，则$\frac{\ln a_3}{\ln b_3}=$________.

13. 设等比数列$\{a_n\}$的公比为q，其前n项积为T_n，并且满足以下条件：$a_1>1$，$a_{99}a_{100}-1>0$，$\frac{a_{99}-1}{a_{100}-1}<0$. 给出下列结论：

①$0<q<1$；

②$a_{99}-a_{101}<0$;

③T_{100}的值是$\{T_n\}$中最大的;

④使 $T_n>1$ 成立的最大自然数 n 等于 198.

其中正确的结论是________.(填序号)

14. 已知数列$\{a_n\}$的前 n 项和为 S_n,$a_1=-2$,且 $3S_n+a_{n+1}+2=0$,$n\in\mathbf{N}^*$,设 $b_n=(-1)^n a_n$,数列$\{b_n\}$的前 n 项和为 T_n,则 $T_n=$____________.

15. 设等比数列$\{a_n\}$的公比为 $q(q\neq1)$,前 n 项和为 S_n.

(1)若 $a_1=1$,$S_6=\dfrac{9}{8}S_3$,求 a_3 的值;

(2)若 $q>1$,$a_m+a_{m+2}=\dfrac{5}{2}a_{m+1}$,且 $S_{2m}=9S_m$,$m\in\mathbf{N}^*$,求 m 的值.

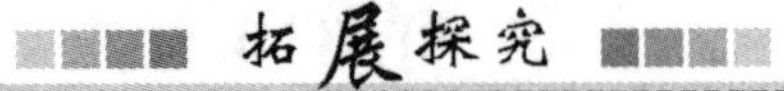

拓展探究

16. 已知数列$\{a_n\}$满足 $a_1=\dfrac{1}{3}$,$\dfrac{1}{a_{n+1}}+\dfrac{1}{a_n}=3^{n+1}$.

(1)证明数列$\left\{\dfrac{1}{a_n}-\dfrac{3^{n+1}}{4}\right\}$为等比数列,并求数列$\{a_n\}$的通项公式;

(2)求证:$a_1+a_2+\cdots+a_n<\dfrac{3}{5}$.

"我们不能人云亦云,这不是科学精神,科学精神最重要的就是创新."

——钱学森

第 4 讲　数列求通项　模型要牢记

四基概述

1. 按照一定顺序排列的一列数称为数列，数列$\{a_n\}$的第 n 项 a_n 与 n 之间的关系能用公式 $a_n=f(n)$ 表示，这个公式叫作数列$\{a_n\}$的通项公式.

2. 已知递推式求数列的通项公式，常见的几种递推式类型如下.

(1)形如 $a_n-a_{n-1}=f(n)(n\geqslant2)$，求 a_n，可利用累加法. $a_2-a_1=f(2)$，$a_3-a_2=f(3)$，…，$a_n-a_{n-1}=f(n)(n\geqslant2)$，全部相加可得 $a_n=f(n)+f(n-1)+\cdots+f(2)+a_1(n\geqslant2)$.

(2)形如$\frac{a_n}{a_{n-1}}=f(n)(n\geqslant2)$，求 a_n，可利用累乘法. $\frac{a_2}{a_1}=f(2)$，$\frac{a_3}{a_2}=f(3)$，…，$\frac{a_n}{a_{n-1}}=f(n)(n\geqslant2)$，全部相乘可得 $a_n=f(n)\cdot f(n-1)\cdot\cdots\cdot f(2)\cdot a_1(n\geqslant2)$.

(3)形如 $a_n=pa_{n-1}+q(n\geqslant2$，$p$，$q$ 是不为 0 的常数且 $p\neq1)$，求 a_n，可利用待定系数法. 设 $a_n+\lambda=p(a_{n-1}+\lambda)$，得 $\lambda=\frac{q}{p-1}$，即构造了一个辅助数列$\left\{a_n+\frac{q}{p-1}\right\}$，它是公比为 p、首项为 $a_1+\frac{q}{p-1}$的等比数列.

(4)形如 $a_n=pa_{n-1}+qn+m(n\geqslant2$，$p$，$q$，$m$ 为常数且 p，q 不为 0，$p\neq1)$，求 a_n，可利用待定系数法. 设 $a_n+\lambda n+\mu=p[a_{n-1}+\lambda(n-1)+\mu]$即可.

(5)形如 $a_n=pa_{n-1}+q^n(n\geqslant2$，$p$，$q$ 均不为 0 和 1 且 $p\neq q)$，求 a_n.

方法 1：两边同除以 p^n，得到$\frac{a_n}{p^n}=\frac{a_{n-1}}{p^{n-1}}+\left(\frac{q}{p}\right)^n$，从而利用累加法得到通项公式.

方法 2：两边同除以 q^n，得到$\frac{a_n}{q^n}=\frac{p}{q}\cdot\frac{a_{n-1}}{q^{n-1}}+1$，从而通过待定系数法得到通项公式.

方法 3：利用待定系数法.

设 $a_n+\lambda\cdot q^n=p(a_{n-1}+\lambda\cdot q^{n-1})$.

(6)形如 $a_n=a_{n-1}^k(n\geqslant2$，$k$ 是常数)，求 a_n，可利用两边取对数的方法.

(7)形如 $a_n=\frac{Ba_{n-1}}{A+Ca_{n-1}}(n\geqslant2)$，求 a_n，可利用两边取倒数的方法.

(8)形如 $f(a_n,S_n)=0$，求 a_n，可利用消元法.

$$a_n=\begin{cases}S_1(n=1),\\S_n-S_{n-1}(n\geqslant2).\end{cases}$$

3. 已知递推式求数列的通项公式，关键在于认清递推式为哪种类型，并牢记每一种类型的递推式求通项公式的解决办法.

典例分析

例 1　分别求下列数列$\{a_n\}$的通项公式.

(1)$a_1=1$，$a_n=a_{n-1}+2n+1$；

(2)$a_1=1$，$\frac{a_{n+1}}{a_n}=\frac{n}{n+2}$.

【思路点拨】根据求数列通项公式的基本模型，第(1)小题可利用累加法求数列通项公式，第(2)小题可利用累乘法求数列通项公式.

【自主解答】

例 2 已知数列$\{a_n\}$满足$a_1=0,a_{n+1}=\dfrac{a_n-\sqrt{3}}{\sqrt{3}a_n+1}$($n\in\mathbf{N}^*$),则$a_{20}=$(　　).

A. 0　　B. $-\sqrt{3}$　　C. $\sqrt{3}$　　D. $\dfrac{\sqrt{3}}{2}$

【思路点拨】解答本题的关键是发现题中的数列$\{a_n\}$是一个周期数列,从而根据数列的周期性推算a_{20}的值.

【自主解答】

例 3 已知数列$\{a_n\}$满足$a_1=1,a_n=3a_{n-1}+2^n$($n\geqslant 2$),求a_n.

【思路点拨】本题中数列$\{a_n\}$的递推式满足$a_n=pa_{n-1}+q^n(n\geqslant 2)$($p,q$均不为0和1且$p\neq q$).求通项的方法较多:可以利用待定系数法;也可以先两边同除以p^n构造新数列$\left\{\dfrac{a_n}{p^n}\right\}$,再利用累加法求通项;还可以先两边同除以$q^n$构造新数列$\left\{\dfrac{a_n}{q^n}\right\}$,再利用待定系数法求通项.

【自主解答】

例 4 已知数列$\{a_n\}$满足$a_1=2,a_{n+1}+a_n=3n-1$,求a_n.

【思路点拨】本题关键在于得到数列$\{a_n\}$隔项成等差数列的递推关系式,从而分奇偶项来求通项.

【自主解答】

例 5 已知在数列$\{a_n\}$中,$a_1=2,a_{n+1}=\dfrac{2a_n}{1+a_n}$.

(1)求实数λ,使得$\left\{\dfrac{1}{a_n}+\lambda\right\}$为等比数列;

(2)求数列$\{a_n\}$的通项公式.

【思路点拨】根据数列$\left\{\dfrac{1}{a_n}+\lambda\right\}$为等比数列,可以设其公比为$q$,从而用待定系数法解得$\lambda$和$q$的值,并借助$\left\{\dfrac{1}{a_n}+\lambda\right\}$的通项得到数列$\{a_n\}$的通项.

【自主解答】

例 6　已知数列$\{a_n\}$满足$\frac{a_1+2a_2+3a_3+\cdots+na_n}{1+2+3+\cdots+n}=2a_n(n\geqslant 2)$，$a_1=1$，求数列$\{a_n\}$的通项公式.

【思路点拨】$a_1+2a_2+3a_3+\cdots+na_n$可看作数列$\{na_n\}$的前$n$项和$S_n$，从而可通过消元法消去$S_n$求得数列$\{na_n\}$的通项，并进一步得到数列$\{a_n\}$的通项.

【自主解答】

巩固练习

1. 已知在数列$\{a_n\}$中，$a_1=15$，$3a_{n+1}=3a_n-2$，则该数列中相邻两项乘积是负数的项是(　　).

A. a_{21}和a_{22}　　B. a_{22}和a_{23}

C. a_{23}和a_{24}　　D. a_{24}和a_{25}

2. 已知数列$\{a_n\}$满足$(n+1)a_{n+1}-na_n=2$，且$a_1=1$，则数列$\{a_n\}$的通项公式$a_n=$________.

3. 已知数列$\{a_n\}$满足$a_1=1$，$\frac{a_n}{a_n+a_{n+1}}=\frac{1}{3}(n\in\mathbf{N}^*)$，则数列$\{a_n\}$的通项公式$a_n=$________.

4. 已知$a_n>0$，$\frac{a_n+2}{2}=\sqrt{2S_n}$，则数列$\{a_n\}$的通项公式$a_n=$________.

5. 已知数列$\{a_n\}$满足$a_{n+1}=\frac{1}{2}+\sqrt{a_n-a_n^2}$，且$a_1=\frac{1}{2}$，则数列$\{a_n\}$的通项公式$a_n=$________.

6. 已知正项数列$\{a_n\}$的前n项和为S_n，满足$a_n\cdot(S_n+S_{n-1})=1$，且$a_1=1$，则数列$\{S_n\}$的通项公式为________.

7. 已知数列$\{a_n\}$满足$a_1=1$，$a_2=3$，$a_{n+1}=4a_n-4a_{n-1}(n\geqslant 2)$，则$a_n=$________.

8. 已知在数列$\{a_n\}$中，$a_1=\frac{1}{2}$，对所有的$n\geqslant 2$，都有$a_1a_2a_3\cdots a_n=n^2$，则$a_n=$________.

9. 已知数列$\{a_n\}$满足$a_1=1$，$a_{n-1}-a_n=2a_{n-1}a_n(n\geqslant 2)$，则数列$\{a_n\}$的通项公式$a_n=$________.

10. 已知数列$\{a_n\}$满足$a_1=\frac{1}{2}$，$a_n=\frac{n^2}{n^2-1}a_{n-1}+\frac{n}{n+1}(n\geqslant 2,n\in\mathbf{N}^*)$，则数列$\{a_n\}$的通项公式$a_n=$________.

11. 设$a_1=2$，$a_{n+1}=\frac{2}{a_n+1}$，$b_n=\left|\frac{a_n+2}{a_n-1}\right|$，$n\in\mathbf{N}^*$，则数列$\{b_n\}$的通项公式$b_n=$________.

12. 已知数列$\{a_n\}$满足$a_1=2$，$a_{n+1}a_n=2^{n+1}$，求数列$\{a_n\}$的通项公式.

13. 已知数列$\{a_n\}$的前n项和为S_n，且满足$a_n+2S_nS_{n-1}=0(n\geqslant 2)$，$a_1=\frac{1}{2}$.

(1)求证：$\left\{\frac{1}{S_n}\right\}$是等差数列；

(2)求$\{a_n\}$的通项公式.

14. 设数列$\{a_n\}$的首项$a_1\in(0,1)$,$a_n=\frac{3-a_{n-1}}{2}$,$n=2,3,4,\cdots$.

(1)求$\{a_n\}$的通项公式;

(2)设$b_n=a_n\sqrt{3-2a_n}$,求证:$b_n<b_{n+1}$,其中n为正整数.

15. 在数列$\{a_n\}$中,已知$a_1=10$,$a_{n+1}=3\sqrt{a_n}$.

(1)是否存在实数λ,使得$\{\log_3 a_n+\lambda\}$为等比数列?

(2)求$\{a_n\}$的通项公式.

拓展探究

16. 已知数列$\{a_n\}$的首项$a_1=t>0$,$a_{n+1}=\frac{3a_n}{2a_n+1}$,$n\in\mathbf{N}^*$.

(1)若$t=\frac{3}{5}$,求$\{a_n\}$的通项公式;

(2)若$a_{n+1}>a_n$对一切$n\in\mathbf{N}^*$都成立,求t的取值范围.

"我的一生的乐趣在于不断探索未知的那个世界,如果我能够对其有一点点了解,能有一点点成就,那我就非常知足."

——焦耳

第 5 讲　数列要求和　通法很重要

四基概述

1. 知识要点

(1)数列$\{a_n\}$的前 n 项和 $S_n=a_1+a_2+a_3+\cdots+a_n,n\in\mathbf{N}^*$.

(2)等差数列求和公式：$S_n=\dfrac{n(a_1+a_n)}{2}=na_1+\dfrac{n(n-1)}{2}d$.

(3)等比数列求和公式：$S_n=\begin{cases}na_1,q=1,\\ \dfrac{a_1(1-q^n)}{1-q},q\neq 1.\end{cases}$

2. 技能技巧

(1)分项求和法：若数列$\{c_n\}$的通项满足 $c_n=a_n+b_n$，则可把数列$\{c_n\}$拆分为两个数列$\{a_n\}$和$\{b_n\}$，分别求和后再相加.

(2)分组求和法：若数列$\{c_n\}$的某些项合并在一起后有某种特殊的性质，则可把这些项放在一起进行求和，常见的有合项求和、奇偶讨论等.

(3)倒序相加法：若数列$\{c_n\}$的通项满足 $c_k+c_{n-k}=$常数，则可运用倒序相加法，即将此数列倒过来排列，再和原数列相加.

(4)错位相减法：若数列$\{c_n\}$的通项满足 $c_n=a_nb_n$，其中$\{a_n\}$为等差数列，$\{b_n\}$为等比数列，则可采用错位相减法求数列$\{c_n\}$的前 n 项和.

(5)裂项相消法：若数列$\{c_n\}$的通项为分式结构，则可尝试将其拆成两项相减的结构. 裂项相消法中常见的拆项公式如下(以下$\{a_n\}$均是公差为 d 的等差数列).

①$\dfrac{1}{a_na_{n+1}}=\dfrac{1}{d}\left(\dfrac{1}{a_n}-\dfrac{1}{a_{n+1}}\right)$；

②$\dfrac{1}{a_na_{n+2}}=\dfrac{1}{2d}\left(\dfrac{1}{a_n}-\dfrac{1}{a_{n+2}}\right)$；

③$\dfrac{1}{\sqrt{a_n}+\sqrt{a_{n+1}}}=\dfrac{1}{d}(\sqrt{a_{n+1}}-\sqrt{a_n})$.

3. 思想方法

转化与化归思想、分类讨论思想.

4. 关键点

求数列的前 n 项和的关键在于分析数列通项的结构特点，并将其转化为能使用公式求解或能通过基本运算求解的形式，从而达到求和的目的.

典例分析

例 1　(1)已知数列：$1\dfrac{1}{2},3\dfrac{1}{4},5\dfrac{1}{8},\cdots,2n-1+\dfrac{1}{2^n}$，求其前 n 项和 S_n；

(2)求数列$\left\{\dfrac{3^n+4^n}{5^n}\right\}$的前 n 项和 T_n.

【思路点拨】第(1)小题的数列通项为等差数列加等比数列的形式，第(2)小题的数列通项为两个等比数列相加的形式，因此都可以运用分项求和法拆分成两个数列进行求和.

【自主解答】

例 2　(1)已知数列：$1,\dfrac{1}{1+2},\dfrac{1}{1+2+3},\cdots,\dfrac{1}{1+2+3+\cdots+n}$，求其前 n 项和 S_n；

(2)求数列$\left\{\dfrac{1}{4n^2+4n-3}\right\}$的前 n 项和 T_n.

【思路点拨】本题中两小题的数列通项均为分式且可以拆分成两项相减的结构，所以都可以运用裂项相消法求和.

【自主解答】

例 3 求数列$\{(-1)^n(2n-1)3^n\}$的前n项和S_n.

【思路点拨】本题中的数列的通项$a_n=(-1)^n(2n-1)3^n=(2n-1)(-3)^n$，发现此数列通项为等差数列乘等比数列的结构，因此可以运用错位相减法求前n项和.

【自主解答】

例 4 (1)$1^2-2^2+3^2-4^2+\cdots+(-1)^{n+1}n^2=$________;

(2)已知$a_n=\frac{2}{3}n+\frac{1}{3}$，则$a_1a_2-a_2a_3+a_3a_4-a_4a_5+\cdots+a_{2n-1}a_{2n}-a_{2n}a_{2n+1}=$________.

【思路点拨】第(1)小题中相邻两项组合后可运用平方差公式进行处理，因此两两组合后可得到一个等差数列；第(2)小题中相邻两项可提取公因式，因此可以两两组合，从而得到等差数列.

【自主解答】

例 5 已知数列$\{a_n\}$满足$a_n=\begin{cases}6n-1, n\text{为奇数}, \\ 2^n, n\text{为偶数},\end{cases}$求数列$\{a_n\}$的前$n$项和$S_n$.

【思路点拨】本题中数列$\{a_n\}$的奇数项为等差数列，偶数项为等比数列，因此可以把所有奇数项放在一起求和，把所有偶数项放在一起求和，最后再把两部分相加.

【自主解答】

例 6　设 $f(x)=\frac{4^x}{4^x+2}$，$S=f\left(\frac{1}{2021}\right)+f\left(\frac{2}{2021}\right)+\cdots+f\left(\frac{2020}{2021}\right)$，求 S 的值.

【思路点拨】解答本题的关键是发现 $f(x)+f(1-x)$ 为常数，因此可以运用倒序相加法求和.

【自主解答】

巩固练习

1. $\frac{1}{1+\sqrt{2}}+\frac{1}{\sqrt{2}+\sqrt{3}}+\frac{1}{\sqrt{3}+\sqrt{4}}+\cdots+\frac{1}{\sqrt{n}+\sqrt{n+1}}=$________.

2. 数列 $\{2^n+n-1\}$ 的前 n 项和 $S_n=$________.

3. 已知数列 $\{a_n\}$：$\frac{1}{2}$，$\frac{1}{3}+\frac{2}{3}$，$\frac{1}{4}+\frac{2}{4}+\frac{3}{4}$，…，$\frac{1}{10}+\frac{2}{10}+\frac{3}{10}+\cdots+\frac{9}{10}$，…，若 $b_n=\frac{1}{a_na_{n+1}}$，则数列 $\{b_n\}$ 的前 n 项和 $S_n=$________.

4. 数列 $\frac{1}{1^2+2}$，$\frac{1}{2^2+4}$，$\frac{1}{3^2+6}$，$\frac{1}{4^2+8}$，…的前 n 项和等于________.

5. $1+(1+5)+(1+5+5^2)+\cdots+(1+5+5^2+\cdots+5^{n-1})=$________.

6. $\sin^2 1°+\sin^2 2°+\sin^2 3°+\cdots+\sin^2 89°=$________.

7. $-1+3-5+7-\cdots+(-1)^n(2n-1)=$________.

8. 已知有限数列 A：$a_1,a_2,\cdots,a_n$，S_n 为其前 n 项和，定义 $\frac{S_1+S_2+\cdots+S_n}{n}$ 为 A 的“凯森和”，若有 336 项的数列 $a_1,a_2,\cdots,a_{336}$ 的“凯森和”为 2022，则有 337 项的数列 $2,a_1,a_2,\cdots,a_{336}$ 的“凯森和”为________.

9. 数列 2，22，222，…的前 n 项和 $S_n=$________.

10. 已知数列 $\{a_n\}$ 的前 n 项和 $S_n=n^2-6n$，则 $\{|a_n|\}$ 的前 n 项和 $T_n=$________.

11. 已知函数 $f(n)=\begin{cases}n^2, n\text{为奇数},\\ -n^2, n\text{为偶数},\end{cases}$ 且 $a_n=f(n)+f(n+1)$，则 $a_1+a_2+a_3+\cdots+a_{100}=$________.

12. $\frac{3^2+1}{3^2-1}+\frac{5^2+1}{5^2-1}+\cdots+\frac{(2n+1)^2+1}{(2n+1)^2-1}=$________.

13. 数列 $\left\{\frac{1}{n(n+1)(n+2)}\right\}$ 的前 n 项和 $S_n=$________.

14. 已知在等比数列 $\{a_n\}$ 中，$a_1=2$，a_3+2 是 a_2 和 a_4 的等差中项.
(1)求数列 $\{a_n\}$ 的通项公式；
(2)设 $b_n=a_n\log_2 a_n$，求数列 $\{b_n\}$ 的前 n 项和 S_n；
(3)设 $c_n=\frac{a_n}{(a_n+1)(a_{n+1}+1)}$，求数列 $\{c_n\}$ 的前 n 项和 T_n.

15. 设$\{a_n\}$是公差大于0的等差数列,且$a_3a_6=55$,$a_2+a_7=16$.

(1)求数列$\{a_n\}$的通项公式;

(2)若数列$\{b_n\}$满足$b_n=(a_n+1)2^{n-2}$,求和:$\frac{b_3}{b_1b_2}+\frac{b_4}{b_2b_3}+\cdots+\frac{b_{n+2}}{b_nb_{n+1}}$.

拓展探究

16. 求和:$1-2a+3a^2+\cdots+(-1)^{n-1}na^{n-1}$.

"最合乎理智的,莫过于这种对理智的否认."

——帕斯卡

第 6 讲　平均变化率　极限即导数

四基概述

1. 知识要点

(1)函数的平均变化率、瞬时变化率和导数的概念

项目	函数 $y=f(x)$ 从 x_1 到 x_2 的平均变化率	函数 $y=f(x)$ 的瞬时变化率	导数的概念
定义式	$\frac{\Delta y}{\Delta x}=\frac{f(x_2)-f(x_1)}{x_2-x_1}$	$\lim\limits_{\Delta x\to 0}\frac{\Delta y}{\Delta x}=\lim\limits_{\Delta x\to 0}\frac{f(x_0+\Delta x)-f(x_0)}{\Delta x}$	$f'(x_0)=\lim\limits_{\Delta x\to 0}\frac{f(x_0+\Delta x)-f(x_0)}{\Delta x}$
实质	函数值的改变量与自变量的改变量之比	当自变量的改变量趋近于 0 时，平均变化率趋近的值	函数 $y=f(x)$ 在 x_0 处的导数就是 $y=f(x)$ 在 x_0 处的瞬时变化率
作用	刻画函数值在区间 $[x_1,x_2]$ 上变化的快慢	刻画函数值在 x_0 处变化的快慢	刻画函数值在 x_0 处变化的快慢
几何意义	函数的区间的两端点连线的斜率	函数在 x_0 处切线的斜率	函数在 x_0 处切线的斜率

(2)导函数的概念

当 x 变化时，$y=f'(x)$ 是 x 的函数，我们称它为 $y=f(x)$ 的导函数(简称导数). $y=f(x)$ 的导函数有时也记作y'，即 $f'(x)=y'=\lim\limits_{\Delta x\to 0}\frac{f(x+\Delta x)-f(x)}{\Delta x}$.

2. 技能技巧

(1)用定义法求函数在某一点处的导数的步骤

第一步：求函数值的改变量 $\Delta y=f(x_2)-f(x_1)$；

第二步：求函数的平均变化率

$\frac{\Delta y}{\Delta x}=\frac{f(x_2)-f(x_1)}{x_2-x_1}$；

第三步：取极限 $f'(x_0)=\lim\limits_{\Delta x\to 0}\frac{\Delta y}{\Delta x}$.

(2)求已知曲线在某一点处的切线方程的步骤

第一步：求出曲线在点 $(x_0,f(x_0))$ 处的切线斜率 $f'(x_0)$；

第二步：根据点斜式 $y-f(x_0)=f'(x_0)(x-x_0)$ 写出切线方程；

第三步：将点斜式方程化为一般式方程.

(3)求过点 (x_1,y_1) 的曲线 $y=f(x)$ 的切线方程的步骤

第一步：设切点 $(x_0,f(x_0))$；

第二步：建立方程 $y_1-f(x_0)=f'(x_0)(x_1-x_0)$；

第三步：解出 x_0，得到 $k=f'(x_0)$，写出切线方程.

3. 思想方法

极限思想、数形结合思想、方程思想.

4. 注意点

(1)当 $\Delta x\neq 0$ 时，若 $\frac{\Delta y}{\Delta x}$ 的极限存在，则 $f(x)$ 在 x_0 处可导；若 $\frac{\Delta y}{\Delta x}$ 的极限不存在，则 $f(x)$ 在 x_0 处不可导或无导数.

(2)曲线的切线并不一定与曲线只有一个交点，可以有多个交点，与曲线只有一个公共点的直线也不一定是曲线的切线.

(3)求切线方程时要分清是在某点处的切线还是过某点的切线.

典例分析

例 1　若曲线 $y=f(x)$ 在点 (x_0,y_0) 处的切线为 $y=2x+1$，则 $\lim\limits_{\Delta x\to 0}\frac{f(x_0)-f(x_0-2\Delta x)}{\Delta x}$ 等于(　　).

A. -4　　B. -2　　C. 4　　D. 2

【思路点拨】利用导数的定义，结合导数的几何意义，可得答案.

【自主解答】

例 2 2020年12月1日22时57分,嫦娥五号探测器从距离月球表面15km处开始实施动力下降,7500牛变推力发动机开机,逐步将探测器相对月球纵向速度从约1700m/s降为0.约14min后,探测器成功在月球预选地着陆.记探测器与月球表面距离的平均变化率为v,相对月球纵向速度的平均变化率为a,则( ).

A. $v=\frac{125}{7}\text{m/s},a=\frac{85}{42}\text{m/s}^2$

B. $v=-\frac{125}{7}\text{m/s},a=\frac{85}{42}\text{m/s}^2$

C. $v=\frac{125}{7}\text{m/s},a=-\frac{85}{42}\text{m/s}^2$

D. $v=-\frac{125}{7}\text{m/s},a=-\frac{85}{42}\text{m/s}^2$

【思路点拨】根据定义直接计算可得.

【自主解答】

例 3 已知函数$f(x)$在$\mathbf{R}$上可导,其部分图象如图所示,设$\frac{f(4)-f(2)}{4-2}=a$,则下列不等式中正确的是( ).

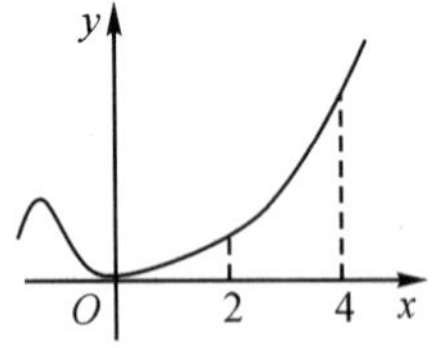

A. $a<f'(2)<f'(4)$

B. $f'(2)<a<f'(4)$

C. $f'(4)<f'(2)<a$

D. $f'(2)<f'(4)<a$

【思路点拨】本题利用数形结合的思想,根据函数的图象和导数的几何意义即可判断得解,意在考查分析推理能力.

【自主解答】

例 4 已知$f(x)=2f(4-x)-x^2+2x-1$,则曲线$y=f(x)$在点$(2,f(2))$处的切线方程为( ).

A. $2x-y-3=0$　　B. $2x+3y+7=0$

C. $2x-y+3=0$　　D. $2x+3y-7=0$

【思路点拨】本题利用方程思想得到函数$y=f(x)$的表达式,再得到切线斜率,进而得到切线方程.

【自主解答】

例 5 (多选题)下列命题中正确的是( ).

A. 若 $f'(x_0)=0$,则函数 $f(x)$ 在 x_0 处无切线

B. 函数 $y=f(x)$ 的切线与它的图象可以有两个公共点

C. 若曲线 $y=f(x)$ 在 $x=1$ 处的切线方程为 $2x-y=0$,则当 $\Delta x\to 0$ 时,$\dfrac{f(1)-f(1+\Delta x)}{2\Delta x}=1$

D. 若函数 $f(x)$ 的导数 $f'(x)=x^2-2$,且 $f(1)=2$,则 $f(x)$ 的图象在 $x=1$ 处的切线方程为 $x+y-3=0$

【思路点拨】有学生认为曲线的切线与曲线有且只有一个交点,这是不对的.其实曲线的切线可以与曲线有多个交点,可以举具体的例子说明.

【自主解答】

例 6 已知抛物线 $y=2x^2+1$ 分别满足下列条件,请求出切点的坐标.

(1)切线的倾斜角为 $\dfrac{\pi}{4}$;

(2)切线平行于直线 $4x-y-2=0$;

(3)切线垂直于直线 $x+8y-3=0$.

【思路点拨】求切点坐标的问题,先设切点坐标,利用导数或斜率公式写出斜率,结合斜率关系列方程解出切点的横坐标,代入曲线或切线方程求出切点的纵坐标.

【自主解答】

巩固练习

1. 对于平均变化率 $\dfrac{\Delta y}{\Delta x}$,下列说法中不正确的是( ).

A. Δx 可为正　　B. Δx 可为负

C. Δx 可为 0　　D. Δy 可为 0

2. 若函数 $f(x)=x^2-3$ 在区间 $[1,b]$ 上的平均变化率为 3,则实数 b 的值等于( ).

A. 1　　B. 2　　C. 3　　D. 4

3. 将半径为 R 的球加热,若球的半径增加 ΔR,则球的体积增加量 ΔV 约为( ).

A. $\dfrac{4\pi}{3}R^3\Delta R$　　B. $4\pi R^2\Delta R$

C. $4\pi R^2$　　D. $4\pi R\Delta R$

4. 已知函数 $f(x)$ 的图象如图所示,则下列数值排序正确的是( ).

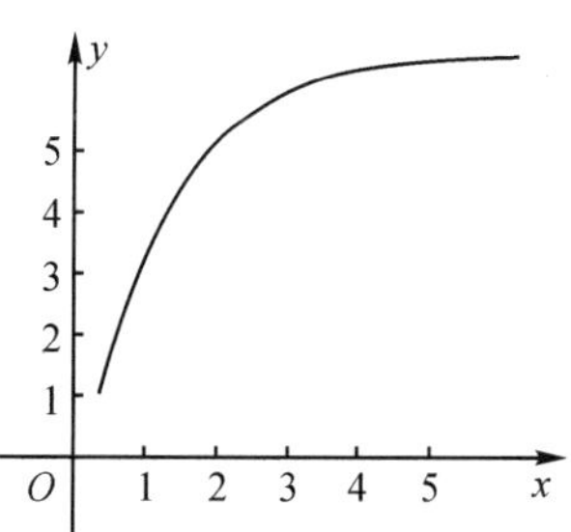

A. $0<f'(2)<f'(3)<f(3)-f(2)$

B. $0<f'(3)<f(3)-f(2)<f'(2)$

C. $0<f'(3)<f'(2)<f(3)-f(2)$

D. $0<f(3)-f(2)<f'(2)<f'(3)$

5. 函数 $y=x^3$ 在点(2,8)处的切线方程为(　　).

A. $y=12x-16$　　B. $y=12x+16$

C. $y=-12x-16$　　D. $y=-12x+16$

6. 设函数 $y=x^2$ 在区间$[x_0,x_0+\Delta x]$上的平均变化率为 k_1,在区间$[x_0-\Delta x,x_0]$上的平均变化率为 k_2,则 k_1 与 k_2 的大小关系是(　　).

A. $k_1>k_2$　　B. $k_1<k_2$

C. $k_1=k_2$　　D. 不确定

7. (多选题)为了评估某种治疗肺炎的药物的疗效,有关部门对该药物在人体血液中的药物浓度进行测量.设该药物在人体血液中的药物浓度 c 与时间 t 的关系为 $c=f(t)$,甲、乙两人服用该药物后,血液中的药物浓度随时间 t 变化的关系如图所示.

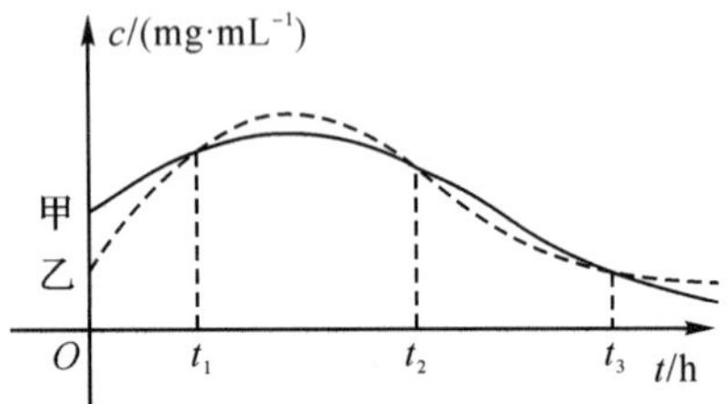

下列四个结论中正确的是(　　).

A. 在 t_1 时刻,甲、乙两人血液中的药物浓度相同

B. 在 t_2 时刻,甲、乙两人血液中药物浓度的瞬时变化率相同

C. 在$[t_2,t_3]$这个时间段内,甲、乙两人血液中药物浓度的平均变化率相同

D. 在$[t_1,t_2]$,$[t_2,t_3]$两个时间段内,甲血液中药物浓度的平均变化率不相同

8. (多选题)某池塘中野生水葫芦的面积与时间的函数关系如图所示.假设其关系为指数函数,并给出下列说法,其中正确的说法有(　　).

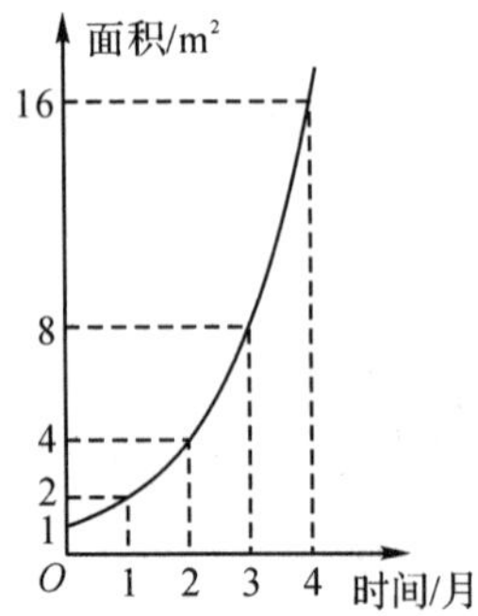

A. 野生水葫芦的每月增长率为 1

B. 野生水葫芦从 4m^2 蔓延到 12m^2 只需 1.5 个月

C. 设野生水葫芦蔓延到 10m^2,20m^2,30m^2 所需的时间分别为 t_1,t_2,t_3,则有 $t_1+t_3<2t_2$

D. 野生水葫芦在第 1 个月到第 3 个月之间蔓延的平均速度等于其在第 2 个月到第 4 个月之间蔓延的平均速度

9. 过曲线 $y=2^x$ 上两点(0,1),(1,2)的割线的斜率为________.

10. 函数 $f(x)=x+\dfrac{1}{x}$在 $x=1$ 处的导数是________.

11. 若函数 $y=f(x)$的图象在 $x=1$ 处的切线方程是 $y=x-4$,则$\dfrac{f'(1)}{f(1)}=$________.

12. 生活经验告诉我们,当水注进容器(设单位时间内进水量相同)时,水面高度随着时间的变化而变化.在下列各图中,请选择与容器相匹配的图象:A 对应________;B 对应________;C 对应________;D 对应________.(填序号)

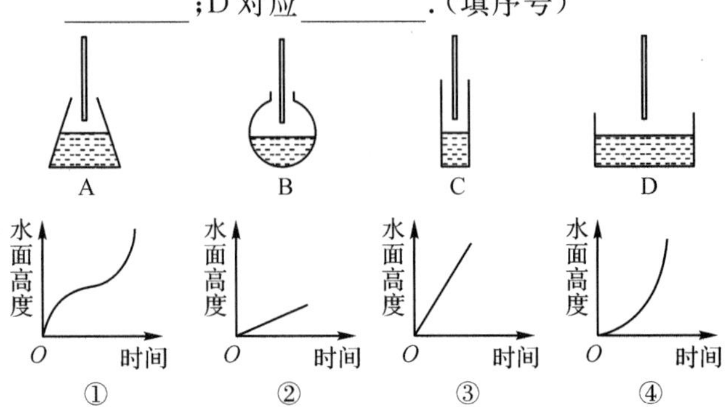

13. 若 P 是抛物线 $y=x^2$ 上任意一点,则点 P 到直线 $y=x-2$ 的最小距离为________,此时点 P 的坐标为________.

14. 若一物体的运动时间 t(单位:s)与位移 s(单位:m)的函数关系式为 $s=\begin{cases}3t^2+2,0\leqslant t<3,\\29+3(t-3)^2,t\geqslant 3,\end{cases}$ 求此物体在 $t=1$ 和 $t=5$ 时的瞬时速度.

15. 求过点$(-1,0)$且与曲线$y=x^2+x+1$相切的直线方程.

拓展探究

16. 已知函数$f(x)=\begin{cases}2^x-1, x\leqslant 0,\\ -x^2-3x, x>0,\end{cases}$若不等式$|f(x)|\geqslant mx-2$恒成立,则实数$m$的取值范围为(　　).

A. $[3-2\sqrt{2}, 3+2\sqrt{2}]$

B. $[0, 3-2\sqrt{2}]$

C. $(3-2\sqrt{2}, 3+2\sqrt{2})$

D. $[0, 3+2\sqrt{2}]$

“在天才和勤奋之间,我毫不迟疑地选择勤奋,它几乎是世界上一切成就的催生婆.”

——爱因斯坦

第7讲　求导用公式　运算效率高

四基概述

1. 知识要点

(1)基本初等函数的导数公式

原函数	导函数
$f(x)=c$	$f'(x)=0$
$f(x)=x^{\alpha}(\alpha\in\mathbf{Q}_+)$	$f'(x)=\alpha x^{\alpha-1}$
$f(x)=\sin x$	$f'(x)=\cos x$
$f(x)=\cos x$	$f'(x)=-\sin x$
$f(x)=a^x$	$f'(x)=a^x\ln a(a>0$ 且 $a\neq1)$
$f(x)=e^x$	$f'(x)=e^x$
$f(x)=\log_a x$	$f'(x)=\dfrac{1}{x\ln a}(a>0$ 且 $a\neq1)$
$f(x)=\ln x$	$f'(x)=\dfrac{1}{x}$

(2)导数的运算法则

已知 $f(x),g(x)$ 为可导函数,我们有如下法则:

$[f(x)\pm g(x)]'=f'(x)\pm g'(x)$;

$[f(x)\cdot g(x)]'=f'(x)\cdot g(x)+f(x)\cdot g'(x)$;

$\left[\dfrac{f(x)}{g(x)}\right]'=\dfrac{f'(x)\cdot g(x)-f(x)\cdot g'(x)}{[g(x)]^2},g(x)\neq0$.

(3)复合函数的求导法则

对于两个函数 $y=f(u)$ 和 $u=g(x)$,如果通过中间变量 u,y 可以表示成 x 的函数,那么称这个函数为函数 $y=f(u)$ 和 $u=g(x)$ 的复合函数,记作 $y=f(g(x))$. 复合函数 $y=f(g(x))$ 的导数和函数 $y=f(u)$,$u=g(x)$ 的导数间的关系为 $y'_x=y'_u\cdot u'_x$,其中 y'_x 表示 y 对 x 的导数,y'_u 表示 y 对 u 的导数,u'_x 表示 u 对 x 的导数.

2. 技能技巧

(1)常用求导技巧

①连乘形式,先展开化为多项式的形式,再求导;

②分式形式,观察函数的结构特征,先化为整式或较为简单的分式,再求导;

③对数形式,先化为和、差的形式,再求导;

④根式形式,先化为分数指数幂的形式,再求导;

⑤三角形式,先利用三角函数公式转化为和或差的形式,再求导;

⑥复合函数,由外向内,层层求导.

先对函数式进行化简再求导,可以减少运算量,提高运算速度.

(2)求已知曲线 $y=f(x)$ 的切线方程常见题型

①已知切点 $A(x_0,f(x_0))$ 求切线斜率 k,即求该点处的导数值 $k=f'(x_0)$;

②已知切线斜率 k,求切点 $A(x_1,f(x_1))$,即解方程 $f'(x_1)=k$;

③求过已知点 $P(x_1,y_1)$ 的切线方程,可设切点为 (x_0,y_0),由 $\begin{cases}y_0=f(x_0),\\y_1-y_0=f'(x_0)(x_1-x_0),\end{cases}$ 求解即可.

(3)奇偶性和周期性

奇函数的导数是偶函数,偶函数的导数是奇函数,周期函数的导数还是周期函数.

3. 思想方法

公式法、换元法、待定系数法、方程思想.

4. 易错点

忽略函数的定义域;导数公式记忆混乱;复合函数的层次不明,将某些复合函数误认为基本初等函数.

典例分析

例 1　若函数 $f(x)$ 在 $\mathbf{R}$ 上可导,且 $f(x)=x^2+2f'(2)x+m(m\in\mathbf{R})$,则(　　).

A. $f(0)<f(5)$　　B. $f(0)=f(5)$

C. $f(0)>f(5)$　　D. 以上答案都不对

【思路点拨】本题考查导数的运算,求出 $f'(2)$ 的值是关键,利用二次函数的对称性和单调性即可解决问题.

【自主解答】

例 2　设函数 $f(x)=x^3+(a-1)x^2+ax$. 若 $f(x)$ 为奇函数，则曲线 $y=f(x)$ 在点 $(0,0)$ 处的切线方程为(　　).

A. $y=-2x$　　B. $y=-x$

C. $y=2x$　　D. $y=x$

【思路点拨】由函数的奇偶性确定参数 a 的值，再利用导数的几何意义求出切线的斜率，进而写出切线的方程.

【自主解答】

例 3　函数 $f(x)=x\sin\left(x+\frac{\pi}{2}\right)$ 的导函数在 $[-\pi,\pi]$ 上的图象大致是(　　).

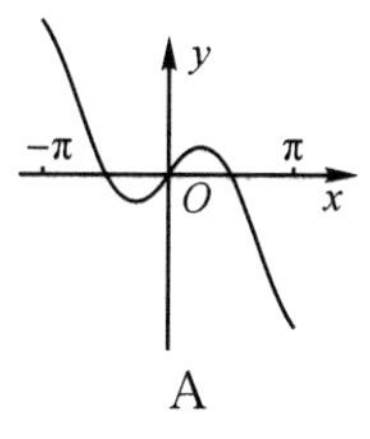

A

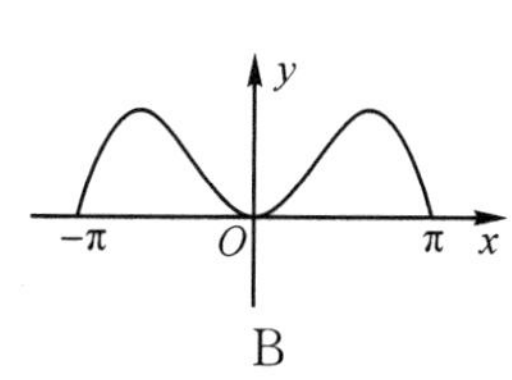

B

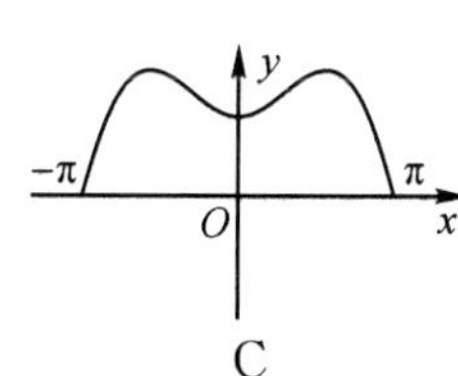

C

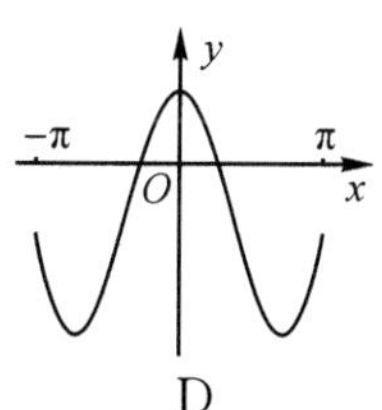

D

【思路点拨】函数图象的判断技巧：奇偶性判断法、特殊值判断法、零点所在区间判断法. 先对 $f(x)$ 进行求导，判断导函数的奇偶性；再考虑导函数在特殊值 $x=0$ 处的取值情况；最后利用零点存在性定理判断导函数零点所在区间，完成函数图象的判断.

【自主解答】

例 4　已知函数 $f(x)=x^{2b}+ax$ 的导数 $f'(x)=2x+3$，则数列 $\left\{\frac{1}{f(n)+2}\right\}(n\in\mathbf{N}^*)$ 的前 n 项和是(　　).

A. $\frac{n}{n+1}$　　B. $\frac{n-1}{2(n+1)}$

C. $\frac{n}{2(n+2)}$　　D. $\frac{n}{(n+1)(n+2)}$

【思路点拨】利用导数求得参数 a,b 的值，然后利用裂项求和法可求得数列 $\left\{\frac{1}{f(n)+2}\right\}(n\in\mathbf{N}^*)$ 的前 n 项和.

【自主解答】

例 5 (多选题)已知函数 $f(x)$ 及其导函数 $f'(x)$，若存在 x_0 使得 $f(x_0)=f'(x_0)$，则称 x_0 是 $f(x)$ 的一个“巧值点”. 下列函数中，有“巧值点”的是(　　).

A. $f(x)=x^2$　　B. $f(x)=e^{-x}$

C. $f(x)=\ln x$　　D. $f(x)=\tan x$

【思路点拨】数学中的新定义题目解题策略：仔细阅读，理解新定义的内涵；根据新定义，将对应知识进行迁移. 本题直接利用“巧值点”的定义，一一验算即可.

【自主解答】

例 6 (1)已知 P 是曲线 $y=e^x$ 上任意一点，求点 P 到直线 $y=x$ 的最小距离；

(2)已知曲线 $y=x^2+1$ 在点 Q 处的切线与曲线 $y=-2x^2-1$ 相切，求点 Q 的坐标.

【思路点拨】求曲线上的点与已知直线的最小距离，往往结合图象，利用导数的几何意义解决. 而涉及两条曲线的公切线时，一般先分析其中一条曲线与一条直线相切，再分析另一条曲线与该直线相切. 判定直线与抛物线相切可用判别式法.

【自主解答】

巩固练习

1. 已知 $f(x)=x\ln x$，若 $f'(x_0)=0$，则 $x_0=$(　　).

A. $\frac{1}{e}$　　B. 1　　C. e　　D. e^2

2. 曲线 $y=x^2+3x$ 在点 $A(2,10)$ 处的切线方程是(　　).

A. $7x-y-4=0$　　B. $10x-y-15=0$

C. $x-y+1=0$　　D. $x+y-1=0$

3. 函数 $y=x^2\cos 2x$ 的导数为(　　).

A. $y'=2x\cos 2x-x^2\sin 2x$

B. $y'=2x\cos 2x-2x^2\sin 2x$

C. $y'=x^2\cos 2x-2x\sin 2x$

D. $y'=2x\cos 2x+2x^2\sin 2x$

4. 若 $f(x)=ax^4+bx^2+c$ 满足 $f'(1)=2$，则 $f'(-1)=$(　　).

A. -4　　B. -2　　C. 2　　D. 4

5. 设 $f_0(x)=\sin x$，$f_1(x)=f_0'(x)$，$f_2(x)=f_1'(x)$，…，$f_{n+1}(x)=f_n'(x)$，$n\in\mathbf{N}$，则 $f_{2021}(x)=$(　　).

A. $-\sin x$　　B. $\sin x$　　C. $-\cos x$　　D. $\cos x$

6. 若 P 为曲线 $y=\ln x$ 上的一个动点，Q 为直线 $y=x+1$ 上的一个动点，则 $|PQ|$ 的最小值等于(　　).

A. 0　　B. $\frac{\sqrt{2}}{2}$　　C. $\sqrt{2}$　　D. 2

7. 已知函数 $f(x)$ 为 $\mathbf{R}$ 上的可导函数，其导函数为 $f'(x)$，且 $f(x)=\sqrt{3}f'\left(\frac{\pi}{6}\right)\cdot\sin x+\cos x$. 在 $\triangle ABC$ 中，若 $f(A)=f'(B)=1$，则 $\triangle ABC$ 的形状为(　　).

A. 等腰锐角三角形　　B. 直角三角形

C. 等边三角形　　D. 等腰钝角三角形

8. (多选题)若函数 $f(x)$ 的导函数 $f'(x)$ 的图象关于 y 轴对称，则 $f(x)$ 的解析式可能为(　　).

A. $f(x)=3\cos x$　　B. $f(x)=x^3+x$

C. $f(x)=x+\frac{1}{x}$　　D. $f(x)=e^x+x$

9. (多选题)已知函数 $f(x)=\sin(\omega x-\varphi)\left(\omega>0, 0<\varphi<\frac{\pi}{2}\right)$ 的部分图象如图所示，则下列关于函数 $f(x)$ 的导函数 $f'(x)$ 的说法中，正确的是(　　).

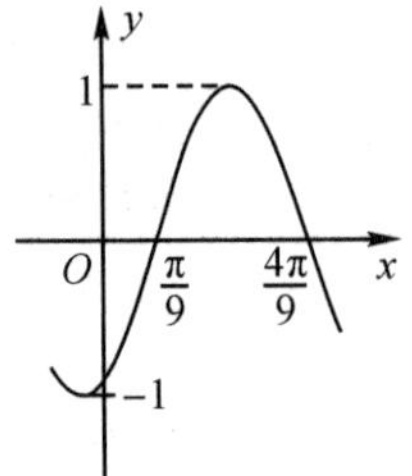

A. $f'(x)$的最小正周期为$\frac{2\pi}{3}$

B. $f'(x)$的图象关于直线$x=\frac{4\pi}{9}$对称

C. $f'(x)$的图象关于点$\left(\frac{\pi}{9},0\right)$中心对称

D. $f'(x)$在$\left[\frac{\pi}{9},\frac{4\pi}{9}\right]$上单调递减

10. 已知函数$f(x)=x^3-f'(1)x^2+3x-1$,则$f(2)$ =________.

11. 已知函数$f(x)=(x-1)(x-2)(x-3)(x-4)$,则$f'(1)=$________.

12. 若关于x的方程$2|x+a|=e^x$有3个不同的实数根,则实数a的取值范围为________.

13. 求下列函数的导函数.

(1)$f(x)=-2x^3+4x^2$;

(2)$f(x)=x+\cos x,x\in(0,1)$;

(3)$f(x)=-x^2+3x-\ln x$;

(4)$y=\frac{x+1}{x-1}$.

14. 已知函数$f(x)=\frac{1}{3}x^3-ax^2+(a-1)x$,设$f'(x)$是函数$f(x)$的导函数,求当$a$为何值时,$f'(x)$的零点之间的距离最小.

15. 已知曲线$y=\frac{1}{3}x^3+\frac{4}{3}$.

(1)求曲线在点$P(2,4)$处的切线方程;

(2)求曲线过点$P(2,4)$的切线方程.

拓展探究

16. 定义:已知函数$y=f(x)$,如果在区间$[a,b]$上存在$x_1,x_2(a<x_1<x_2<b)$,满足$f'(x_1)=\frac{f(b)-f(a)}{b-a}$,$f'(x_2)=\frac{f(b)-f(a)}{b-a}$,则称函数$y=f(x)$是区间$[a,b]$上的一个"双中值函数".已知函数$f(x)=x^3-\frac{6}{5}x^2$是区间$[0,t]$上的"双中值函数",则实数$t$的取值范围是________.

"在长期的科学研究中,我深深地体会到,谦虚谨慎是科学工作者不可缺少的美德."

——苏步青

第8讲　导数判单调　正负定增减

四基概述

1. 利用导函数判断函数的单调性

已知函数 $y=f(x)$在某区间上的导函数为 $f'(x)$.

(1)若 $f'(x)>0$,则 $f(x)$在这个区间上单调递增.

(2)若 $f'(x)<0$,则 $f(x)$在这个区间上单调递减.

(3)若恒有 $f'(x)=0$,则 $f(x)$为常数函数.

2. 与函数单调性相关的结论

(1)若函数 $y=f(x)$在区间(a,b)上是单调函数,则 $f'(x)$在该区间上不变号.

(2)在某个区间上,$f'(x)>0$($f'(x)<0$)是函数$f(x)$在此区间上单调递增(减)的充分不必要条件.

(3)函数 $f(x)$在(a,b)上单调递增(减)的充要条件是 $f'(x)\geqslant 0$($f'(x)\leqslant 0$)在(a,b)上恒成立,且$f'(x)$在(a,b)的任意子区间上都不恒等于0.

3. 注意点

(1)如果一个函数在某一范围内导数的绝对值较大,那么函数在这个范围内变化得较快,这时,函数的图象就比较“陡峭”(向上或向下的倾斜度大);反之,函数的图象就比较“平缓”.

(2)在利用导数求函数的单调区间时,首先要确定函数的定义域,解题过程中,只能在定义域内讨论函数的单调性.

(3)当求得的单调区间多于一个时,各单调区间之间要用“,”或“和”等隔开,不要用符号“∪”连接.

4. 判断单调性的步骤

利用导数判断一个函数在给定区间上的单调性的一般步骤:

①求导数 $f'(x)$;

②判断 $f'(x)$的符号;

③得出单调性结论.

典例分析

例1　函数 $f(x)=-\ln x+2x^2$ 的单调递增区间是(　　).

A. $\left(-\frac{1}{2},0\right)$和$\left(\frac{1}{2},+\infty\right)$

B. $\left(-\frac{1}{2},0\right)\cup\left(\frac{1}{2},+\infty\right)$

C. $\left(-\frac{1}{2},0\right)$

D. $\left(\frac{1}{2},+\infty\right)$

【思路点拨】本题要注意函数 $f(x)$的定义域,然后令导函数大于0,求出解集即可.

【自主解答】

例2　已知函数 $f(x)=e^x+e^{-x}+\cos x$,则不等式 $f(2m)>f(m-2)$的解集为(　　).

A. $(-\infty,-2)\cup\left(\frac{2}{3},+\infty\right)$

B. $\left(-\infty,-\frac{2}{3}\right)\cup(2,+\infty)$

C. $\left(-2,\frac{2}{3}\right)$

D. $\left(-\frac{2}{3},2\right)$

【思路点拨】本题解题的关键在于研究函数 $f(x)$ 的单调性，主要通过二阶导数研究 $f(x)$ 在 $(0,+\infty)$ 上的单调性，进而结合偶函数的性质求解.

【自主解答】

例 3　(多选题)已知函数 $f(x)=\frac{\ln x}{x}$，则下列说法中正确的是(　　).

A. $f(2)>f(3)$

B. $\ln\pi>\sqrt{\frac{\pi}{e}}$

C. 若 $f(x)=m$ 有两个不相等的实数根 x_1,x_2，则 $x_1x_2<e^2$

D. 若 $2^x=5^y$，x,y 均为正数，则 $2x<5y$

【思路点拨】函数值的大小比较有时需要利用单调性. 函数的零点问题中有两个变量 x_1,x_2，关键是进行转化，利用零点的关系转化为一个变量，然后引入新函数进行证明.

【自主解答】

例 4　若函数 $f(x)=(-x^2+ax)e^x$ 在区间 $(-1,1)$ 上存在减区间，则实数 a 的取值范围是________.

【思路点拨】函数 $f(x)$ 在区间 $(-1,1)$ 上存在减区间，只需考虑其导函数在区间 $(-1,1)$ 上小于等于 0 有解.

【自主解答】

例 5　已知不等式 $a\ln x-\frac{1}{x}+e^{\frac{1}{x}}\geqslant x^a$ 对任意 $x\in(0,1)$ 恒成立，则实数 a 的最小值为________.

【思路点拨】本题的难点是通过条件构造函数 $f(x)=x-\ln x(x>0)$，由函数单调性可得 $e^{\frac{1}{x}}\geqslant x^a$，再分离参数转化为求最值问题.

【自主解答】

例 6 已知 $f(x)=-x^2+ax-a,a\in\mathbf{R}$.

(1)设 $g(x)=e^x f(x)$,若 $g(x)$ 是单调函数,求曲线 $y=g(x)$ 在点 $(1,g(1))$ 处的切线方程;

(2)设 $a>-\frac{1}{2}$,若 $f(x)\leqslant e^x$ 恒成立,求实数 a 的取值范围.

【思路点拨】第(1)小题中,函数 $g(x)$ 单调,则转化为其导函数大于(或小于)等于 0 恒成立;第(2)小题为含参数的不等式恒成立问题,一般通过导函数分类讨论求最值或分离参数后求最值.

【自主解答】

巩固练习

1. 已知函数 $f(x)=x^3+ax^2+bx+c$,其中 a,b,c 为实数,当 $a^2-3b<0$ 时,$f(x)$ 是(　　).

A. 增函数

B. 减函数

C. 常数函数

D. 既不是增函数也不是减函数

2. 已知 $a=e,b=3\log_3 e,c=\frac{5}{\ln 5}$,则 a,b,c 的大小关系为(　　).

A. $c<a<b$　　B. $a<c<b$

C. $b<c<a$　　D. $a<b<c$

3. "$m<4$"是"函数 $f(x)=2x^2-mx+\ln x$ 在 $(0,+\infty)$ 上单调递增"的(　　).

A. 充分不必要条件

B. 必要不充分条件

C. 充要条件

D. 既不充分也不必要条件

4. 若函数 $f(x)=\frac{1}{3}x^3-x^2+ax-5$ 在区间 $[-1,2]$ 上不单调,则实数 a 的取值范围是(　　).

A. $(-\infty,-3]$　　B. $(-3,1)$

C. $[1,+\infty)$　　D. $(-\infty,-3]\cup[1,+\infty)$

5. 已知函数 $f(x)$ 是定义在 $\mathbf{R}$ 上的可导函数,对于任意的实数 x,都有 $\frac{f(-x)}{f(x)}=e^{2x}$,当 $x<0$ 时,$f(x)+f'(x)>0$. 若 $e^a f(2a+1)\geqslant f(a+1)$,则实数 a 的取值范围是(　　).

A. $\left[0,\frac{2}{3}\right]$　　B. $\left[-\frac{2}{3},0\right]$

C. $[0,+\infty)$　　D. $(-\infty,0]$

6. 已知函数 $f(x)=x+\frac{2}{1+e^x}$,若正实数 m,n 满足 $f(m-9)+f(2n)=2$,则 $\frac{2}{m}+\frac{1}{n}$ 的最小值为(　　).

A. 8　　B. 4　　C. $\frac{8}{3}$　　D. $\frac{8}{9}$

7. 下列图象中,不可能是函数 $f(x)=\frac{\ln|x+\alpha|}{\sin\alpha}$ ($\alpha\in\mathbf{R}$,且 $\alpha\neq k\pi,k\in\mathbf{Z}$)大致图象的是(　　).

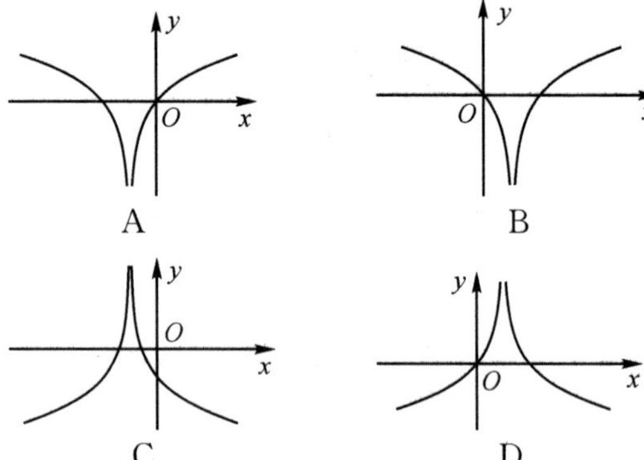

8. 已知 $f(x)$ 是定义在 $(-\infty,0)\cup(0,+\infty)$ 上的奇函数,$f'(x)$ 是 $f(x)$ 的导函数,$f(1)\neq 0$,且满足 $f'(x)\ln x+\frac{f(x)}{x}<0$,则不等式 $(x-1)f(x)<0$ 的解集为(　　).

A. $(1,+\infty)$　　B. $(0,1)$

C. $(-\infty,1)$　　D. $(-\infty,0)\cup(1,+\infty)$

9. 已知函数 $f(x)=\ln(|x|-1)+e^x+e^{-x}$,则使不等式 $f(x+1)<f(2x)$ 成立的 x 的取值范围是(　　).

A. $(-\infty,-1)\cup(1,+\infty)$

B. $(-2,-1)$

C. $\left(-\infty,-\frac{1}{3}\right)\cup(1,+\infty)$

D. $(-\infty,-2)\cup(1,+\infty)$

10. 已知 $a<3$ 且 $ae^3=3e^a$，$b<4$ 且 $be^4=4e^b$，$c<5$ 且 $ce^5=5e^c$，则(　　).

A. $c<b<a$　　B. $b<c<a$

C. $a<c<b$　　D. $a<b<c$

11. (多选题)已知函数 $f(x)=x^2-ax-\ln x(a\in\mathbf{R})$，则下列说法中正确的是(　　).

A. 若 $a=-1$，则 $f(x)$ 是 $\left(0,\frac{1}{2}\right)$ 上的减函数

B. 若 $0\leqslant a\leqslant 1$，则 $f(x)$ 有两个零点

C. 若 $a=1$，则 $f(x)\geqslant 0$

D. 若 $a>1$，则曲线 $y=f(x)$ 上存在相异的两点 M,N，这两点处的切线平行

12. 若函数 $f(x)=\frac{x^2}{2}-\ln x$ 在其定义域内的一个子区间 $[k-1,k+1]$ 上不是单调函数，则 k 的取值范围是________.

13. 已知可导函数 $f(x)$ 的定义域为 $(0,+\infty)$，满足 $xf'(x)-2f(x)<0$，且 $f(2)=4$，则不等式 $f(2^x)>4^x$ 的解集是________.

14. 若 $xe^x=5$，$\ln y-\frac{5e}{y}=1$，则 $xy=$________.

15. 已知函数 $f(x)=ax-\ln x(a\in\mathbf{R})$.

(1)讨论 $f(x)$ 的单调性；

(2)若 $f(x)>\frac{1}{x}-e^{1-x}+a$ 在 $(1,+\infty)$ 上恒成立，求 a 的取值范围.

拓展探究

16. 已知函数 $f(x)=(x-1)(x+1-4a)+(2a^2-2)\ln x$.

(1)讨论 $f(x)$ 的单调性；

(2)若 $a>3$，讨论 $f(x)$ 的零点个数.($\ln 4>1.38$)

“理解科学需要艺术，而理解艺术也需要科学.”

——乔治·萨顿

第9讲　最值哪里取　极值与端点

四基概述

1. 导数与函数的极值

(1)函数的极小值与极小值点

若函数 $f(x)$在点 $x=a$ 处的函数值 $f(a)$比它在点 $x=a$ 附近其他点的函数值都小，$f'(a)=0$，而且在 $x=a$ 附近的左侧 $f'(x)<0$，右侧 $f'(x)>0$，则 $x=a$ 叫作函数的极小值点，$f(a)$叫作函数的极小值.

(2)函数的极大值与极大值点

若函数 $f(x)$在点 $x=b$ 处的函数值 $f(b)$比它在点 $x=b$ 附近其他点的函数值都大，$f'(b)=0$，而且在 $x=b$ 附近的左侧 $f'(x)>0$，右侧$f'(x)<0$，则 $x=b$ 叫作函数的极大值点，$f(b)$叫作函数的极大值.

2. 导数与函数的最值

(1)函数 $f(x)$在$[a,b]$上有最值的条件

如果在区间$[a,b]$上函数 $y=f(x)$的图象是一条连续不断的曲线，那么它必有最大值和最小值.

(2)求 $y=f(x)$在$[a,b]$上的最大(小)值的步骤

①求函数 $y=f(x)$在$[a,b]$上的极值；

②将函数 $y=f(x)$的各极值与端点处的函数值 $f(a)$，$f(b)$比较，其中最大的一个是最大值，最小的一个是最小值.

3. 注意点

(1)对于函数 $f(x)$，$f'(x_0)=0$ 是函数 $f(x)$在 $x=x_0$ 处有极值的必要不充分条件.

(2)若函数 $f(x)$在开区间(a,b)上只有一个极值点，则相应的极值点一定是函数的最值点.

(3)极值有可能是最值，但最值只要不在区间端点处取得，其必定是极值.

典例分析

例 1　若函数 $f(x)=\frac{1}{3}x^3+x^2-2$ 在区间$(a-4,a)$上存在最小值，则 a 的取值范围是(　　).

A. $(0,4)$　　B. $[0,4)$

C. $[1,4)$　　D. $(1,4)$

【思路点拨】求解本题的关键在于分析得出函数 $f(x)$的最小值点即为函数 $f(x)$的极小值点，同时还应分析得出 $f(a-4)\geqslant f(0)$，结合极值点在定义域内列不等式组求解.

【自主解答】

例 2　已知 x_1，x_2 是函数 $f(x)=e^{x-1}-mx(m>1)$在$(0,+\infty)$上的两个零点，则 x_1x_2 满足(　　).

A. $x_1x_2<\frac{1}{2}$　　B. $x_1x_2<1$

C. $x_1x_2>1$　　D. $x_1x_2>2$

【思路点拨】求解本题的关键是引入参数表示 x_1x_2，再构造函数求其最值.

【自主解答】

例 3　(多选题)设函数 $f(x)=a^x-x^a(a>1)$ 的定义域为 $(0,+\infty)$，已知 $f(x)$ 有且只有一个零点，下列结论中正确的有(　　).

A. $a=e$

B. $f(x)$ 在区间 $(1,e)$ 上单调递增

C. $x=1$ 是 $f(x)$ 的极大值点

D. $f(e)$ 是 $f(x)$ 的最小值

【思路点拨】求解本题关键是确定 $f'(x)$ 的零点，利用零点的定义解方程，再取对数运算.

【自主解答】

例 4　已知 $a\in\mathbf{R}$，$x\ln x(ax^2-x-a+1)\leqslant 0$ 在 $x\in\left[\frac{1}{2},2\right]$ 上恒成立，则实数 a 的取值范围为________.

【思路点拨】含参数的不等式问题一般要分类讨论求最值，或分离参数后求最值.

【自主解答】

例 5　已知函数 $f(x)=(x-a-1)e^x+b$，若存在 $b\in\mathbf{R}$，对于任意 $x\in[1,2]$，都有 $|f(x)|<\frac{e}{2}$，则实数 a 的取值范围是________.

【思路点拨】设 $g(x)=(x-a-1)e^x$，问题转化为对于任意 $x\in[1,2]$，都有 $g(x)_{\max}-g(x)_{\min}<e$，利用导数研究 $g(x)$ 的最值，建立关于 a 的不等式即可求解.

【自主解答】

例 6　已知函数 $f(x)=e^{ax}$，$g(x)=kx+a$，其中 $a>0$，$k\in\mathbf{R}$.

(1)当 $k=a=1$ 时，求函数 $y=\frac{g(x)}{f(x)}$ 的最大值.

(2)是否存在实数 k，使得只有唯一的 a，当 $x>0$ 时，$f(x)\geqslant g(x)$ 恒成立？若存在，求出 k,a 的值；若不存在，请说明理由.

【思路点拨】含参数的不等式问题一般要分类讨论求最值，或分离参数后求最值.

【自主解答】

巩固练习

1. 已知函数 $f(x)=\frac{1}{2}\sin 2x+\sin x$，则 $f(x)$ 的最小值是(　　).

A. $-\frac{3\sqrt{3}}{2}$　　B. $\frac{3\sqrt{3}}{2}$

C. $-\frac{3\sqrt{3}}{4}$　　D. $\frac{3\sqrt{3}}{4}$

2. 已知函数 $f(x)=(x^2+a)e^x$ 有最小值，则函数 $y=f'(x)$ 的零点个数为(　　).

A. 0　　B. 1

C. 2　　D. 不确定

3. 已知 $x=2$ 是 $f(x)=2\ln x+ax^2-3x$ 的极值点，则 $f(x)$ 在 $\left[\frac{1}{3},3\right]$ 上的最大值是(　　).

A. $2\ln 3-\frac{9}{2}$

B. $-\frac{5}{2}$

C. $-2\ln 3-\frac{17}{18}$

D. $2\ln 2-4$

4. 已知 $y=\frac{1}{3}x^3-x$ 在区间 $(m,6-m^2)$ 上有最小值，则实数 m 的取值范围是(　　).

A. $(-\infty,\sqrt{5})$　　B. $(-2,\sqrt{5})$

C. $[-2,\sqrt{5})$　　D. $[-2,1)$

5. 若 $e^{x_1}=\ln x_2$，令 $t=x_2-x_1$，则 t 的最小值属于(　　).

A. $\left(1,\frac{3}{2}\right)$

B. $\left(\frac{3}{2},2\right)$

C. $\left(2,\frac{5}{2}\right)$

D. $\left(\frac{5}{2},3\right)$

6. 已知函数 $f(x)=\ln(2x+1)$，$g(x)=2mx+m$，若 $f(x)\leqslant g(x)$ 恒成立，则实数 m 的取值范围是(　　).

A. $\left(-\infty,\frac{1}{e}\right)$

B. $\left(0,\frac{1}{e}\right]$

C. $\left[\frac{1}{e},+\infty\right)$

D. $[e,+\infty)$

7. 若关于 x 的方程 $e^x=\frac{8k+8}{(x-k)^2}$ 恰有 3 个不同的根，其中 $k>1$ 且 $k\in\mathbf{N}^*$，则 k 的最小值为(　　).

A. 3　　B. 4

C. 5　　D. 6

8. 已知函数 $f(x)=xe^x$，$g(x)=2x\ln 2x$，若 $f(x_1)=g(x_2)=t$，$t>0$，则 $\frac{\ln t}{x_1x_2}$ 的最大值为(　　).

A. $\frac{1}{e^2}$　　B. $\frac{4}{e^2}$

C. $\frac{1}{e}$　　D. $\frac{2}{e}$

9. 已知实数 x,y 满足 $x^2+y^2=1$，$0<x<1$，$0<y<1$，当 $\frac{4}{x}+\frac{1}{y}$ 取最小值时，$\frac{x}{y}$ 的值为(　　).

A. $\sqrt[3]{4}$　　B. $\sqrt[3]{3}$

C. $\sqrt{3}$　　D. 1

10. (多选题)若 $A(x_1,y_1)$，$B(x_2,y_2)$ $(x_1<x_2)$ 是函数 $f(x)=\begin{cases}-e^x+1, x\leqslant 1,\\ \ln x, x>1\end{cases}$ 图象上的任意两点，且函数 $f(x)$ 在点 A 和点 B 处的切线互相垂直，则下列结论中正确的是(　　).

A. $x_1<0$

B. $0<x_1\leqslant 1$

C. $\frac{x_2}{x_1}$ 的最小值为 e

D. x_1x_2 的最大值为 e

11. 已知函数 $f(x)=\begin{cases}x+4e, x\leqslant 0,\\ \frac{e^x}{x}, x>0,\end{cases}$ 若存在 $x_1\leqslant 0$，$x_2>0$，使得 $f(x_1)=f(x_2)$，则 $x_1f(x_2)$ 的取值范围是________.

12. 已知函数 $f(x)=xe^{|x-a|}-\ln x$ 在 $[1,+\infty)$ 上的最小值为 1，若对于任意 $x\in[-2,1]$，不等式 $\frac{1}{2}x^2+\cos ax-m\leqslant 0$ 恒成立，则实数 m 的最小值为________.

13. 若对任意正实数 x,y，不等式 $(2x-y)(\ln y-\ln x+1)\leqslant\frac{x}{a}$ 恒成立，则实数 a 的取值范围为________.

14. 已知对任意 $x\in(0,+\infty)$，都有 $k(e^{kx}+1)-\left(1+\frac{1}{x}\right)\ln x>0$，则实数 k 的取值范围为________.

15. 设函数 $f(x)=e^{x}(ax^{2}-2x+3)$，$x\in\mathbf{R}$.

(1)若 $a=0$，求函数 $f(x)$的最大值；

(2)若 $f(x)\geqslant x+3$ 恒成立，求实数 a 的取值范围.

拓展探究

16. 已知函数 $f(x)=(x+m)e^{x}$(m 是常数，$m\in\mathbf{R}$).

(1)讨论关于 x 的方程 $f(x)=m$ 解的个数；

(2)当$m=0$ 时，若对任意的 $x\in(0,+\infty)$，$\lambda x\ln\lambda x\leqslant f(2x)$恒成立，求正实数 λ 的最大值.

"人的一生，不论是工作还是生活都不会一帆风顺，总会碰到各种挫折和困难，甚至是艰险，但决不能灰心，不能向困难低头，要勇往直前，才能取得胜利."

——贝时璋

第10讲　导数不等式　变形与作差

四基概述

1. 证明不等式,常用作差法构造函数,但为了使导函数较易判断正负和求得零点,一定要注意对待证的不等式进行等价变形,见下表.

$e^x-x^2>x-x\ln x$	变形为$\frac{e^x}{x}-x-1+\ln x>0$(孤立 $\ln x$)
	变形为$\frac{x^2+x-x\ln x}{e^x}<1$(力压 e^x)
$e^x-x^2\geqslant(e-2)x+1$	变形为$\frac{e^x-x^2-1}{x}\geqslant e-2(x>0)$(分离常数)

2. 证明不等式,可以利用一些常用不等式进行换元或放缩,见下表.

不等式1:$e^x\geqslant x+1,x\in\mathbf{R}$	
在不等式1中用$x-1$代替x得$e^{x-1}\geqslant x$	不等式1.1:$e^x\geqslant ex$
在不等式1中用$x-x_0$代替x得$e^{x-x_0}\geqslant x-x_0+1$	不等式1.2:$e^x\geqslant e^{x_0}x+(1-x_0)e^{x_0}$
在不等式1中用$\frac{1}{n}$代替x得$e^{\frac{1}{n}}\geqslant1+\frac{1}{n}$	不等式1.3:$e>\left(1+\frac{1}{n}\right)^n,n\in\mathbf{N}^*$
在不等式1中用$-x$代替x得$e^{-x}\geqslant1-x$	不等式1.4:$e^x\leqslant\frac{1}{1-x}(x<1)$
在不等式1中用$\ln x$代替x得$e^{\ln x}\geqslant\ln x+1(x>0)$	不等式1.5:$x\geqslant\ln x+1(x>0)$
由不等式1.5得不等式2:$\ln x\leqslant x-1(x>0)$	
在不等式2中用$\frac{x}{e}$代替x得$\ln\frac{x}{e}\leqslant\frac{x}{e}-1$	不等式2.1:$\ln x\leqslant\frac{x}{e}$
在不等式2中用$\frac{x}{x_0}$代替x得$\ln\frac{x}{x_0}\leqslant\frac{x}{x_0}-1$	不等式2.2:$\ln x\leqslant\frac{1}{x_0}x+(\ln x_0-1)$
在不等式2中用$\frac{1}{x}$代替x得$\ln\frac{1}{x}\leqslant\frac{1}{x}-1$	不等式2.3:$\ln x\geqslant1-\frac{1}{x}$

续表

在不等式1中用$x+\ln x$代替x得$e^{x+\ln x}\geqslant x+\ln x+1$	不等式3.1:$xe^x\geqslant x+\ln x+1$
在不等式2中用xe^x代替x得$\ln xe^x\leqslant xe^x-1$	

3. 含参数的不等式或多变量不等式的证明问题,构造适当函数求导后,有以下情形.

(1)若导函数零点可解,则先求含参数的最值,变成以参数为变量的一元不等式问题.

(2)若导函数零点不可解,则先利用零点存在性定理证明导函数存在零点,并得到零点的适当范围,然后用设而不求的隐零点技巧对最值进行消元,变成一元不等式证明问题.

(3)可以利用常用函数不等式进行放缩,变成一元不等式问题.

典例分析

例1　设函数$f(x)=\ln x-x+1$,求证:

(1)$f(x)\leqslant0$;

(2)当$x\in(1,+\infty)$时,$1<\frac{x-1}{\ln x}<x$;

(3)当$c>1,x\in(0,1)$时,$1+(c-1)x>c^x$.

【思路点拨】第(1)小题的结论是一个常用不等式$\ln x\leqslant x-1$,要熟练掌握;第(2)小题,对第(1)小题的结论进行复合换元即可得证;第(3)小题用作差法构造函数,利用导数求其最值进行证明.

【自主解答】

例 2　求证：$e^x-x^2>x-x\ln x$.

【思路点拨】先把不等式等价变形，然后利用常用函数不等式 $e^x\geqslant x+1$ 或 $\ln x\leqslant x-1$，通过复合换元即可得证. 也可以变形后用作差法构造函数完成证明.

【自主解答】

例 3　已知 $x>0$，求证：$e^x-x^2\geqslant(e-2)x+1$.

【思路点拨】本题变形后作差构造函数和直接作差构造函数难易度差别较大，直接作差构造函数需要求二阶导数，比较难.

【自主解答】

例 4　求证：$ex^2-x\ln x<xe^x+\frac{1}{e}$.

【思路点拨】本题不等式中没有等号，可以将不等式等价变形后，拆分成两个函数，分别求最值，两个函数取到最值的条件不一致，从而取不到等号.

【自主解答】

例 5　已知函数 $f(x)=\ln x+ax^2+(2a+1)x$，当 $a<0$ 时，求证：$f(x)\leqslant-\frac{3}{4a}-2$.

【思路点拨】本题为含参数的不等式证明，可作差求导，得含参数的最值，转化为关于参数 a 的不等式证明；也可利用基本不等式消去 a，变成关于 x 的一元不等式的证明.

【自主解答】

例 6 已知函数 $f(x)=e^{x+a}-\ln x$,求证:当 $a>1-\frac{1}{e}$时,$f(x)>e+1$.

【思路点拨】本题为含参数的不等式证明,导数零点不可解,所以设而不求,用隐零点和参数的关系式,得到隐零点的范围,并对含参数的最值消去参数,然后求最值得证.

【自主解答】

巩固练习

1. 以下不等式中,不成立的是(　　).

A. $x>\sin x,x\in\left(0,\frac{\pi}{2}\right)$

B. $x-1\geqslant\ln x,x\in(0,+\infty)$

C. $e^x-x-1\geqslant0,x\in\mathbf{R}$

D. $\ln x+1-e^x>0,x\in(0,+\infty)$

2. 已知 $a,b\in(0,e)$,且 $a<b$,则下列式子中正确的是(　　).

A. $a\ln b<b\ln a$

B. $a\ln b>b\ln a$

C. $a\ln a>b\ln b$

D. $a\ln a<b\ln b$

3. 已知 $f'(x)$是定义域为 $\mathbf{R}$ 的函数 $f(x)$的导函数,满足 $f'(x)-f(x)>0$,且 $f(1)=2e$,则不等式$f(x)-2e^x>0$ 的解集为(　　).

A. $\left(\frac{1}{e},1\right)$　　B. $\left(\frac{1}{e},e\right)$

C. $(1,+\infty)$　　D. $\left(\frac{1}{e},+\infty\right)$

4. 已知 $f'(x)$是定义域为 $\mathbf{R}$ 的函数 $f(x)$的导函数,满足 $f(x)>f'(x)+2$,且 $y=f(x)-2023$ 为奇函数,则不等式 $f(x)-2021e^x<2$ 的解集为(　　).

A. $(-\infty,0)$　　B. $(0,+\infty)$

C. $\left(-\infty,\frac{1}{e^2}\right)$　　D. $\left(\frac{1}{e^2},+\infty\right)$

5. 已知 $\ln x\leqslant x-1$,用________代替 x,可得 $\ln(x+1)\leqslant x$;用________代替 x,可得 $1-\frac{1}{x+1}\leqslant\ln(x+1)$.

6. 若实数 x,y 满足 $e^{x+y-1}+e^{x-y-1}=2x$,则 $e^{xy}=$________.

7. 已知 $f(x)=ae^x-\ln x-1$,当 $a\geqslant\frac{1}{e}$时,函数 $f(x)$至多有________个零点.

8. 求证:$e^x-1>x^2\ln x+x$.

9. 已知 $x>0,f(x)=\frac{1}{2}x^2+2ax,g(x)=3a^2\ln x+b$,其中 $a>0$. 两曲线 $y=f(x),y=g(x)$有公共点,且在该点处的切线相同. 求证:$f(x)\geqslant g(x)$.

10. 求证：$\ln x>\frac{1}{e^x}-\frac{2}{ex}$.

11. 已知函数 $f(x)=x-\ln x+\frac{2x-1}{x^2}$，求证：$f(x)>f'(x)+\frac{3}{2}$对于任意的 $x\in[1,2]$成立.

12. 已知函数 $f(x)=\frac{ax^2+x-1}{e^x}$，求证：当 $a\geqslant 1$ 时，$f(x)+e\geqslant 0$.

13. 已知函数 $f(x)=4x+\frac{1}{x}+a\ln x$，当 $-3<a<0$ 时，求证：$f(x)>4$.

14. 已知函数 $f(x)=e^{2x}-a\ln x$,求证:当 $a>0$ 时,$f(x)\geqslant 2a+a\ln\frac{2}{a}$.

15. 已知函数 $f(x)=\ln x+(1-a)x^3+bx$,$g(x)=xe^x-b$,曲线 $f(x)$ 在点 $(e,f(e))$ 处的切线方程为 $y=\left(\frac{1}{e}+1\right)x$.

(1)求 a,b 的值;

(2)求证:$f(x)\leqslant g(x)$.

拓展探究

16. 已知 $x>0$,求证:$(2-x)e^x-(2+x)e^{-x}<2x$.

“成功的奥秘在于多动手.”

——杨振宁

第 2 篇 思想方法篇

第 11 讲　数列不等式　关键在放缩

四基概述

常见的放缩方法

(1)拆和放缩

若不等式$\sum_{i=1}^{n}a_i<f(n)(n\in\mathbf{N}^*)$中的$f(n)$不为常数，我们可将$f(n)$看成数列$\{b_n\}$的前$n$项和，则$b_n=\begin{cases}f(1),n=1,\\f(n)-f(n-1),n\geqslant 2,\end{cases}$可通过比较$a_n$与$b_n$的大小来探寻不等式成立的充分条件.

(2)裂项放缩

①$\frac{1}{n}-\frac{1}{n+1}<\frac{1}{n^2}<\frac{1}{n-1}-\frac{1}{n}(n\geqslant 2,n\in\mathbf{N}^*)$.

②$\frac{1}{n^2}<\frac{1}{n^2-1}=\frac{1}{2}\left(\frac{1}{n-1}-\frac{1}{n+1}\right)(n\geqslant 2,n\in\mathbf{N}^*)$.

③$\frac{1}{n^2}<\frac{1}{n^2-\frac{1}{4}}=2\left(\frac{1}{2n-1}-\frac{1}{2n+1}\right)(n\in\mathbf{N}^*)$.

④$\frac{1}{\sqrt{n}}=\frac{2}{\sqrt{n}+\sqrt{n}}<\frac{2}{\sqrt{n}+\sqrt{n-1}}=2(\sqrt{n}-\sqrt{n-1})$$(n\in\mathbf{N}^*)$.

⑤$\frac{1}{n^3}<\frac{1}{(n^2-1)n}=\frac{1}{2}\left[\frac{1}{(n-1)n}-\frac{1}{n(n+1)}\right]$$(n\geqslant 2,n\in\mathbf{N}^*)$.

⑥$\frac{1}{n\sqrt{n}}<\frac{1}{\sqrt{(n-1)(n+1)}\sqrt{n}}<2\left(\frac{1}{\sqrt{n-1}}-\frac{1}{\sqrt{n+1}}\right)(n\geqslant 2,n\in\mathbf{N}^*)$.

⑦$\frac{2^n}{(2^n-1)^2}=\frac{2^n}{(2^n-1)(2^n-1)}<\frac{2^n}{(2^n-1)(2^n-2)}$$=\frac{2^{n-1}}{(2^n-1)(2^{n-1}-1)}=\frac{1}{2^{n-1}-1}-\frac{1}{2^n-1}(n\geqslant 2,n\in\mathbf{N}^*)$.

(3)递缩等比数列放缩

将后一项与前一项的比值放缩成同一个常数，利用等比数列求和.

例如，$\frac{a_n}{a_{n-1}}<q\Leftrightarrow a_n<a_{n-1}q<\cdots<a_1q^{n-1}$，当$0<q<1$时，$S_n=\frac{a_1(1-q^n)}{1-q}<\frac{a_1}{1-q}(n\in\mathbf{N}^*)$.

典例分析

例 1　(1)求证：$\sum_{k=1}^{n}\frac{1}{k^2}<\frac{7}{4}$；

(2)求证：$\sum_{k=1}^{n}\frac{1}{k^3}<\frac{29}{24}$；

(3)求证：$\sum_{k=1}^{n}\frac{1}{3^k-1}<\frac{3}{4}$；

(4)求证：$\sum_{k=1}^{n}\frac{1}{3^k-2^k}<\frac{3}{2}$.

【思路点拨】当分母为幂函数型时，常采取裂项放缩的方法；当分母为指数型时，考虑放缩成等比数列.

【自主解答】

例 2 设等差数列$\{a_n\}$的前n项和为S_n，$a_3=4$，$a_4=S_3$，数列$\{b_n\}$满足：对任意的$n\in\mathbf{N}^*$，S_n+b_n，$S_{n+1}+b_n$，$S_{n+2}+b_n$成等比数列.

(1)求数列$\{a_n\}$，$\{b_n\}$的通项公式；

(2)记$c_n=\sqrt{\dfrac{a_n}{2b_n}}$，$n\in\mathbf{N}^*$，求证：$c_1+c_2+\cdots+c_n<2\sqrt{n}$，$n\in\mathbf{N}^*$.

【思路点拨】第(1)小题用基本量法求解，第(2)小题通过裂项放缩证明.

【自主解答】

例 3 已知数列$\{a_n\}$满足$a_1=1$，$a_{n+1}=\dfrac{1}{2a_n+1}$，$n\in\mathbf{N}^*$.

(1)求证：数列$\left\{\left|a_n-\dfrac{1}{2}\right|\right\}$为单调递减数列；

(2)记数列$\{|a_{n+1}-a_n|\}$的前n项和为S_n，求证：$S_n<\dfrac{5}{3}$.

【思路点拨】探究$\dfrac{|a_{n+2}-a_{n+1}|}{|a_{n+1}-a_n|}$的范围，放缩成等比数列再求和.

【自主解答】

例 4 已知数列$\{a_n\}$满足$a_1=1$，$a_{n+1}=a_n+2^n$，$n\in\mathbf{N}^*$.

(1)求数列$\{a_n\}$的通项公式；

(2)若$b_n=\dfrac{a_{n+1}}{3a_n}$，设数列$\{b_n\}$的前$n$项和为$T_n$，求证：$T_n<\dfrac{2n+4}{3}$.

【思路点拨】可以直接用“糖水不等式”将通项放缩成等差数列和等比数列的和，再分组求和；也可以先分离常数再利用“糖水不等式”放缩成等比数列；还可以利用$\dfrac{1}{2^n-1}<\dfrac{3}{2^n}$进行放缩.

【自主解答】

例 5 已知数列$\{a_n\}$的前n项和为S_n，$a_1=1$，$a_2=k(k>1)$，且数列$\left\{\dfrac{S_n}{S_{n+1}-1}\right\}$是常数数列，$n\in\mathbf{N}^*$.

(1)求数列$\{a_n\}$的通项公式；

(2)求证：$\dfrac{a_3}{S_2^2}+\dfrac{a_4}{S_3^2}+\cdots+\dfrac{a_{n+2}}{S_{n+1}^2}<1$.

【思路点拨】放缩成可裂项型的数列，求和来证明.

【自主解答】

例 6　已知数列$\{a_n\}$的前n项和为S_n，且满足$a_1=1$，$a_na_{n+1}=a_n^2+a_n+2$，$n\in\mathbf{N}^*$.

求证：$\frac{n^2+5n-4}{2}\leqslant S_n\leqslant\frac{3n^2+7n-6}{4}$.

【思路点拨】本题中的数列难求通项，可先通过递推式判断数列的单调性，再利用单调性对递推关系进行放缩，从而得到通项的范围，最后进行求和.

【自主解答】

巩固练习

1. 已知在数列$\{a_n\}$中，$a_1=2$，$a_{n+1}=a_n^2+a_n$，$S_m=\frac{2a_1}{a_1+1}+\frac{2a_2}{a_2+1}+\cdots+\frac{2a_m}{a_m+1}$，若$S_m<2020$，则整数$m$的最大值为(　　).

   A. 1009　　B. 1010　　C. 2019　　D. 2020

2. 已知数列$\{a_n\}$满足$a_1=\frac{1}{2}$，$a_{n+1}=\frac{a_n^2}{2018}+a_n(n\in\mathbf{N}^*)$，则使$a_n>1$的正整数$n$的最小值是(　　).

   A. 2018　　B. 2019　　C. 2020　　D. 2021

3. 已知数列$\{a_n\}$满足$a_0=0$，$|a_{i+1}|=|a_i+1|(i\in\mathbf{N})$，则$\left|\sum_{k=1}^{20}a_k\right|$的值不可能是(　　).

   A. 2　　B. 4　　C. 10　　D. 14

4. 设数列$\{a_n\}$满足$a_{n+2}-2a_{n+1}+a_n>1$对任意的$n\in\mathbf{N}^*$恒成立，则下列说法中正确的是(　　).

   A. $a_{n+2}a_n>a_{n+1}^2$

   B. 数列$\{a_n\}$单调递增

   C. 存在正整数M，当$n>M$时，$a_{n+1}>a_n+n$恒成立

   D. 存在正整数M，当$n>M$时，$a_n>\frac{n^2}{3}$恒成立

5. 若$S=1+\frac{1}{\sqrt{2}}+\frac{1}{\sqrt{3}}+\cdots+\frac{1}{\sqrt{1000000}}$，则$S$的整数部分是________.

6. 若数列$\{x_n\}$满足$x_1=x_{12}$，$\left(x_{n+1}-\frac{1}{x_n}\right)\left(x_{n+1}-\frac{x_n}{2}\right)=0$，$n\in\mathbf{N}^*$，则$x_1$的最大值为________.

7. 已知数列$\{a_n\}$的前n项和为S_n，$a_n=1-2S_n$，数列$\{b_n\}$为等差数列，其前n项和为T_n，$b_1=1$，$T_{10}=55$.

   (1)求a_n，b_n；

   (2)求证：对$n\in\mathbf{N}^*$，有$\frac{a_1+b_1}{T_1^2}+\frac{a_2+b_2}{T_2^2}+\cdots+\frac{a_n+b_n}{T_n^2}<2$.

8. 已知数列$\{a_n\}$的前n项积T_n满足以下条件：

①$\left\{\frac{1}{T_n}\right\}$是首项为2的等差数列；

②$T_2-T_5=\frac{1}{6}$.

(1)求数列$\{a_n\}$的通项公式；

(2)设数列$\{b_n\}$满足$b_n=\sqrt{\frac{n}{n+2}}-a_n$，其前$n$项和为$S_n$，求证：对任意的正整数$n$，都有$0<S_n<\frac{1}{4}$.

9. 已知数列$\{a_n\}$，$\{b_n\}$的前n项和分别为S_n，T_n，且$S_n=\frac{1}{4}(a_n+3)$，$b_n=\frac{1-S_{2n}}{1+S_{2n}}$.

(1)求数列$\{a_n\}$，$\{b_n\}$的通项公式；

(2)求证：$\frac{1}{7}n<T_n<\frac{1}{7}n+\frac{1}{14}$.

10. 已知项数为$m(m\in\mathbf{N}^*,m\geqslant 2)$的数列$\{a_n\}$满足以下条件：

①$a_n\in\mathbf{N}^*(n=1,2,\cdots,m)$；

②$a_1<a_2<\cdots<a_m$.

若数列$\{b_n\}$满足$b_n=\frac{(a_1+a_2+\cdots+a_m)-a_n}{m-1}\in\mathbf{N}^*$，其中$n=1,2,\cdots,m$，则称$\{b_n\}$为$\{a_n\}$的“伴随数列”.

(1)数列1,3,5,7,9是否存在“伴随数列”？若存在，写出其“伴随数列”；若不存在，请说明理由.

(2)若$\{b_n\}$为$\{a_n\}$的“伴随数列”，求证：$b_1>b_2>\cdots>b_m$.

(3)已知数列$\{a_n\}$存在“伴随数列”$\{b_n\}$，且$a_1=1$，$a_m=2049$，求m的最大值.

11. 已知数列$\{a_n\}$的首项$a_1=a(a>0)$，其前n项和为S_n，设$b_n=a_n+a_{n+1}(n\in\mathbf{N}^*)$.

(1)若$a_2=a+1,a_3=2a_2$，且数列$\{b_n\}$是公差为3的等差数列，求S_{2n}.

(2)设数列$\{b_n\}$的前n项和为T_n，满足$T_n=n^2$.

①求数列$\{a_n\}$的通项公式；

②若对$\forall n\in\mathbf{N}^*$且$n\geqslant 2$，不等式$(a_n-1)(a_{n+1}-1)\geqslant 2(1-n)$恒成立，求$a$的取值范围.

12. 设数列$\{a_n\}$满足：$a_1=1,a_{n+1}=a_n+\dfrac{1}{a_n}(n\in\mathbf{N}^*)$.

(1)求证：$a_n<a_{n+1}(n\in\mathbf{N}^*)$；

(2)求证：$\sqrt{2n-1}\leqslant a_n\leqslant\sqrt{3n-2}(n\in\mathbf{N}^*)$；

(3)求正整数m，使$|a_{2017}-m|$的值最小.

13. 已知在数列$\{a_n\}$中，$a_1=6,a_{n+1}=\dfrac{1}{3}a_n^2-a_n+3(n\in\mathbf{N}^*)$.

(1)分别比较下列每组中两个数的大小：

①a_2和$6\times\dfrac{3}{2}$；

②a_3和$6\times\left(\dfrac{3}{2}\right)^3$.

(2)当$n\geqslant 3$时，求证：$\sum\limits_{i=2}^{n}\left(\dfrac{a_i}{6}\right)^{\frac{2}{i}}>2\times\left(\dfrac{3}{2}\right)^n-3$.

14. 已知数列$\{a_n\}$的首项为1,各项均为正数,其前n项和为S_n,$2S_n=\frac{a_{n+1}a_n}{a_{n+1}-a_n}$,$n\in\mathbf{N}^*$.

(1)求a_2,a_3的值;

(2)求证:数列$\{a_n\}$为等差数列;

(3)设数列$\{b_n\}$满足$b_1=1$,$b_{n+1}b_n=a_n$,求证:$\sum_{i=1}^{n}\frac{1}{b_i}\geqslant 2\sqrt{a_n}-1$.

15. 已知正项数列$\{a_n\}$的前n项和$S_n=a_{n+2}-2$,$n\in\mathbf{N}^*$.

(1)若数列$\{a_n\}$为等比数列,求其公比q的值.

(2)设正项数列$\{b_n\}$的前n项和为T_n,$b_1=1$,且$2T_n=b_{n+1}^2-n-1$.

①求数列$\{b_n\}$的通项公式;

②求证:$\sum_{i=1}^{n}\frac{a_i}{2^{b_i}}<\frac{a_1+a_2+a_3}{2}$.

拓展探究

16. 若数列$\{a_n\}$中的任意连续三项a_i,a_{i+1},a_{i+2}均满足$(a_i-a_{i+2})(a_{i+2}-a_{i+1})>0$,则称该数列为“跳跃数列”.

(1)判断下列两个数列是否是“跳跃数列”.

①等差数列:1,2,3,4,5,…;

②等比数列:$1,-\frac{1}{2},\frac{1}{4},-\frac{1}{8},\frac{1}{16},\cdots$.

(2)若数列$\{a_n\}$满足对任意正整数n,均有$a_{n+1}=a_1^{a_n}(a_1>0)$,求证:数列$\{a_n\}$是“跳跃数列”的充要条件是$0<a_1<1$.

(3)若“跳跃数列”$\{a_n\}$满足对任意正整数n均有$a_{n+1}=\frac{19-a_n^2}{5}$,求首项$a_1$的取值范围.

“提出正确的问题,往往等于解决了问题的大半.”

——维尔纳·海森堡

第 12 讲　导数恒成立　参数会分类

四基概述

关于含参数的不等式恒成立或存在性问题，应先考虑把不等式进行变形，然后构造函数进行分类讨论求含参数的最值，或者分离参数求最值，或者进行必要性探路后转化为不等式证明问题. 其中涉及放缩和换元等技巧，主要思路是根据导函数零点的不同分布对参数进行分类讨论.

典例分析

例 1　设函数 $f(x)=x\ln x+x$，且当 $x>2$ 时不等式 $k(x-2)<f(x)$ 恒成立，$k\in\mathbf{N}^*$，求 k 的最大值.

【思路点拨】此题为含参数的不等式恒成立问题，先等价变形，然后利用导函数的零点得到含参数函数的最值，把问题转化为解含参数的不等式.

【自主解答】

例 2　已知函数 $f(x)=a\ln x+\frac{x^2}{2}-(a+1)x+a$，若关于 x 的不等式 $f(x)\geqslant 0$ 在 $[1,2]$ 上有解，求 a 的取值范围.

【思路点拨】这是含参数的不等式存在性问题，注意利用含参数函数的定点，根据导函数的零点与定义域的关系进行分类讨论，类似于含参数的二次函数在闭区间上的最值问题，最终把问题转化成解含参数的不等式.

【自主解答】

例 3　已知函数 $f(x)=-2(x+a)\ln x+x^2-2ax-2a^2+a$，其中 $a>0$，求证：存在 $a\in(0,1)$，使得 $f(x)\geqslant 0$ 在区间 $(1,+\infty)$ 上恒成立，且 $f(x)=0$ 在区间 $(1,+\infty)$ 上有唯一解.

【思路点拨】本题的一个关键点是把 $(x+a)\ln x$ 分离，以方便求导. 本题涉及隐零点问题，要注意因式分解.

【自主解答】

例 4 已知函数 $f(x)=mx^2+nx-x\ln x(m>0)$，且 $f(x)\geqslant 0$.

(1)求 $\dfrac{n}{m}$ 的最小值；

(2)当 $\dfrac{n}{m}$ 取得最小值时，若不等式 $e^{x-1}+(1-2a)x\geqslant af(x)$ 恒成立，求实数 a 的取值范围.

【思路点拨】第(1)小题因为利用了放缩法，所以最后要注意检验等号成立的条件；第(2)小题的难点在于导函数的零点不可解，要构造函数求导研究，然后分类讨论，把问题转化成解含参数的不等式.

【自主解答】

例 5 已知函数 $f(x)=(x-2)e^x+a(x-1)^2$ 有两个零点.

(1)求 a 的取值范围；

(2)若 $f(x_1)=f(x_2)$，求证：$x_1+x_2<2$.

【思路点拨】第(1)小题的难点一在于分类讨论，难点二在于高中没有学过极限知识，用零点存在性定理时要找特殊点确定函数值的正负，含参数的特殊点有时并不好找. 第(2)小题其实是极值点偏移问题，需要对称构造函数，注意求导时灵活利用复合函数的求导法则.

【自主解答】

例 6 已知函数 $f(x)=ax+\ln x+1$，若对任意的 $x>0$，$f(x)\leqslant xe^{2x}$ 恒成立，求实数 a 的取值范围.

【思路点拨】本题难度较大，除了需要构造函数求导，还涉及隐零点、放缩等技巧.

【自主解答】

巩固练习

1. 若不等式 $x^4-4x^3>2-a$ 对任意实数 x 都成立，则实数 a 的取值范围是(　　).

A. $a<-27$　　B. $a>-25$

C. $a\geqslant 29$　　D. $a>29$

2. 若对于任意的正实数 x,y，$\left(2x-\dfrac{y}{e}\right)\ln\dfrac{y}{x}\leqslant\dfrac{x}{me}$ 都成立，则实数 m 的取值范围为(　　).

A. $\left(\dfrac{1}{e},1\right)$　　B. $\left(\dfrac{1}{e^2},1\right)$

C. $\left(\dfrac{1}{e^2},e\right]$　　D. $\left(0,\dfrac{1}{e}\right]$

3. 记 $f'(x),g'(x)$ 分别为函数 $f(x),g(x)$ 的导数，若存在 $x_0\in\mathbf{R}$，满足 $f(x_0)=g(x_0)$ 且 $f'(x_0)=g'(x_0)$，则称 x_0 为函数 $f(x)$ 与 $g(x)$ 的一个“S点”. 下列判断中正确的是(　　).

A. 函数 $f(x)=x$ 与 $g(x)=x^2+2x-2$ 存在“S点”

B. 函数 $f(x)=x^3+3x$ 与 $g(x)=3x^2+1$ 不存在“S点”

C. 函数 $f(x)=\dfrac{e}{2}x^2-1$ 与 $g(x)=\ln x$ 存在“S点”

D. 函数 $f(x)=xe^x$ 与 $g(x)=x+\ln x+1$ 不存在“S点”

4. (多选题)若存在实数 m,使得 $f(x)\geqslant m$ 对任意的 $x\in D$ 恒成立,则称函数 $f(x)$ 在 D 上有下界 m;若存在实数 M,使得 $f(x)\leqslant M$ 对任意的 $x\in D$ 恒成立,则称函数 $f(x)$ 在 D 上有上界 M. 如果一个函数既有上界又有下界,则称该函数有界. 下列说法中正确的是( ).

A. 2 是函数 $f(x)=x+\dfrac{1}{x}(x>0)$ 的一个下界

B. 函数 $f(x)=x\ln x$ 有下界,无上界

C. 函数 $f(x)=\dfrac{e^x}{x^2}$ 有上界,无下界

D. 函数 $f(x)=\dfrac{\sin x}{x^2+1}$ 有界

5. 已知函数 $f(x)=\cos x+a$,若存在 $x_0\in\left[0,\dfrac{\pi}{2}\right]$,使得 $f(x_0)=x_0$,则实数 a 的取值范围为________.

6. 设函数 $f(x)=\left(x+\dfrac{3}{x}-3\right)e^x-\dfrac{a}{x}$,若不等式 $f(x)\leqslant 0$ 有正实数解,则实数 a 的最小值为________.

7. 设函数 $f(x)=e^{x-1}$,$g(x)=2+\ln 2+\ln x$,若 $f(m)=g(n)$,则 $n-m$ 的最小值为________.

8. 已知函数 $f(x)=\dfrac{x^4-x^3(\cos\theta+1)-x(\sin\theta+1)+1}{x^2}$,$x>0$,若 $f(x)\geqslant m$ 恒成立,则 m 的取值范围是________.

9. 已知函数 $f(x)=\dfrac{1}{3}x^3+x^2+ax$,$g(x)=\dfrac{x}{e^x}$,若对 $\forall x_1\in\left[\dfrac{1}{2},2\right]$,$\exists x_2\in\left[\dfrac{1}{2},2\right]$,使 $f'(x_1)\leqslant g(x_2)$ 成立,求实数 a 的取值范围.

10. 已知函数 $f(x)=\ln x+x+1$,$g(x)=x^2+2x$,若对任意的 $x>0$,都有 $f(x)-mg(x)\leqslant 0$ 成立,求整数 m 的最小值.

11. 已知函数 $f(x)=x(e^x-1)-ax^2$,若当 $x\geqslant 0$ 时,$f(x)\geqslant 0$,求 a 的取值范围.

12. 已知函数 $f(x)=(x+1)\ln x-x+1$.

(1)若 $xf'(x)\leqslant x^2+ax+1$,求 a 的取值范围;

(2)求证:$(x-1)f(x)\geqslant 0$.

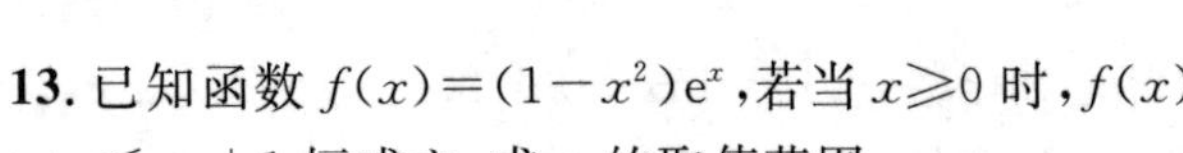

13. 已知函数 $f(x)=(1-x^2)e^x$,若当 $x\geqslant 0$ 时,$f(x)\leqslant ax+1$ 恒成立,求 a 的取值范围.

14. 已知函数 $f(x)=ae^{x-1}-\ln x+\ln a$,若 $f(x)\geqslant 1$ 恒成立,求 a 的取值范围.

15. 已知函数 $f(x)=ax^2-ax-x\ln x$,且 $f(x)\geqslant 0$.

(1)求 a 的值;

(2)求证:$f(x)$存在唯一的极大值点 x_0,且 $e^{-2}<f(x_0)<2^{-2}$.

拓展探究

16. 已知函数 $f(x)=ae^{ax}-\sqrt{x}$存在两个零点,$a>0$,求 a 的取值范围.

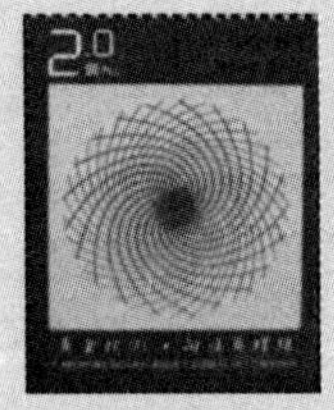

"科学技术工作者,应该在博的基础上求专,在专的要求下求博."

——李四光

详解详析

第1讲　定序成数列　通项及递推

【典例分析】

【例1】 B　**解析**　解法1:从1,5,12,22中可以得到规律,后三项是各自前一项依次加4,7,10,则此数列的第8项应为22+(13+16+19+22)=92,故选B.

解法2:从图形角度,第二个图形可以看成一个点加上一个正方形数,即1+2×2;第三个图形可以看成三角形数"⁘"和正方形数"⁙"的和,即(1+2)+(3×3).同理可得第四个图形表示的数为(1+2+3)+(4×4),以此类推,可知第八个图表示的数为(1+2+3+…+7)+(8×8)=92,故选B.

【例2】 **解析**　(1)从数列的前4项$\frac{2^2-1}{3}$,$\frac{(2\times2)^2-2}{3^2}$,$\frac{(2\times3)^2-3}{3^3}$,$\frac{(2\times4)^2-4}{3^4}$中发现规律,其通项公式是$a_n=\frac{4n^2-n}{3^n}$.

(2)从数列的前4项−1,7,−13,19中发现规律,其每一项的符号按照$(-1)^n$的规律变化,并且每一项的绝对值都比前一项大6,因此该数列的通项公式为$a_n=(-1)^n(6n-5)$.

(3)从该数列的前4项$\frac{7}{10}$,$\frac{77}{10^2}$,$\frac{777}{10^3}$,$\frac{7777}{10^4}$中发现规律,由7,77,777,7777,…,可以联想常见数列9,99,999,9999,…,它的通项公式为10^n-1,因此该数列的通项公式为$a_n=\frac{(10^n-1)\times\frac{7}{9}}{10^n}=\frac{7\times(10^n-1)}{9\times10^n}$.

(4)从该数列的前4项$\frac{4-1}{3}$,$\frac{9-1}{5}$,$\frac{16-1}{7}$,$\frac{25-1}{9}$中发现规律,其通项公式为$a_n=\frac{(n+1)^2-1}{2n+1}=\frac{n^2+2n}{2n+1}$.

【例3】 **解析**　(1)由递推关系可得,$a_2=5$,$a_3=13$,$a_4=29$.

(2)易得$b_1=4$,$b_2=8$,$b_3=16$,由数列$\{b_n\}$的前三项2^2,2^3,2^4猜想其通项公式为$b_n=2^{n+1}$.

【例4】 **解析**　(1)由数列的前n项和的定义可知$S_n=n$.

(2)当$n\geqslant2$时,$a_n=S_n-S_{n-1}=2n$;当$n=1$时,$a_1=4$不满足上式.

所以通项公式为$a_n=\begin{cases}4,n=1,\\2n,n\geqslant2.\end{cases}$

(3)当$n\geqslant2$时,$a_n=S_n-S_{n-1}=3\times4^{n-1}$;当$n=1$时,$a_1=5$,不满足上式.

因此通项公式为$a_n=\begin{cases}5,n=1,\\3\times4^{n-1},n\geqslant2.\end{cases}$

(4)由题意知$a_1+2a_2+3a_3+\cdots+na_n=3^n$,

当$n\geqslant2$时,$a_1+2a_2+3a_3+\cdots+(n-1)a_{n-1}=3^{n-1}$,

两式相减可得$na_n=3^n-3^{n-1}=2\times3^{n-1}$,

则$a_n=\frac{2\times3^{n-1}}{n}$,当$n=1$时,$a_1=3$,不满足上式.

故通项公式为$a_n=\begin{cases}3,n=1,\\\frac{2\times3^{n-1}}{n},n\geqslant2.\end{cases}$

【例5】 **解析**　解法1:由题意,$a_n=an^2+n$是二次函数型,$a_1<a_2<a_3<a_4<a_5$,且$a_n>a_{n+1}$对$n\geqslant8$恒成立,可知数列$\{a_n\}$的最大项在$5\leqslant n\leqslant8$时取到,因此$\frac{9}{2}<-\frac{1}{2a}<\frac{17}{2}$,可得$-\frac{1}{9}<a<-\frac{1}{17}$.

解法2:因为$a_1<a_2<a_3<a_4<a_5$,所以$a+1<4a+2<9a+3<16a+4<25a+5$,解得$a>-\frac{1}{9}$.

又因为对$n\geqslant8$,$a_n>a_{n+1}$恒成立,即$an^2+n-a(n+1)^2-(n+1)>0$在$n\geqslant8$,$n\in\mathbf{N}^*$时恒成立,得$a<-\frac{1}{2n+1}$在$n\geqslant8$,$n\in\mathbf{N}^*$时恒成立,从而可得$a<-\frac{1}{17}$.

综上,$-\frac{1}{9}<a<-\frac{1}{17}$.

【例6】 **解析**　解法1:$a_{n+1}-a_n=\frac{2(n+1)-5}{2^{n+1}}-\frac{2n-5}{2^n}=\frac{7-2n}{2^{n+1}}$.

当$1\leqslant n\leqslant3$时,$a_{n+1}>a_n$;

当$n\geqslant4$时,$a_{n+1}<a_n$.

因此$a_1 < a_2 < a_3 < a_4 > a_5 > a_6 > \cdots$,

所以数列$\{a_n\}$的最大项为$a_4=\frac{3}{16}$.

解法2:设数列$\{a_n\}$的最大项为a_k,则$\begin{cases}a_k\geqslant a_{k-1},\\a_k\geqslant a_{k+1},\end{cases}$由通项公式,解得$\begin{cases}k\leqslant\frac{9}{2},\\k\geqslant\frac{7}{2}.\end{cases}$因为$k\in\mathbf{N}^*$,所以$k=4$,故数列$\{a_n\}$的最大项为$a_4=\frac{3}{16}$.

【巩固练习】

1. D　**解析**　令$a_n=n^2-8n+15=3$,得$n=2$或$n=6$,所以3是数列$\{a_n\}$的第2项或第6项,故选D.

2. B　**解析**　由数列的前5项$\frac{2\times1}{1\times3}$,$\frac{2\times2}{3\times5}$,$\frac{2\times3}{5\times7}$,$\frac{2\times4}{7\times9}$,$\frac{2\times5}{9\times11}$可知,该数列的第8项为$\frac{2\times8}{15\times17}=\frac{16}{255}$,故选B.

3. B　解析　由数列的递推关系可知B选项满足 $a_n=\sqrt{3}a_{n-1}$,故选B.

4. C　解析　由 a_n 与 S_n 的关系可知,当 $n\geqslant 2$ 时,
$a_n=S_n-S_{n-1}=n^2-9n-(n-1)^2+9(n-1)=2n-10$,
当 $n=1$ 时,$a_1=-8$ 也满足上式,所以 $a_n=2n-10$.
因为 $5<a_k<8$,即 $5<2k-10<8$,得 $\frac{15}{2}<k<9$.
而 $k\in\mathbf{N}^*$,所以 $k=8$,故选C.

5. C　解析　由题意知 $S_n+S_{n+1}=a_{n+1}(n\in\mathbf{N}^*)$,
当 $n\geqslant 2$ 时,$S_{n-1}+S_n=a_n$,
两式相减可得 $a_n+a_{n+1}=a_{n+1}-a_n$,化简得 $a_n=0$.
当 $n=1$ 时,$a_1=0$,所以$\{a_n\}$是常数数列,故选C.

6. ABD　解析　C选项中,当 $n=1$ 时,$a_1=0$,不满足题意,其余选项均满足,故选ABD.

7. 7　解析　由 a_n 与 S_n 的关系可知 $a_4=S_4-S_3=7$.

8. $\frac{5}{2}$　解析　可以将数列分组如下:$\left(\frac{1}{1}\right)$,$\left(\frac{2}{1},\frac{1}{2}\right)$,$\left(\frac{3}{1},\frac{2}{2},\frac{1}{3}\right)$,$\left(\frac{4}{1},\frac{3}{2},\frac{2}{3},\frac{1}{4}\right)$,…,由项数 $1+2+3+4+5=15$,知第17项应该是第6组的第2个,而第6组的第2个是$\frac{5}{2}$,因此这个数列的第17项 $a_{17}=\frac{5}{2}$.

9. 5　解析　由 $a_{n-1}+a_n+a_{n+1}=15$,$a_n+a_{n+1}+a_{n+2}=15$,
两式相减可得 $a_{n+2}-a_{n-1}=0$,
因此数列$\{a_n\}$是以3为周期的周期数列,
可得 $a_1=a_4=1$,$a_2=a_{11}=9$.
由任意连续三项之和为15,可知 $a_3=5$,所以 $a_{2022}=a_3=5$.

10. 20　解析　由数阵的规律可以发现,它的行是按照奇数和偶数间隔排列的,则第6行应该由偶数组成,且第6行的第1个数为14,则第4个数为20.

11. 16　解析　由 $a_1=1$ 可得 $a_2=2a_1-1=1$,$a_3=2a_2+2=4$,$a_4=2a_3-1=7$,$a_5=2a_4+2=16$.故所求最少移动次数为16.

12. 7　解析　由$\frac{a_{n+1}}{a_n}=\frac{3}{4}\times\frac{(n+1)^2}{n^2}$,
得$\frac{a_{n+1}}{a_n}-1=\frac{3}{4}\times\frac{(n+1)^2}{n^2}-1=\frac{-n^2+6n+3}{4n^2}$.
当$\frac{-n^2+6n+3}{4n^2}>0$,即 $1\leqslant n\leqslant 6$ 时,有$\frac{a_{n+1}}{a_n}-1>0$;
当 $n\geqslant 7$ 时,有$\frac{a_{n+1}}{a_n}-1<0$.
故 $a_1<a_2<a_3<a_4<a_5<a_6<a_7>a_8>\cdots$,
所以数列$\{a_n\}$的最大项为第7项.

13. 2021　解析　因为 $a_1+a_2=a_3$,$a_3+a_4=a_5$,$a_5+a_6=a_7$,$a_7+a_8=a_9$,…,$a_{1999}+a_{2020}=a_{2021}$,将各式相加可得 $a_1+a_2+a_4+a_6+a_8+\cdots+a_{2020}=a_{2021}=a_k$,所以 $k=2021$.

14. 解析　由 $a_1=a_2=2$,$a_{n+1}=|a_n-a_{n-1}|$,可得 $a_3=0$,$a_4=2$,$a_5=2$,$a_6=0$,所以数列$\{a_n\}$以3为周期,且一个周期的三项之和为4,所以有 $S_{100}=33(a_1+a_2+a_3)+a_1=33\times 4+2=134$.

15. 解析　由题意有$\begin{cases}a>1,\\4-\frac{a}{2}>0,\end{cases}$解得 $1<a<8$,由递增数列的定义可知 $f(5)<f(6)$,得 $a>\frac{48}{7}$,故$\frac{48}{7}<a<8$.

【拓展探究】

16. 证明　由题意有 $(x_nx_{n-1}+1)^2=1+x_{n-1}^2$,
整理得 $x_{n-1}=\frac{2x_n}{1-x_n^2}$.
易知$\{x_n\}$为正项数列.
设 $x_i=\tan\alpha_i$,$\alpha_i\in\left(0,\frac{\pi}{2}\right)$,$i=0,1,2,\cdots$,
$x_0=1$,$\alpha_0=\frac{\pi}{4}$.
因为 $\tan\alpha_{n-1}=\frac{2\tan\alpha_n}{1-\tan^2\alpha_n}=\tan 2\alpha_n$,
所以 $\alpha_{n-1}=2\alpha_n$,$\alpha_n=\frac{1}{2}\alpha_{n-1}=\cdots=\frac{1}{2^n}\alpha_0=\frac{\pi}{2^{n+2}}$.
因为当 $x\in\left(0,\frac{\pi}{2}\right)$时,有 $\sin x<x<\tan x$,
所以 $x_n=\tan\alpha_n=\tan\frac{\pi}{2^{n+2}}>\frac{\pi}{2^{n+2}}$.

第2讲　等差差为常　倒序来求和

【典例分析】

【例1】 2　解析　解法1:设数列$\{a_n\}$的公差为 d,因为 $a_1=2$,所以 $a_2=2+d$,$a_3=2+2d$,数列$\left\{\frac{a_n^2}{n}\right\}$是等差数列,所以$\frac{a_1^2}{1}+\frac{a_3^2}{3}=2\times\frac{a_2^2}{2}$,即 $4+\frac{(2+2d)^2}{3}=(2+d)^2$,解得 $d=2$.

解法2:设 $a_n=dn+r$,则$\frac{a_n^2}{n}=\frac{(dn+r)^2}{n}=d^2n+2rd+\frac{r^2}{n}$,
由$\left\{\frac{a_n^2}{n}\right\}$是等差数列知,$r=0$,$a_n=dn$,$a_1=2$,所以公差 $d=2$.

【例2】 $a_n=6n-2$　解析　解法1:设公差为 d,依题意得
$\begin{cases}S_{10}=10a_1+\frac{10\times 9d}{2}=310,\\S_{20}=20a_1+\frac{20\times 19d}{2}=1220,\end{cases}$解得 $a_1=4$,$d=6$,
所以 $a_n=a_1+(n-1)d=6n-2$.

解法2:$\begin{cases}S_{10}=\sum\limits_{i=1}^{10}a_i=310,\\S_{20}-S_{10}=\sum\limits_{i=11}^{20}a_i=910,\end{cases}$
两式相减得 $100d=600$,$d=6$,$a_1=4$,从而 $a_n=6n-2$.

【例3】 8086　解析　对 $a_n=\frac{a_{n-2}a_{n-1}}{2a_{n-2}-a_{n-1}}$的两边取倒数,
得$\frac{1}{a_n}=\frac{2a_{n-2}-a_{n-1}}{a_{n-2}a_{n-1}}=\frac{2}{a_{n-1}}-\frac{1}{a_{n-2}}$,
即$\frac{1}{a_n}-\frac{1}{a_{n-1}}=\frac{1}{a_{n-1}}-\frac{1}{a_{n-2}}$,
故数列$\left\{\frac{1}{a_n}\right\}$为等差数列,

其首项为$\frac{1}{a_1}=1$，公差为$\frac{1}{a_2}-\frac{1}{a_1}=\frac{4}{3}$，

故$\frac{1}{a_n}=1+\frac{4}{3}(n-1)=\frac{4n-1}{3}$，$a_n=\frac{3}{4n-1}$.

于是$a_{2021}=\frac{3}{8083}$，所以$p+q=3+8083=8086$.

【例4】$\frac{2}{3}$　解析　由等差数列的前n项和公式可得$S_{2021}=\frac{2021(a_1+a_{2021})}{2}=6063$，所以$a_1+a_{2021}=6$.

由等差数列的基本性质可得$a_2+a_{2020}=6$，

所以$\frac{1}{a_2}+\frac{1}{a_{2020}}=\frac{1}{6}(a_2+a_{2020})\left(\frac{1}{a_2}+\frac{1}{a_{2020}}\right)\geqslant\frac{2}{3}$，

因此$\frac{1}{a_2}+\frac{1}{a_{2020}}$的最小值为$\frac{2}{3}$.

【例5】④　解析　对于①，由于$S_{2p}=\frac{2p(a_1+a_{2p})}{2}=p(a_p+a_{p+1})\neq 2pa_p$，故①错误.

对于②，由于$m-p=q-n$，

则$a_pa_q-a_ma_n$

$=[a_m+(p-m)d]\cdot[a_n+(q-n)d]-a_ma_n$

$=[a_m-(q-n)d]\cdot[a_n+(q-n)d]-a_ma_n$

$=(q-n)(a_m-a_n)d-(q-n)^2d^2$

$=-(q-n)(n-m)d^2-(q-n)^2d^2<0$，故②错误.

对于③，由于$\frac{1}{a_p}+\frac{1}{a_q}=\frac{a_p+a_q}{a_pa_q}=\frac{a_m+a_n}{a_pa_q}>\frac{a_m+a_n}{a_ma_n}=\frac{1}{a_m}+\frac{1}{a_n}$，故③错误.

对于④，设$x=q-n=m-p>0$，

则$pq-mn=(m-x)(n+x)-mn=-x(n-m)-x^2<0$，

从而$pq<mn$.

$(p-1)(q-1)=pq-(p+q)+1<mn-(m+n)+1=(m-1)(n-1)$.

由于$p+q=m+n\Leftrightarrow p^2+q^2+2pq=m^2+n^2+2mn$，

故$p^2+q^2>m^2+n^2$.

$S_p+S_q=(p+q)a_1+\frac{p^2+q^2-p-q}{2}d>(m+n)a_1+\frac{m^2+n^2-m-n}{2}d=S_m+S_n$，

$S_pS_q=\left[pa_1+\frac{p(p-1)}{2}d\right]\cdot\left[qa_1+\frac{q(q-1)}{2}d\right]$

$=pqa_1^2+\frac{pq(p+q-2)}{2}a_1d+\frac{pq(p-1)(q-1)}{4}d^2$

$<mna_1^2+\frac{mn(m+n-2)}{2}a_1d+\frac{mn(m-1)(n-1)}{4}d^2$

$=S_mS_n$，

因此$\frac{1}{S_p}+\frac{1}{S_q}=\frac{S_p+S_q}{S_pS_q}>\frac{S_m+S_n}{S_mS_n}=\frac{1}{S_m}+\frac{1}{S_n}$，故④正确.

【例6】解析　(1)由于$a_1=5$，a_2为整数，所以等差数列$\{a_n\}$的公差d为整数.

又$S_n\leqslant S_3$，所以$a_3\geqslant 0$，$a_4\leqslant 0$，即$\begin{cases}5+2d\geqslant 0,\\5+3d\leqslant 0,\end{cases}$

解得$-\frac{5}{2}\leqslant d\leqslant -\frac{5}{3}$，所以$d=-2$，

所以数列$\{a_n\}$的通项公式为$a_n=-2n+7$.

(2)由$a_n=-2n+7\geqslant 0$得$n\leqslant\frac{7}{2}$，

所以$b_n=|a_n|=\begin{cases}a_n(n\leqslant 3),\\-a_n(n\geqslant 4).\end{cases}$

当$n\leqslant 3$时，$T_n=\frac{n(5+7-2n)}{2}=-n^2+6n$；

当$n\geqslant 4$时，$T_n=a_1+a_2+a_3-(a_4+a_5+\cdots+a_n)=S_3-(S_n-S_3)=2S_3-S_n$，

即$T_n=18-(-n^2+6n)=n^2-6n+18$.

综上，$T_n=\begin{cases}-n^2+6n(n\leqslant 3),\\n^2-6n+18(n\geqslant 4).\end{cases}$

【巩固练习】

1. D　解析　根据等差数列的性质，可得$(a_1+a_2)+(a_9+a_{10})=2(a_5+a_6)$，所以$a_9+a_{10}=2\times 7-3=11$，故选D.

2. B　解析　因为$a_3+a_5+2a_{10}=2(a_4+a_{10})=4a_7=4$，所以$a_7=1$，又$S_{13}=\frac{13(a_1+a_{13})}{2}=13a_7=13\times 1=13$，故选B.

3. B　解析　由$a_{2020}a_{2021}<0$知a_{2020}和a_{2021}异号，又数列$\{a_n\}$是等差数列，首项$a_1>0$，所以$\{a_n\}$是递减数列，则有$a_{2020}>0$，$a_{2021}<0$.

因为$a_{2020}+a_{2021}>0$，

所以$S_{4040}=\frac{4040(a_1+a_{4040})}{2}=2020(a_{2020}+a_{2021})>0$，

$S_{4041}=\frac{4041(a_1+a_{4041})}{2}=4041a_{2021}<0$，

因此满足$S_n>0$的最大自然数n的值为4040. 故选B.

4. B　解析　设$\begin{cases}a_1=\sqrt{2}\cos\theta,\\a_3=\sqrt{2}\sin\theta,\end{cases}\theta\in[-\pi,\pi)$，又$a_1\geqslant 1$，所以$\sqrt{2}\cos\theta\geqslant 1$，即$\cos\theta\in\left[\frac{\sqrt{2}}{2},1\right]$，$\theta\in\left[-\frac{\pi}{4},\frac{\pi}{4}\right]$，故$a_2=\frac{a_1+a_3}{2}=\frac{\sqrt{2}}{2}\cos\theta+\frac{\sqrt{2}}{2}\sin\theta$.

$\frac{a_2+a_3}{a_1+a_2}=\frac{\frac{\sqrt{2}}{2}\cos\theta+\frac{\sqrt{2}}{2}\sin\theta+\sqrt{2}\sin\theta}{\sqrt{2}\cos\theta+\frac{\sqrt{2}}{2}\cos\theta+\frac{\sqrt{2}}{2}\sin\theta}=\frac{3\sin\theta+\cos\theta}{\sin\theta+3\cos\theta}=\frac{3\tan\theta+1}{\tan\theta+3}=3-\frac{8}{\tan\theta+3}$.

又$\theta\in\left[-\frac{\pi}{4},\frac{\pi}{4}\right]$，所以$\tan\theta\in[-1,1]$，

所以$3-\frac{8}{\tan\theta+3}\in[-1,1]$，即$\frac{a_2+a_3}{a_1+a_2}\in[-1,1]$.

故选B.

5. A　解析　设$a_n=a_1+(n-1)d$，$T_n=a_1+2a_2+\cdots+na_n$.

$T_n=(1+2+\cdots+n)a_1+[1\times 2+2\times 3+\cdots+(n-1)n]d$

$=\frac{n(1+n)}{2}a_1+[1^2+2^2+\cdots+n^2-(1+2+\cdots+n)]d$

$=\frac{n(1+n)}{2}a_1+\left[\frac{n(n+1)(2n+1)}{6}-\frac{n(1+n)}{2}\right]d$

$=\frac{n(1+n)}{2}\left[a_1+\left(\frac{2n+1}{3}-1\right)d\right]$

$=\frac{n(1+n)}{2}\left[a_1+\frac{2(n-1)}{3}d\right]$.

当 $n-1$ 是 3 的倍数时，$T_n=\frac{n(n+1)}{2}a_{\frac{2n+1}{3}}$，

若 $T_n=\frac{n(n+1)}{2}a_{\frac{2n+1}{3}}$ 为有理数，则 $a_{\frac{2n+1}{3}}$ 是有理数，故数列 $\{a_n\}$ 中存在有理数成立.

因为 $n=2020$，则 $n-1=2019=3\times673$，所以"$a_1+2a_2+\cdots+2020a_{2020}$ 为有理数"能使"数列 $\{a_n\}$ 中存在有理数"成立.

若"数列 $\{a_n\}$ 中存在有理数"，不妨设 $a_1=3\sqrt{2}$，$d=-\sqrt{2}$，则 $a_4=a_1+3d=0$ 为有理数，$T_{2020}=\frac{2020(2020+1)}{2}a_{1347}=1010\times2021\times(a_1+1346d)=-1010\times2021\times1343\sqrt{2}$ 是无理数，故"$a_1+2a_2+\cdots+2020a_{2020}$ 为有理数"是"数列 $\{a_n\}$ 中存在有理数"的充分不必要条件.

故选 A.

6. AB **解析** 依题意，在等差数列 $\{a_n\}$ 中，

$3a_8=5a_{15}$，即 $3(a_1+7d)=5(a_1+14d)$，

$2a_1=-49d$，$a_1=-\frac{49}{2}d$.

对于 A 选项，$a_2+a_{49}=2a_1+49d=0$，所以 A 选项正确.

对于 B 选项，$a_n=a_1+(n-1)d=-\frac{49}{2}d+(n-1)d=\left(n-\frac{51}{2}\right)d$，令 $a_n\geqslant0$，得 $n-\frac{51}{2}\leqslant0$，$n\leqslant\frac{51}{2}$，由于 n 是正整数，所以 $n\leqslant25$，从而数列 $\{S_n\}$ 中最大的项是 S_{25}，所以 B 选项正确.

对于 C 选项，$a_1=-\frac{49}{2}d$，$a_1>0$，所以 $d<0$，所以 C 选项错误.

对于 D 选项，由上述分析可知 $d<0$，当 $1\leqslant n\leqslant25$ 时，$a_n\geqslant0$；当$n\geqslant26$时，$a_n<0$. 所以数列 $\{|a_n|\}$ 的前 25 项递减，从第 26 项开始递增，它不是等差数列，所以 D 选项错误.

故选 AB.

7. AC **解析** 令 $m=1$，则 $a_{n+1}-a_n=a_1$，因为 $a_1>0$，所以 $\{a_n\}$ 为等差数列且公差 $d>0$，故 A 选项正确.

由 $a_5a_6-a_1a_{10}=(a_1^2+9a_1d+20d^2)-(a_1^2+9a_1d)=20d^2>0$，得 $a_5a_6>a_1a_{10}$，故 B 选项错误.

根据等差数列的性质，可得 $2(1-x)=x+3x$，所以 $x=\frac{1}{3}$，$1-x=\frac{2}{3}$，从而 $a_{10}=\frac{1}{3}+9\times\frac{1}{3}=\frac{10}{3}$，故 C 选项正确.

$\frac{S_n}{n}=\frac{na_1+\frac{n(n-1)}{2}d}{n}=\frac{d}{2}n+\left(a_1-\frac{d}{2}\right)$，因为 $\frac{d}{2}>0$，所以 $\left\{\frac{S_n}{n}\right\}$ 是递增的等差数列，故 D 选项错误.

故选 AC.

8. 0 **解析** 设 $\{a_n\}$ 的公差为 d，则有 $a_n=a_1+(n-1)d$，由 $a_m-a_n=(m-n)d=n-m$，解得 $d=-1$，所以 $a_{m+n}=a_1+(n+m-1)d=a_m+nd=n+nd=n+n\times(-1)=0$.

9. $11-2n$ **解析** 由等差数列的性质可得数列 $\left\{\frac{S_n}{n}\right\}$ 为等差数列，设公差为 d.

由 $\frac{S_9}{9}-\frac{S_5}{5}=-4$，可得 $4d=-4$，解得 $d=-1$.

又 $\frac{S_1}{1}=9$，所以 $\frac{S_n}{n}=9-(n-1)=10-n$，

得 $S_n=n(10-n)$.

当 $n=2$ 时，由 $S_2=9+a_2=16$，解得 $a_2=7$，所以等差数列 $\{a_n\}$ 的公差 $d=7-9=-2$.

综上，$a_n=9-2(n-1)=11-2n$.

10. $\left(\frac{16}{17},\frac{17}{18}\right)$ **解析** 由 $a_1+a_3+a_5=1$，得 $3a_3=1$，即 $a_3=\frac{1}{3}$，当且仅当 $n=20$ 时，S_n 取到最大值，则有 $\begin{cases}a_{20}>0,\\a_{21}<0,\end{cases}$ 即 $\begin{cases}a_{20}=a_3+17d>0,\\a_{21}=a_3+18d<0,\end{cases}$ 也即 $\begin{cases}a_{20}=\frac{1}{3}+17d>0,\\a_{21}=\frac{1}{3}+18d<0,\end{cases}$

得 $d\in\left(-\frac{1}{51},-\frac{1}{54}\right)$.

$a_2+a_4+a_6=3a_4=3a_3+3d=1+3d$，由 $d\in\left(-\frac{1}{51},-\frac{1}{54}\right)$，可得 $\frac{16}{17}<1+3d<\frac{17}{18}$.

11. $(1,+\infty)$ **解析** 依题意，有 $na_{n+1}-(n+1)a_n+\frac{1}{2}=0$，$(n+1)a_{n+2}-(n+2)a_{n+1}+\frac{1}{2}=0$，两式相减，可得 $a_{n+2}-2a_{n+1}+a_n=0$，所以 $\{a_n\}$ 为等差数列.

由 $na_{n+1}-(n+1)a_n+\frac{1}{2}=0$，得 $a_2-2a_1+\frac{1}{2}=0$，又 $a_1=\frac{3}{2}$，解得 $a_2=\frac{5}{2}$，所以 $d=a_2-a_1=1$，则 $S_n=\frac{3}{2}n+\frac{n(n-1)}{2}$，所以 $\frac{S_n}{2^n}=\frac{n^2+2n}{2^{n+1}}$.

令 $b_n=\frac{S_n}{2^n}=\frac{n^2+2n}{2^{n+1}}$，则 $b_{n+1}-b_n=\frac{3-n^2}{2^{n+2}}$，当 $n\geqslant2$ 时，$b_{n+1}-b_n<0$，数列 $\{b_n\}$ 单调递减，而 $b_1=\frac{3}{4}$，$b_2=1$，$b_3=\frac{15}{16}$，故 $m>1$.

12. $2\sqrt{2}-1$ **解析** Rt$\triangle OA_nA_{n+1}$ 是以$\angle OA_nA_{n+1}$ 为直角的直角三角形，由勾股定理可得 $a_{n+1}^2=a_n^2+1$，所以数列 $\{a_n^2\}$ $(n\in\mathbf{N}^*,1\leqslant n\leqslant8)$ 为等差数列，且首项为 $a_1^2=1$，公差为 $d=1$，所以 $a_n^2=1+(n-1)d=n$.

因为 $a_n>0$，所以 $a_n=\sqrt{n}$，则 $b_n=\frac{1}{a_n+a_{n+1}}=\frac{1}{\sqrt{n}+\sqrt{n+1}}=\frac{\sqrt{n}-\sqrt{n+1}}{(\sqrt{n}+\sqrt{n+1})(\sqrt{n}-\sqrt{n+1})}=-\sqrt{n}+\sqrt{n+1}$.

数列 $\{b_n\}$ 的前 7 项和为 $S_7=(-1+\sqrt{2})+(-\sqrt{2}+\sqrt{3})+\cdots+(-\sqrt{7}+\sqrt{8})=2\sqrt{2}-1$.

13. 4 **解析** 因为 $\lambda S_{n+1}+S_nS_{n+2}=\lambda S_n+S_{n+1}^2$ 且 $S_{n+1}-S_n=a_{n+1}$，所以 $\lambda a_{n+1}+S_nS_{n+2}=S_{n+1}^2$ （*）.

因为$\{a_n\}$的前 k 项成各项均不相等的等差数列，设公差为 $d(d\neq0)$，则 $a_2=1+d$，$a_3=1+2d$.

若 $k=3$，则 $S_2=2+d$，$S_3=3+3d$，在(*)式中，令 $n=1$

得 $\lambda a_2+S_1S_3=S_2^2$,即 $\lambda(1+d)+3+3d=(2+d)^2$,化简得 $d^2+d+1=\lambda(1+d)$ ①;

若 $k=4$,则 $S_4=4+6d$,在(*)式中,令 $n=2$ 得 $\lambda a_3+S_2S_4=S_3^2$,即 $\lambda(1+2d)+(2+d)(4+6d)=(3+3d)^2$,化简得 $3d^2+2d+1=\lambda(1+2d)$ ②.

②-①得 $2d^2+d=\lambda d$,$d\neq0$,所以 $\lambda=2d+1$,代入①式得 $d^2+2d=0$,所以 $d=-2$,则 $\lambda=-3$,所以 $k=4$ 符合题意.

若 $k=5$,则 $a_1=1,a_2=-1,a_3=-3,a_4=-5,a_5=-7$,$S_3=-3,S_4=-8,S_5=-15$,在(*)式中,令 $n=3$ 得 $-3a_4+S_3S_5=-3\times(-5)+(-3)\times(-15)=60$,$S_4^2=(-8)^2=64$,从而 $-3a_4+S_3S_5\neq S_4^2$,所以 $k=5$ 不符合题意.

假设当 $k>5$ 时符合题意,

则 $-3a_{n+1}+S_nS_{n+2}=S_{n+1}^2$,

即 $-3a_{n+1}+(S_{n+1}-a_{n+1})(S_{n+1}+a_{n+2})=S_{n+1}^2$,

整理得 $(a_{n+2}-a_{n+1})S_{n+1}=(a_{n+2}+3)a_{n+1}$,

即 $-2S_{n+1}=(a_{n+1}+1)a_{n+1}$,

即 $-(n+1)(a_{n+1}+1)=(a_{n+1}+1)a_{n+1}$,

又当 $k>5$ 时,$a_{n+1}+1\neq0$,

所以 $a_{n+1}=-(n+1)$,与 $d=-2$ 矛盾,所以当 $k>5$ 时不符合题意,故 k 的最大值为 4.

14. 解析 由题意知等差数列 $\{a_n\}$ 的公差为 $d=1$,

且 $a_1+a_2+\cdots+a_{99}=102$,

则 $a_1+a_2+a_3+\cdots+a_{99}$

$=(a_1+a_4+\cdots+a_{97})+(a_2+a_5+\cdots+a_{98})+(a_3+a_6+\cdots+a_{99})$

$=3(a_3+a_6+\cdots+a_{99})-33\times2d-33d$

$=3(a_3+a_6+\cdots+a_{99})-99$,

所以 $a_3+a_6+\cdots+a_{99}=\dfrac{102+99}{3}=67$.

15. 解析 (1)因为 $a_1=1,a_2=2$,

所以 $a_3=\left(1-\cos^2\dfrac{\pi}{2}\right)a_1+\sin^2\dfrac{\pi}{2}=a_1+1=2$,

$a_4=(1-\cos^2\pi)a_2+\sin^2\pi=0$.

一般地,当 $n=2k-1(k\in\mathbf{N}^*)$时,

$a_{2k+1}=\left[1-\cos^2\dfrac{(2k-1)\pi}{2}\right]a_{2k-1}+\sin^2\dfrac{(2k-1)\pi}{2}$

$=a_{2k-1}+1$,

即 $a_{2k+1}-a_{2k-1}=1$,

所以数列 $\{a_{2k-1}\}$ 是首项为 1、公差为 1 的等差数列,因此 $a_{2k-1}=k$.

当 $n=2k(k\in\mathbf{N}^*)$时,

$a_{2k+2}=\left(1-\cos^2\dfrac{2k\pi}{2}\right)a_{2k}+\sin^2\dfrac{2k\pi}{2}=0$.

故数列 $\{a_n\}$ 的通项公式为 $a_n=\begin{cases}\dfrac{n+1}{2},n=2k-1(k\in\mathbf{N}^*),\\0,n=2k(k\in\mathbf{N}^*).\end{cases}$

(2)易知 $S_1=1,S_2=3$.

当 $n=2k+1(k\in\mathbf{N}^*)$时,

$S_{2k+1}=\dfrac{(1+k+1)(k+1)}{2}+2$

$=\dfrac{(k+2)(k+1)}{2}+2$;

当 $n=2k(k\in\mathbf{N}^*)$时,

$S_{2k}=S_{2k+1}-a_{2k+1}$

$=\dfrac{(k+2)(k+1)}{2}+2-(k+1)$

$=\dfrac{k(k+1)}{2}+2$.

综上,$S_n=\begin{cases}\dfrac{n(n+2)}{8}+2,n=2k(k\in\mathbf{N}^*),\\\dfrac{(n+1)(n+3)}{8}+2,n=2k+1(k\in\mathbf{N}^*),\\1,n=1.\end{cases}$

【拓展探究】

16. 解析 (1)$1+3=4\notin A$,$3-1=2\notin A$,所以数列 0,1,3,5 不具有性质 P.

在 $0+2$, $2-0$;$0+4$, $4-0$;$0+6$, $6-0$;$2+4$, $4-2$;$2+6$, $6-2$;$6+4$, $6-4$ 这六组数中,至少有一组中有数属于{0,2,4,6},所以数列 0,2,4,6 具有性质 P.

(2)因为数列 A:$a_1,a_2,\cdots,a_n(0\leqslant a_1<a_2<\cdots<a_n,\ n\geqslant3)$ 具有性质 P,a_n-a_n 与 a_n+a_n 中至少有一个属于 A,又 $a_n>0$,$a_n+a_n>a_n$,故 $a_n+a_n\notin A$,$a_n-a_n\in A$,从而 $a_1=0$.

由数列 A 具有性质 P 可知 $a_n+a_k\notin A$,$a_n-a_k\in A(k=1,2,3,\cdots,n)$,$a_n-a_1>a_n-a_2>a_n-a_3>\cdots>a_n-a_{n-1}>a_n-a_n$,所以 $a_n-a_1=a_n$,$a_n-a_2=a_{n-1}$,$a_n-a_3=a_{n-2}$,$\cdots$,$a_n-a_n=a_1$,累加得 $na_n-(a_1+a_2+\cdots+a_n)=a_n+a_{n-1}+\cdots+a_1$,即 $na_n-S_n=S_n$,从而 $S_n=\dfrac{na_n}{2}$.

(3)由(2)知,$a_5-a_4=a_2$,$a_5-a_3=a_3$,所以 $a_5=a_4+a_2=2a_3$,而 $a_4+a_3>2a_3=a_5$ 不是数列 A 中的项,则 a_4-a_3 是数列 A 中的项,所以 $a_1<a_4-a_3<a_5-a_3=a_3$,$a_4-a_3=a_2$,所以 $a_2-a_1=a_3-a_2=a_4-a_3=a_5-a_4=a_2$,因此数列 a_1,a_2,a_3,a_4,a_5 是以 0 为首项、a_2 为公差的等差数列.

第 3 讲 等比比相等 求和用错位

【典例分析】

【例 1】 B **解析** 由等比数列的性质可得 $a_2a_3a_4=a_3^3=-64$,所以 $a_3=-4$,因为 $a_7^2=64$,所以 $a_7=-8$ 或 $a_7=8$,因为 $a_7=a_3q^4<0$,所以 $a_7=-8$,所以 $a_4a_6=a_3a_7=32$,故选 B.

【例 2】 C **解析** 因为 $a_2a_3=a_1a_4=2a_1$,所以 $a_4=2$,因为 $a_4+2a_7=a_4+2a_4q^3=2\times\dfrac{5}{4}$,所以 $q=\dfrac{1}{2}$,$a_1=\dfrac{a_4}{q^3}=16$,故 $a_n=16\times\left(\dfrac{1}{2}\right)^{n-1}=2^4\times2^{1-n}=2^{5-n}$,所以 $a_1=16,a_2=8$,

$a_3=4,a_4=2,a_5=1,a_6=\frac{1}{2}<1$,所以数列的前4项或前5项的积最大,最大值为 $16\times8\times4\times2=1024$. 故选C.

【例3】 B **解析** 由等比数列的性质可知 $T_9=a_5^9=512$,所以 $a_5=2$. 若 $a_2a_4=1$,则 $a_2a_4=a_3^2=1$,所以 $a_3=1$,又 $a_5>0$,故 $q^2=\frac{a_5}{a_3}=2,q=\pm\sqrt{2}$,充分性不成立;若 $q=\sqrt{2}$,则 $a_4=\sqrt{2},a_2=\frac{\sqrt{2}}{2}$,所以 $a_2a_4=1$,必要性成立. 所以"$a_2a_4=1$"是"$q=\sqrt{2}$"的必要不充分条件. 故选B.

【例4】 $\frac{5}{2}$ **解析** 设等比数列 $\{a_n\}$ 的公比为 q,因为 $a_4-a_3=10,a_5-a_4=20$,所以 $2(a_4-a_3)=a_5-a_4$,即 $2(a_1q^3-a_1q^2)=a_1q^4-a_1q^3$,化简得 $q^2-3q+2=0$,解得 $q=2$ 或 $q=1$. 若 $q=1$,则 $a_4-a_3=0$,与已知矛盾,故舍去,所以 $q=2,a_4-a_3=8a_1-4a_1=10$,解得 $a_1=\frac{5}{2}$.

$a_n=a_1q^{n-1}=\frac{5}{2}\times2^{n-1}=5\times2^{n-2}$,

$S_n=\frac{a_1(1-q^n)}{1-q}=\frac{\frac{5}{2}\times(1-2^n)}{1-2}=5\times2^{n-1}-\frac{5}{2}$,

从而 $2a_n-S_n=5\times2^{n-1}-\left(5\times2^{n-1}-\frac{5}{2}\right)=\frac{5}{2}$.

【例5】 1013 **解析** 数列 $\{a_n\}$ 的前 n 项和为 S_n,且满足 $a_n+S_n=1$,当 $n\geqslant2$ 时,$a_{n-1}+S_{n-1}=1$,两式相减,可得 $a_n-a_{n-1}+(S_n-S_{n-1})=2a_n-a_{n-1}=0$,即 $\frac{a_n}{a_{n-1}}=\frac{1}{2}(n\geqslant2)$,令 $n=1$,可得 $a_1+S_1=2a_1=1$,解得 $a_1=\frac{1}{2}$,所以数列 $\{a_n\}$ 是以 $\frac{1}{2}$ 为首项、$\frac{1}{2}$ 为公比的等比数列,$a_n=\left(\frac{1}{2}\right)^n$.

易得 $S_n=\frac{\frac{1}{2}\left[1-\left(\frac{1}{2}\right)^n\right]}{1-\frac{1}{2}}=1-\left(\frac{1}{2}\right)^n$,

则 $\frac{S_n}{a_n}=\frac{1-\left(\frac{1}{2}\right)^n}{\left(\frac{1}{2}\right)^n}=2^n-1$,

所以 $\frac{S_1}{a_1}+\frac{S_2}{a_2}+\frac{S_3}{a_3}+\cdots+\frac{S_9}{a_9}$

$=(2+2^2+\cdots+2^9)-(1+1+\cdots+1)$

$=\frac{2(1-2^9)}{1-2}-9=2^{10}-11=1013$.

【例6】 **解析** (1)依题意,a_1,a_2,a_4 成等比数列,则 $(a_1+d)^2=a_1(a_1+3d)$,即 $(a_1+1)^2=a_1(a_1+3)$,解得 $a_1=1$,所以 $a_n=1+(n-1)\times1=n$,所以 $a_{k_n}=k_n$,又因为 $\{a_{k_n}\}$ 为等比数列,且 $k_1=1,k_2=2,k_3=4$,所以 $k_n=2^{n-1}$,所以 $a_nk_n=n\cdot2^{n-1}$.

$T_n=a_1k_1+a_2k_2+a_3k_3+\cdots+a_nk_n=1+2\times2^1+3\times2^2+\cdots+n\cdot2^{n-1}$ ①,

$2T_n=1\times2^1+2\times2^2+3\times2^3+\cdots+(n-1)2^{n-1}+n\cdot2^n$ ②,

①-②,得 $-T_n=1+(2^1+2^2+\cdots+2^{n-1})-n\cdot2^n$

$=1+2(2^{n-1}-1)-n\cdot2^n=-1-(n-1)2^n$,

即 $T_n=1+(n-1)2^n$.

(2)必要性探路:若 $\{k_n\}$ 为等比数列,则 $k_2^2=k_1k_3$.

因为 $\{a_{k_n}\}$ 是等比数列,所以 $a_{k_2}^2=a_{k_1}a_{k_3}$,

即 $[a_1+(k_2-1)d]^2=[a_1+(k_1-1)d]\cdot[a_1+(k_3-1)d]$,

又 $d=1$,

所以 $[a_1+(k_2-1)]^2=[a_1+(k_1-1)]\cdot[a_1+(k_3-1)]$,

即 $(a_1-1)(2k_2-k_1-k_3)=0$.

因为 $k_2^2=k_1k_3\leqslant\left(\frac{k_1+k_3}{2}\right)^2$,当且仅当 $k_1=k_3$ 时等号成立,又 $k_1<k_2<k_3$,所以 $2k_2-k_1-k_3\neq0$,解得 $a_1=1$.

下面证明当 $a_1=1$ 时,$\{k_n\}$ 为等比数列.

当 $a_1=1$ 时,$a_n=n$,所以 $a_{k_n}=k_n$,

又因为 $a_{k_n}=a_{k_1}q^{n-1}=k_1q^{n-1}$,所以 $k_n=k_1q^{n-1}$,

从而 $\frac{k_{n+1}}{k_n}=\frac{k_1q^n}{k_1q^{n-1}}=q$,即数列 $\{k_n\}$ 为等比数列.

【巩固练习】

1. B **解析** 设等比数列 $\{a_n\}$ 的公比为 q,由 $a_3<a_6$ 得 $a_1q^2<a_1q^5$,即 $a_1<a_1q^3$,又 $a_1<0$,所以 $q^3<1$,解得 $q<1$.

当 $-1<q<1$ 且 $q\neq0$ 时,$a_1<a_1q^4=a_5<0$;

当 $q=-1$ 时,$a_1=a_1q^4=a_5$;

当 $q<-1$ 时,$a_1>a_1q^4=a_5$,

所以充分性不成立.

由 $a_1<a_5$ 得 $a_1<a_1q^4$,又 $a_1<0$,解得 $q^4<1$,所以 $-1<q<1$ 且 $q\neq0$.

当 $0<q<1$ 时,$a_1<a_1q^3<0$,所以 $a_1q^2<a_1q^5$,得 $a_3<a_6$;

当 $-1<q<0$ 时,$a_1<0<a_1q^3$,所以 $a_1q^2<a_1q^5$,得 $a_3<a_6$,

所以必要性成立.

故选B.

2. D **解析** 由 $a_3a_7a_8=8$ 得 $a_1q^2\cdot a_1q^6\cdot a_1q^7=(a_1q^5)^3=a_6^3=8$,即 $a_6=2$,所以 $a_2a_{10}=(a_6)^2=4$,又 $a_2+a_{10}=5$,解得 $\begin{cases}a_2=1,\\a_{10}=4\end{cases}$ 或 $\begin{cases}a_2=4,\\a_{10}=1,\end{cases}$ 因为 $q>0$,所以 $q=\left(\frac{a_{10}}{a_2}\right)^{\frac{1}{8}}=4^{\frac{1}{8}}=2^{\frac{1}{4}}$ 或 $q=\left(\frac{a_{10}}{a_2}\right)^{\frac{1}{8}}=\left(\frac{1}{4}\right)^{\frac{1}{8}}=\left(\frac{1}{2}\right)^{\frac{1}{4}}$. 故选D.

3. D **解析** 解法1:由题意得 $2a_{n+2}=a_n+a_{n+1}$,

故 $\frac{a_{n+2}-a_{n+1}}{a_{n+1}-a_n}=\frac{\frac{a_{n+1}+a_n}{2}-a_{n+1}}{a_{n+1}-a_n}=-\frac{1}{2}$,

又 $a_2-a_1=-9$,故 $a_{n+1}-a_n=(-9)\times\left(-\frac{1}{2}\right)^{n-1}$,

则 $a_n=(a_n-a_{n-1})+(a_{n-1}-a_{n-2})+\cdots+(a_2-a_1)+a_1$

$=(-9)\times\left[\left(-\frac{1}{2}\right)^{n-2}+\left(-\frac{1}{2}\right)^{n-3}+\cdots+\left(-\frac{1}{2}\right)^0\right]+6$

$=(-9)\times\frac{1-\left(-\frac{1}{2}\right)^{n-1}}{1-\left(-\frac{1}{2}\right)}+6$

$=6\times\left(-\frac{1}{2}\right)^{n-1}$,

则 $\{a_n\}$ 是首项为6、公比为 $-\frac{1}{2}$ 的等比数列,

故 $S_n=6\times\dfrac{1-\left(-\frac{1}{2}\right)^n}{1-\left(-\frac{1}{2}\right)}=4\left[1-\left(-\frac{1}{2}\right)^n\right]$,

则 $S_{2020}=4\left[1-\left(-\frac{1}{2}\right)^{2020}\right]=4-\frac{1}{2^{2018}}$,故选 D.

解法 2:由题意可知 $2a_{n+2}=a_n+a_{n+1}$,

令 $2(a_{n+2}+\lambda a_{n+1})=\frac{1}{\lambda}(a_{n+1}+\lambda a_n)$,

则 $2a_{n+2}=\left(\frac{1}{\lambda}-2\lambda\right)a_{n+1}+a_n$.

由 $\frac{1}{\lambda}-2\lambda=1$,解得 $\lambda=-1$ 或 $\lambda=\frac{1}{2}$.

当 $\lambda=\frac{1}{2}$ 时,有 $a_{n+2}+\frac{1}{2}a_{n+1}=a_{n+1}+\frac{1}{2}a_n$,

又因为 $a_1=-2a_2=6$,所以 $a_2+\frac{1}{2}a_1=0$,

所以$\left\{a_{n+1}+\frac{1}{2}a_n\right\}$为常数数列,

则 $a_{n+1}+\frac{1}{2}a_n=0$,即$\frac{a_{n+1}}{a_n}=-\frac{1}{2}$,

所以 $a_n=6\times\left(-\frac{1}{2}\right)^{n-1}$,

$S_n=\dfrac{6-6\left(-\frac{1}{2}\right)^n}{1+\frac{1}{2}}$,

从而 $S_{2020}=4-\left(\frac{1}{2}\right)^{2018}$,故选 D.

4. A **解析** $a_1+a_8-(a_4+a_5)=a_1-a_4+a_8-a_5=a_1(1-q^3)(1-q^4)$.

因为 $a_1>0,q>0,q\neq1$,所以若 $q>1$,则 $1-q^3<0,1-q^4<0,a_1(1-q^3)(1-q^4)>0$,从而 $a_1+a_8>a_4+a_5$;若 $0<q<1$,则 $1-q^3>0,1-q^4>0,a_1(1-q^3)(1-q^4)>0$,从而 $a_1+a_8>a_4+a_5$.

综上,恒有 $a_1+a_8>a_4+a_5$,故选 A.

5. D **解析** 因为 $a_6,3a_5,a_7$ 成等差数列,所以 $2\times3a_5=a_6+a_7$,又$\{a_n\}$为各项均为正数的等比数列,所以设 $a_n=a_1q^{n-1}(q>0)$,则 $6a_1q^4=a_1q^5+a_1q^6$,即 $q^2+q-6=0$,解得 $q=2$ 或 $q=-3$(舍去),又 $4a_1$ 为 a_m,a_n 的等比中项,所以$(4a_1)^2=a_m\times a_n$,即 $16a_1^2=2^4\times a_1^2=a_1\times2^{m-1}\times a_1\times2^{n-1}=a_1^2\times2^{m+n-2}$,得 $m+n=6$.

$\frac{1}{m}+\frac{4}{n}=\frac{1}{6}(m+n)\left(\frac{1}{m}+\frac{4}{n}\right)\geqslant\frac{1}{6}\left(5+2\sqrt{\frac{4m}{n}\times\frac{n}{m}}\right)=\frac{3}{2}$,当且仅当$\frac{4m}{n}=\frac{n}{m}$,即 $m=2,n=4$ 时等号成立,所以$\frac{1}{m}+\frac{4}{n}$的最小值为$\frac{3}{2}$.

故选 D.

6. ABD **解析** 因为 $a_2^2+a_4^2\geqslant2a_2a_4=2a_3^2=8$,取等号时 $a_2=a_4=\pm2$,故 A 正确.

因为 $a_3^2+a_5^2\geqslant2a_3a_5=2a_4^2$,取等号时 $a_3=a_5$,故 B 正确.

设等比数列的公比为 q,因为 $a_3=a_5$,所以 $q^2=\frac{a_5}{a_3}=1$,所以 $q=\pm1$,当 $q=-1$ 时,$a_1=-a_2$,故 C 错误.

设等比数列的公比为 q,因为 $a_5>a_3$ 且 $q^2>0$,所以 $a_5q^2>a_3q^2$,即 $a_7>a_5$,故 D 正确.

故选 ABD.

7. BC **解析** 由 $a_1=p,2S_n-S_{n-1}=2p$ 得 $2(a_2+p)-p=2p$,故 $a_2=\frac{p}{2}$,当 $p\neq0$ 时,有$\frac{a_2}{a_1}=\frac{1}{2}$.当 $n\geqslant3$ 时,有 $2S_{n-1}-S_{n-2}=2p$,则 $2a_n-a_{n-1}=0$,即$\frac{a_n}{a_{n-1}}=\frac{1}{2}$.故当 $p\neq0$ 时,数列$\{a_n\}$是首项为 p、公比为$\frac{1}{2}$的等比数列;当 $p=0$ 时,$\{a_n\}$不是等比数列.故 A 错误.

当 $p=1$ 时,$S_4=\dfrac{1\times\left(1-\frac{1}{2^4}\right)}{1-\frac{1}{2}}=\frac{15}{8}$,故 B 正确.

当 $p=\frac{1}{2}$ 时,$a_n=\left(\frac{1}{2}\right)^n$,则 $a_ma_n=\left(\frac{1}{2}\right)^{m+n}=a_{m+n}$,故 C 正确.

当 $p\neq0$ 时,$|a_3|+|a_8|=|p|\left(\frac{1}{2^2}+\frac{1}{2^7}\right)=\frac{33}{128}|p|$,而 $|a_5|+|a_6|=|p|\left(\frac{1}{2^4}+\frac{1}{2^5}\right)=\frac{12}{128}|p|$,易知 $|a_3|+|a_8|>|a_5|+|a_6|$,故 D 错误.

故选 BC.

8. BC **解析** 若 $S_n=n^2-1$,当 $n\geqslant2$ 时,$a_n=2n-1$,但 $a_1=0$,不满足 $a_n=2n-1(n\in\mathbf{N}^*)$,故 A 错误.

若 $S_n=2^n-1$,则 $a_n=\begin{cases}S_n-S_{n-1}=2^{n-1},n\geqslant2,\\S_1=1,n=1,\end{cases}$由于 $a_1=1$ 满足 $a_n=2^{n-1}$,所以$\{a_n\}$是等比数列,故 B 正确.

若$\{a_n\}$是等差数列,则 $S_{99}=\frac{99(a_1+a_{99})}{2}=99a_{50}$,故 C 正确.

当 $n=1$ 时,$S_1S_3-S_2^2=a_1^2(1+q+q^2)-a_1^2(1+q)^2=-a_1^2q<0$,即当 $n=1$ 时不等式不成立,故 $S_{2n-1}S_{2n+1}>S_{2n}^2$ 不成立,D 错误.

故选 BC.

9. ABD **解析** 由题意可知,第 1 次得到数列 1,3,2,此时 $k=1$;第 2 次得到数列 1,4,3,5,2,此时 $k=3$;第 3 次得到数列 1,5,4,7,3,8,5,7,2,此时 $k=7$;第 4 次得到数列 1,6,5,9,4,11,7,10,3,11,8,13,5,12,7,9,2,此时 $k=15$……第 n 次得到数列 $1,x_1,x_2,x_3,\cdots,x_k,2$,此时 $k=2^n-1$,所以 $k+1=2^n$,故 A 正确.

结合上面列出的数列可得$\begin{cases}a_1=3+3,\\a_2=3+3+9,\\a_3=3+3+9+27,\\a_4=3+3+9+27+81,\end{cases}$

所以 $a_n=3+3^1+3^2+\cdots+3^n(n\in\mathbf{N}^*)$.

由等比数列求和公式可得 $a_n=3+\frac{3(3^n-1)}{2}$,则 $a_{n+1}=3+\frac{3(3^{n+1}-1)}{2}=3+\frac{3^{n+2}-3}{2}=\frac{3^{n+2}}{2}+\frac{3}{2}$,又 $3a_n-3=3\left[3+\frac{3(3^n-1)}{2}\right]-3=9+\frac{3^{n+2}}{2}-\frac{9}{2}-3=\frac{3^{n+2}}{2}+\frac{3}{2}$,所以 $a_{n+1}=3a_n-3$,故 B 正确.

由B分析可知 $a_n=3+\frac{3(3^n-1)}{2}=\frac{3}{2}(3^n+1)$，即 $a_n\neq\frac{3}{2}(n^2+3n)$，故C错误.

$S_n=a_1+a_2+a_3+\cdots+a_n=\left(\frac{3^2}{2}+\frac{3^3}{2}+\cdots+\frac{3^{n+1}}{2}\right)+\frac{3}{2}n$

$=\frac{3^{n+2}}{4}+\frac{3n}{2}-\frac{9}{4}=\frac{3}{4}(3^{n+1}+2n-3)$，故D正确.

故选ABD.

10. ABC **解析** 由等比数列$\{a_n\}$可知 $a_n=a_1q^{n-1}$，由等比数列$\{a_n\}$的前 n 项积结合等差数列性质可知 $T_n=a_1\cdot a_2\cdot a_3\cdot\cdots\cdot a_n=a_1\cdot a_1q\cdot a_1q^2\cdot\cdots\cdot a_1q^{n-1}=a_1^nq^{1+2+\cdots+(n-1)}=a_1^nq^{\frac{n(n-1)}{2}}$.

若 $T_5=T_9$，则 $a_1^5q^{10}=a_1^9q^{36}$，即 $a_1^4q^{26}=1$，从而 $T_{14}=a_1^{14}q^{91}=(a_1^4q^{26})^{\frac{7}{2}}=1$，故A正确.

若 $T_5=T_9$，则 $a_1^4q^{26}=1$，即 $a_1q^{\frac{13}{2}}=1$，又 $a_1>1$，故 $q<1$，从而 $a_6a_7a_8a_9=1$，利用等比数列的性质知 $a_7a_8=a_6a_9=1$，可知 $a_6>1$，$a_7>1$，$a_8<1$，$a_9<1$，故 T_7 是$\{T_n\}$中最大的项，故B正确.

若 $T_6>T_7$，则 $a_1^6q^{15}>a_1^7q^{21}$，即 $a_1q^6<1$，又 $a_1>1$，则 $q<1$，可得 $\frac{T_8}{T_7}=a_8=a_1q^7<a_1q^6<1$，即 $T_7>T_8$，故C正确.

若 $T_6>T_7$，则 $a_1q^6<1$，$\frac{T_6}{T_5}=a_6=a_1q^5$，无法判断其与1的大小关系，故D错误.

故选ABC.

11. $\{9\}$ **解析** 由已知条件可得 $a=\frac{p+q}{2}$，$b=\sqrt{pq}$，由基本不等式可得 $a=\frac{p+q}{2}\geqslant\sqrt{pq}=b>0$，所以 $a\geqslant b>-2$.

由于 $a,b,-2$ 这三个数可适当排序后成等差数列，也可适当排序后成等比数列，则有 $\begin{cases}2b=a-2,\\ab=(-2)^2,\\a\geqslant b,\end{cases}$ 解得 $\begin{cases}a=4,\\b=1,\end{cases}$ 所以 $p+q=2a=8$，$pq=b^2=1$，因此 $p+q+pq=8+1=9$.

12. $\frac{9}{5}$ **解析** 设等比数列$\{a_n\}$的公比为 $q(q>0)$，则 $\ln a_{n+1}-\ln a_n=\ln\frac{a_{n+1}}{a_n}=\ln q$(常数)，所以数列$\{\ln a_n\}$为等差数列，同理可知数列$\{\ln b_n\}$也为等差数列.

因为 $\ln P_5=\ln(a_1a_2a_3a_4a_5)=\ln a_1+\ln a_2+\ln a_3+\ln a_4+\ln a_5=\frac{5(\ln a_1+\ln a_5)}{2}=5\ln a_3$，同理可得 $\ln Q_5=5\ln b_3$，因此 $\frac{\ln a_3}{\ln b_3}=\frac{5\ln a_3}{5\ln b_3}=\frac{\ln P_5}{\ln Q_5}=\frac{5\times5-7}{2\times5}=\frac{9}{5}$.

13. ①④ **解析** 由 $a_{99}a_{100}-1>0$，得 $a_1^2q^{197}>1>0$，即 $q>0$，又 $(a_{99}-1)(a_{100}-1)<0$ 且 $a_1>1$，所以 $a_{99}>1$，$0<a_{100}<1$，即 $q=\frac{a_{100}}{a_{99}}\in(0,1)$，故①正确.

由 $a_{99}>1$，$0<a_{100}<1$ 且 $0<q<1$ 得 $a_{101}=a_{100}q<1$，从而 $a_{99}-a_{101}>0$，故②错误.

由 $T_{100}=T_{99}a_{100}$ 且 $0<a_{100}<1$ 得 $T_{100}<T_{99}$，故③错误.

$T_{198}=a_1a_2\cdots a_{198}=(a_1\cdot a_{198})(a_2\cdot a_{197})\cdots(a_{99}\cdot a_{100})=(a_{99}\cdot a_{100})^{99}>1$，

$T_{199}=a_1a_2\cdots a_{199}=(a_1\cdot a_{199})(a_2\cdot a_{198})\cdots(a_{99}\cdot a_{101})a_{100}=(a_{99}\cdot a_{101})^{99}a_{100}=(a_{100})^{199}<1$，故④正确.

14. $2^{n+1}-2$ **解析** $3S_n+a_{n+1}+2=0$，

$3S_{n-1}+a_n+2=0(n\geqslant2)$，

两式作差得 $3a_n+a_{n+1}-a_n=0$，即 $a_{n+1}=-2a_n(n\geqslant2)$.

当 $n=1$ 时，$3S_1+a_2+2=0$，$a_1=-2$，

则 $a_2=4$，$\frac{a_2}{a_1}=-2$，所以 $a_{n+1}=-2a_n(n\geqslant1)$.

数列$\{a_n\}$是以 -2 为首项和公比的等比数列，

所以 $a_n=(-2)^n$，$b_n=(-1)^na_n=(-1)^n(-2)^n=2^n$，

故数列$\{b_n\}$的前 n 项和为 $T_n=\frac{2(1-2^n)}{1-2}=2^{n+1}-2$.

15. **解析** (1)由 $S_6=a_1+a_2+a_3+a_4+a_5+a_6=S_3(q^3+1)=\frac{9}{8}S_3$，解得 $q=\frac{1}{2}$，所以 $a_3=a_1q^2=\frac{1}{4}$.

(2)由 $a_m+a_{m+2}=\frac{5}{2}a_{m+1}$ 得 $q^2-\frac{5}{2}q+1=0$，

因为 $q>1$，所以 $q=2$.

由 $S_{2m}=9S_m$ 得 $\frac{a_1(1-2^{2m})}{1-2}=9\times\frac{a_1(1-2^m)}{1-2}$，

又 $a_1\neq0$，所以 $1-2^{2m}=9(1-2^m)$，

即 $(1-2^m)(1+2^m)=9(1-2^m)$，

因为 $m\in\mathbf{N}^*$，$1-2^m\neq0$，所以 $1+2^m=9$，解得 $m=3$.

【拓展探究】

16. **解析** (1)由 $\frac{1}{a_{n+1}}+\frac{1}{a_n}=3^{n+1}$，

得 $\frac{1}{a_{n+1}}-\frac{3^{n+2}}{4}=3^{n+1}-\frac{1}{a_n}-\frac{3^{n+2}}{4}=-\left(\frac{1}{a_n}-\frac{3^{n+1}}{4}\right)$，

又 $\frac{1}{a_1}-\frac{9}{4}=3-\frac{9}{4}=\frac{3}{4}$，所以数列$\left\{\frac{1}{a_n}-\frac{3^{n+1}}{4}\right\}$是以 $\frac{3}{4}$ 为首项、-1 为公比的等比数列，

$\frac{1}{a_n}-\frac{3^{n+1}}{4}=\frac{3}{4}(-1)^{n-1}$，即 $\frac{1}{a_n}=\frac{3}{4}[3^n+(-1)^{n-1}]$，

故 $a_n=\frac{4}{3[3^n+(-1)^{n-1}]}$.

(2)由 $a_1=\frac{1}{3}$，$a_2=\frac{1}{6}$，得 $a_1+a_2=\frac{1}{2}<\frac{3}{5}$.

当 $n\geqslant4$ 且 n 为偶数时，$a_{n-1}+a_n$

$=\frac{4}{3}\left(\frac{1}{3^{n-1}+1}+\frac{1}{3^n-1}\right)=\frac{4}{3}\times\frac{3^{n-1}+3^n}{3^{n-1}\times3^n+2\times3^{n-1}-1}$

$<\frac{4}{3}\left(\frac{1}{3^{n-1}}+\frac{1}{3^n}\right)$，

所以 $a_1+a_2+\cdots+a_n$

$<\frac{1}{3}+\frac{1}{6}+\frac{4}{3}\times\left(\frac{1}{3^3}+\frac{1}{3^4}+\cdots+\frac{1}{3^{n-1}}+\frac{1}{3^n}\right)$

$<\frac{1}{2}+\frac{4}{3}\times\frac{\frac{1}{27}}{1-\frac{1}{3}}$

$=\frac{1}{2}+\frac{2}{27}=\frac{31}{54}<\frac{3}{5}$.

当 $n\geqslant3$ 且 n 为奇数时，$n+1$ 为偶数，则 $a_1+a_2+\cdots+a_n+a_{n+1}<\frac{3}{5}$，由于 $a_{n+1}>0$，则 $a_1+a_2+\cdots+a_n<\frac{3}{5}$.

综上，$a_1+a_2+\cdots+a_n<\frac{3}{5}$.

第4讲 数列求通项 模型要牢记

【典例分析】

【例1】解析 (1)因为 $a_n-a_{n-1}=2n+1,a_{n-1}-a_{n-2}=2(n-1)+1,\cdots,a_2-a_1=5$,所有式子相加得 $a_n-a_1=5+7+9+\cdots+(2n+1)(n\geqslant2)$,所以 $a_n=n^2+2n-2(n\geqslant2)$.因为 $a_1=1$ 也满足上式,所以 $a_n=n^2+2n-2$.

(2)因为$\frac{a_{n+1}}{a_n}=\frac{n}{n+2}$,所以$\frac{a_n}{a_{n-1}}=\frac{n-1}{n+1},\frac{a_{n-1}}{a_{n-2}}=\frac{n-2}{n},\cdots,\frac{a_2}{a_1}=\frac{1}{3}$,所有式子相乘得$\frac{a_n}{a_1}=\frac{1}{3}\times\frac{2}{4}\times\frac{3}{5}\times\cdots\times\frac{n-1}{n+1}(n\geqslant2)$,所以 $a_n=\frac{2}{n(n+1)}(n\geqslant2)$.因为 $a_1=1$ 也满足上式,所以 $a_n=\frac{2}{n(n+1)}$.

【例2】B **解析** 因为 $a_1=0,a_2=\frac{a_1-\sqrt{3}}{\sqrt{3}a_1+1}=-\sqrt{3},a_3=\frac{a_2-\sqrt{3}}{\sqrt{3}a_2+1}=\sqrt{3},a_4=\frac{a_3-\sqrt{3}}{\sqrt{3}a_3+1}=0,\cdots$,所以$\{a_n\}$是周期为3的数列,$a_{20}=a_2=-\sqrt{3}$.故选B.

【例3】解析 解法1:因为 $a_n=3a_{n-1}+2^n(n\geqslant2)$,两边同除以 3^n 可以得到$\frac{a_n}{3^n}=\frac{a_{n-1}}{3^{n-1}}+\left(\frac{2}{3}\right)^n(n\geqslant2)$,利用累加法可得$\frac{a_n}{3^n}=\frac{a_1}{3}+\left(\frac{2}{3}\right)^2+\left(\frac{2}{3}\right)^3+\cdots+\left(\frac{2}{3}\right)^n=\frac{1}{3}+\frac{\left(\frac{2}{3}\right)^2\left[1-\left(\frac{2}{3}\right)^{n-1}\right]}{1-\frac{2}{3}}=\frac{5}{3}-3\times\left(\frac{2}{3}\right)^{n+1}(n\geqslant2)$,所以 $a_n=5\times3^{n-1}-2^{n+1}(n\geqslant2)$.因为 $a_1=1$ 也满足上式,所以 $a_n=5\times3^{n-1}-2^{n+1}$.

解法2:因为 $a_n=3a_{n-1}+2^n(n\geqslant2)$,两边同除以 2^n 可以得到$\frac{a_n}{2^n}=\frac{3}{2}\left(\frac{a_{n-1}}{2^{n-1}}\right)+1(n\geqslant2)$,所以$\frac{a_n}{2^n}+2=\frac{3}{2}\cdot\left(\frac{a_{n-1}}{2^{n-1}}+2\right)(n\geqslant2)$,所以$\left\{\frac{a_n}{2^n}+2\right\}$是首项为$\frac{a_1}{2}+2=\frac{5}{2}$、公比为$\frac{3}{2}$的等比数列,从而$\frac{a_n}{2^n}+2=\frac{5}{2}\left(\frac{3}{2}\right)^{n-1}$,所以 $a_n=5\times3^{n-1}-2^{n+1}$.

解法3:设 $a_n+\lambda2^n=p(a_{n-1}+\lambda2^{n-1})(n\geqslant2)$,则 $a_n=pa_{n-1}+\left(\frac{p\lambda}{2}-\lambda\right)2^n(n\geqslant2)$.因为 $a_n=3a_{n-1}+2^n(n\geqslant2)$,可得 $p=3,\lambda=2$,所以 $a_n+2^{n+1}=3(a_{n-1}+2^n)(n\geqslant2)$,所以$\{a_n+2^{n+1}\}$是首项为 $a_1+2^2=5$、公比为3的等比数列,从而$a_n+2^{n+1}=5\times3^{n-1}$,所以 $a_n=5\times3^{n-1}-2^{n+1}$.

【例4】解析 因为 $a_{n+1}+a_n=3n-1,a_{n+2}+a_{n+1}=3(n+1)-1=3n+2$,两式相减可得 $a_{n+2}-a_n=3$,因此数列$\{a_n\}$隔项成等差数列.当 n 为奇数时,$a_n=a_1+\frac{n-1}{2}\times3=\frac{3}{2}n+\frac{1}{2}$;当 n 为偶数时,$a_n=a_2+\left(\frac{n}{2}-1\right)\times3=(2-a_1)+\frac{3}{2}n-3=\frac{3}{2}n-3$.故 $a_n=\begin{cases}\frac{3}{2}n+\frac{1}{2},n\text{ 为奇数},\\\frac{3}{2}n-3,n\text{ 为偶数}.\end{cases}$

【例5】解析 (1)设等比数列$\left\{\frac{1}{a_n}+\lambda\right\}$的公比为 p.

因为 $a_{n+1}=\frac{2a_n}{1+a_n}$,所以$\frac{1}{a_{n+1}}=\frac{1+a_n}{2a_n}=\frac{1}{2}\cdot\frac{1}{a_n}+\frac{1}{2}$.

又因为$\frac{1}{a_{n+1}}+\lambda=p\left(\frac{1}{a_n}+\lambda\right)$,

所以$\frac{1}{a_{n+1}}=p\cdot\frac{1}{a_n}+(p-1)\lambda$,

可得$\begin{cases}p=\frac{1}{2},\\(p-1)\lambda=\frac{1}{2},\end{cases}$解得$\begin{cases}p=\frac{1}{2},\\\lambda=-1,\end{cases}$

所以$\frac{1}{a_{n+1}}-1=\frac{1}{2}\left(\frac{1}{a_n}-1\right)$.

因为$\frac{1}{a_1}-1=-\frac{1}{2}\neq0$,所以$\left\{\frac{1}{a_n}-1\right\}$为等比数列,$\lambda=-1$.

(2)由(1)可知,$\frac{1}{a_n}-1=-\left(\frac{1}{2}\right)^n$,可得$\frac{1}{a_n}=-\left(\frac{1}{2}\right)^n+1$,

所以 $a_n=\frac{1}{1-\left(\frac{1}{2}\right)^n}=\frac{2^n}{2^n-1}$.

【例6】解析 由$\frac{a_1+2a_2+3a_3+\cdots+na_n}{1+2+3+\cdots+n}=2a_n(n\geqslant2)$,

得 $a_1+2a_2+3a_3+\cdots+na_n=2a_n\cdot\frac{n(n+1)}{2}=n(n+1)a_n(n\geqslant2)$,

$a_1+2a_2+3a_3+\cdots+(n-1)a_{n-1}=(n-1)na_{n-1}(n\geqslant3)$,

两式相减可得 $na_n=n(n+1)a_n-(n-1)na_{n-1}(n\geqslant3)$,

所以 $n^2a_n=(n-1)na_{n-1}(n\geqslant3)$,

即 $na_n=(n-1)a_{n-1}(n\geqslant3)$.

因为 $a_1+2a_2=6a_2$,所以 $a_2=\frac{1}{4}a_1=\frac{1}{4}$,

从而 $na_n=2a_2=\frac{1}{2}(n\geqslant2)$.

所以 $a_n=\begin{cases}\frac{1}{2n},n\geqslant2,\\1,n=1.\end{cases}$

【巩固练习】

1. C **解析** 因为 $3a_{n+1}=3a_n-2$,所以 $a_{n+1}=a_n-\frac{2}{3}$,故$\{a_n\}$是首项为 $a_1=15$、公差为$-\frac{2}{3}$的等差数列,$a_n=a_1-\frac{2}{3}(n-1)=-\frac{2}{3}n+\frac{47}{3}$.因为 $a_na_{n+1}<0$,所以 $n=23$,故选C.

2. $\frac{2n-1}{n}$ **解析** 由题意知,数列$\{na_n\}$是首项为 $a_1=1$、公差为2的等差数列,所以 $na_n=a_1+2(n-1)=2n-1$,所以 $a_n=\frac{2n-1}{n}$.

3. 2^{n-1} **解析** 因为$\frac{a_n}{a_n+a_{n+1}}=\frac{1}{3}$,所以$\frac{a_n+a_{n+1}}{a_n}=1+\frac{a_{n+1}}{a_n}=3$,得$\frac{a_{n+1}}{a_n}=2$,故$\{a_n\}$是首项为 $a_1=1$、公比为2的等比数列,$a_n=2^{n-1}$.

4. $4n-2$　**解析**　因为$\frac{a_n+2}{2}=\sqrt{2S_n}$，

所以$(a_n+2)^2=8S_n$，$(a_{n-1}+2)^2=8S_{n-1}(n\geqslant2)$，

两式相减得$(a_n+2)^2-(a_{n-1}+2)^2=8S_n-8S_{n-1}(n\geqslant2)$，

即$a_n^2-a_{n-1}^2+4a_n-4a_{n-1}=8a_n(n\geqslant2)$，

即$(a_n+a_{n-1})(a_n-a_{n-1}-4)=0(n\geqslant2)$.

因为$a_n+a_{n-1}>0$，所以$a_n-a_{n-1}=4(n\geqslant2)$.

因为$\frac{a_1+2}{2}=\sqrt{2S_1}=\sqrt{2a_1}$，所以$a_1=2$，故$\{a_n\}$是首项为$a_1=2$、公差为4的等差数列，$a_n=4n-2$.

5. $\begin{cases}\frac{1}{2},n\text{为奇数}\\1,n\text{为偶数}\end{cases}$　**解析**　由题意得$a_1=\frac{1}{2}$，$a_2=\frac{1}{2}+\sqrt{\frac{1}{2}-\left(\frac{1}{2}\right)^2}=1$，$a_3=\frac{1}{2}+\sqrt{1-1^2}=\frac{1}{2}$，…，所以$\{a_n\}$是周期为2的数列，$a_n=\begin{cases}\frac{1}{2},n\text{为奇数},\\1,n\text{为偶数}.\end{cases}$

6. $S_n=\sqrt{n}$　**解析**　因为$a_n(S_n+S_{n-1})=1$，

所以$(S_n-S_{n-1})(S_n+S_{n-1})=1(n\geqslant2)$，

即$S_n^2-S_{n-1}^2=1(n\geqslant2)$.

$\{S_n^2\}$是首项为$S_1^2=a_1^2=1$、公差为1的等差数列，$S_n^2=n$，

从而$S_n=\sqrt{n}$.

7. $(n+1)2^{n-2}$　**解析**　设$a_{n+1}-\lambda a_n=p(a_n-\lambda a_{n-1})(n\geqslant2)$，

则$a_{n+1}=(p+\lambda)a_n-p\lambda a_{n-1}(n\geqslant2)$，可得$\begin{cases}p+\lambda=4,\\p\lambda=4,\end{cases}$解得$p=\lambda=2$.

$a_{n+1}-2a_n=2(a_n-2a_{n-1})=2^{n-1}(a_2-2a_1)=2^{n-1}(n\geqslant2)$，

即$a_n=2a_{n-1}+2^{n-2}(n\geqslant2)$，可得$\frac{a_n}{2^n}=\frac{a_{n-1}}{2^{n-1}}+\frac{1}{4}(n\geqslant2)$，

所以$\left\{\frac{a_n}{2^n}\right\}$是首项为$\frac{a_1}{2}=\frac{1}{2}$、公差为$\frac{1}{4}$的等差数列，

$\frac{a_n}{2^n}=\frac{a_1}{2}+\frac{1}{4}(n-1)=\frac{n+1}{4}(n\geqslant2)$，

$a_n=\frac{n+1}{4}\cdot2^n=(n+1)2^{n-2}(n\geqslant2)$.

因为$a_1=1$也满足上式，所以$a_n=(n+1)2^{n-2}$.

8. $\begin{cases}\frac{1}{2},n=1\\8,n=2\\\left(\frac{n}{n-1}\right)^2,n\geqslant3\end{cases}$　**解析**　因为$a_1a_2a_3\cdots a_n=n^2(n\geqslant2)$，

所以$a_1a_2a_3\cdots a_{n-1}=(n-1)^2(n\geqslant3)$，

两式相除可得$a_n=\left(\frac{n}{n-1}\right)^2(n\geqslant3)$.

因为$a_1a_2=4$，所以$a_2=8$，

所以$a_n=\begin{cases}\frac{1}{2},n=1,\\8,n=2,\\\left(\frac{n}{n-1}\right)^2,n\geqslant3.\end{cases}$

9. $\frac{1}{2n-1}$　**解析**　因为$a_{n-1}-a_n=2a_{n-1}a_n(n\geqslant2)$，所以$a_n=\frac{a_{n-1}}{2a_{n-1}+1}(n\geqslant2)$，可得$\frac{1}{a_n}=\frac{2a_{n-1}+1}{a_{n-1}}=\frac{1}{a_{n-1}}+2(n\geqslant2)$，从而$\frac{1}{a_n}-\frac{1}{a_{n-1}}=2(n\geqslant2)$，所以$\left\{\frac{1}{a_n}\right\}$是首项为$\frac{1}{a_1}=1$、公差为2的等差数列，$\frac{1}{a_n}=\frac{1}{a_1}+2(n-1)=2n-1$，$a_n=\frac{1}{2n-1}$.

10. $\frac{n^2}{n+1}$　**解析**　因为$a_n=\frac{n^2}{n^2-1}a_{n-1}+\frac{n}{n+1}=\frac{n}{n+1}\cdot\left(\frac{n}{n-1}a_{n-1}+1\right)(n\geqslant2)$，所以$\frac{n+1}{n}a_n=\frac{n}{n-1}a_{n-1}+1(n\geqslant2)$，所以$\left\{\frac{n+1}{n}a_n\right\}$是首项为$2a_1=1$、公差为1的等差数列，$\frac{n+1}{n}a_n=n$，$a_n=\frac{n^2}{n+1}$.

11. 2^{n+1}　**解析**　因为$b_n=\left|\frac{a_n+2}{a_n-1}\right|$，所以$b_{n+1}=\left|\frac{a_{n+1}+2}{a_{n+1}-1}\right|=\left|\frac{\frac{2}{a_n+1}+2}{\frac{2}{a_n+1}-1}\right|=2\left|\frac{a_n+2}{a_n-1}\right|=2b_n$，所以$\{b_n\}$是首项为$b_1=\left|\frac{a_1+2}{a_1-1}\right|=4$、公比为2的等比数列，$b_n=2^{n+1}$.

12. **解析**　因为$a_{n+1}a_n=2^{n+1}$，所以$a_{n+2}a_{n+1}=2^{n+2}$，两式相除可得$\frac{a_{n+2}}{a_n}=2$.

当n为奇数时，$a_n=a_1\cdot2^{\frac{n-1}{2}}=2^{\frac{n+1}{2}}$；

当n为偶数时，$a_n=a_2\cdot2^{\frac{n}{2}-1}=\frac{2^2}{a_1}\cdot2^{\frac{n}{2}-1}=2\cdot2^{\frac{n}{2}-1}=2^{\frac{n}{2}}$.

所以$a_n=\begin{cases}2^{\frac{n+1}{2}},n\text{为奇数},\\2^{\frac{n}{2}},n\text{为偶数}.\end{cases}$

13. **解析**　(1)因为$a_n+2S_nS_{n-1}=0(n\geqslant2)$，

所以$S_n-S_{n-1}+2S_nS_{n-1}=0(n\geqslant2)$，

可得$S_n=\frac{S_{n-1}}{2S_{n-1}+1}(n\geqslant2)$，

$\frac{1}{S_n}=\frac{2S_{n-1}+1}{S_{n-1}}=\frac{1}{S_{n-1}}+2(n\geqslant2)$，

从而$\frac{1}{S_n}-\frac{1}{S_{n-1}}=2(n\geqslant2)$，所以$\left\{\frac{1}{S_n}\right\}$是等差数列.

(2)因为$\frac{1}{S_1}=\frac{1}{a_1}=2$，所以$\frac{1}{S_n}=2n$，即$S_n=\frac{1}{2n}$.

当$n\geqslant2$时，$a_n=S_n-S_{n-1}=\frac{1}{2n}-\frac{1}{2n-2}$，

所以$a_n=\begin{cases}\frac{1}{2n}-\frac{1}{2n-2},n\geqslant2,\\\frac{1}{2},n=1.\end{cases}$

14. **解析**　(1)因为$a_n=\frac{3-a_{n-1}}{2}=-\frac{1}{2}a_{n-1}+\frac{3}{2}(n\geqslant2)$，

所以$a_n-1=-\frac{1}{2}(a_{n-1}-1)=(a_1-1)\left(-\frac{1}{2}\right)^{n-1}$，

所以$a_n=1+(a_1-1)\left(-\frac{1}{2}\right)^{n-1}$.

(2)因为$a_1\in(0,1)$，所以$a_1-1\in(-1,0)$，

从而$-1<(a_1-1)\left(-\frac{1}{2}\right)^{n-1}<\frac{1}{2}$，

得 $1-(-2)^{n-1}<a_1<1-(-2)^{n-2}$，故 $a_n\in\left(0,\frac{3}{2}\right)$.

$b_{n+1}^2-b_n^2=a_{n+1}^2(3-2a_{n+1})-a_n^2(3-2a_n)$

$=\left(\frac{3-a_n}{2}\right)^2\left(3-\frac{3-a_n}{2}\cdot 2\right)-a_n^2(3-2a_n)$

$=\frac{9}{4}a_n(a_n-1)^2>0$，

因为 $b_n=a_n\sqrt{3-2a_n}>0$，所以 $b_n<b_{n+1}$.

15. 解析 (1)假设存在 λ，使 $\{\log_3 a_n+\lambda\}$ 是公比为 q 的等比数列，则 $\log_3 a_{n+1}+\lambda=q(\log_3 a_n+\lambda)$，

即 $\log_3 3\sqrt{a_n}+\lambda=q(\log_3 a_n+\lambda)$，

整理得 $\frac{1}{2}\log_3 a_n+(\lambda+1)=q\log_3 a_n+q\lambda$，

可得 $\begin{cases}q=\frac{1}{2},\\ \lambda+1=q\lambda,\end{cases}$ 解得 $\begin{cases}q=\frac{1}{2},\\ \lambda=-2.\end{cases}$

所以 $\log_3 a_{n+1}-2=\frac{1}{2}(\log_3 a_n-2)$，$\{\log_3 a_n-2\}$ 是首项为 $\log_3 a_1-2=\log_3 10-2=\log_3\frac{10}{9}\neq 0$、公比为 $\frac{1}{2}$ 的等比数列，所以 $\lambda=-2$.

(2)由(1)知，$\log_3 a_n-2=\left(\frac{1}{2}\right)^{n-1}\log_3\frac{10}{9}$，所以 $a_n=3^{\left(\frac{1}{2}\right)^{n-1}\cdot\log_3\frac{10}{9}+2}=3^2\cdot\left(3^{\log_3\frac{10}{9}}\right)^{\left(\frac{1}{2}\right)^{n-1}}=9\left(\frac{10}{9}\right)^{\left(\frac{1}{2}\right)^{n-1}}$.

【拓展探究】

16. 解析 (1)因为 $a_{n+1}=\frac{3a_n}{2a_n+1}$，

所以 $\frac{1}{a_{n+1}}=\frac{2a_n+1}{3a_n}=\frac{1}{3a_n}+\frac{2}{3}$，

进而得 $\frac{1}{a_{n+1}}-1=\frac{1}{3}(a_n-1)$，

所以 $\left\{\frac{1}{a_n}-1\right\}$ 是首项为 $\frac{1}{a_1}-1=\frac{1}{t}-1=\frac{2}{3}$、公比为 $\frac{1}{3}$ 的等比数列，

$\frac{1}{a_n}-1=\frac{2}{3}\left(\frac{1}{3}\right)^{n-1}=2\left(\frac{1}{3}\right)^n$，

$a_n=\frac{1}{1+2\left(\frac{1}{3}\right)^n}=\frac{3^n}{3^n+2}$.

(2)$\frac{1}{a_{n+1}}-1=\frac{1}{3}(a_n-1)=\left(\frac{1}{t}-1\right)\left(\frac{1}{3}\right)^{n-1}$.

因为 $a_1>0$ 且 $a_{n+1}=\frac{3a_n}{2a_n+1}$，所以 $a_n>0$.

因为 $a_{n+1}>a_n$，所以 $\frac{1}{a_{n+1}}<\frac{1}{a_n}$，即 $\frac{1}{a_{n+1}}-1<\frac{1}{a_n}-1$，

所以 $\left(\frac{1}{t}-1\right)\left(\frac{1}{3}\right)^n<\left(\frac{1}{t}-1\right)\left(\frac{1}{3}\right)^{n-1}$，

所以 $\frac{1}{t}-1>0$，解得 $0<t<1$.

第5讲　数列要求和　通法很重要

【典例分析】

【例1】解析 (1)由题意可知，

$S_n=1\frac{1}{2}+3\frac{1}{4}+5\frac{1}{8}+\cdots+\left(2n-1+\frac{1}{2^n}\right)$

$=[1+3+5+\cdots+(2n-1)]+\left(\frac{1}{2}+\frac{1}{4}+\frac{1}{8}+\cdots+\frac{1}{2^n}\right)$

$=\frac{[1+(2n-1)]n}{2}+\frac{\frac{1}{2}\left(1-\frac{1}{2^n}\right)}{1-\frac{1}{2}}$

$=n^2+1-\frac{1}{2^n}$.

(2)令 $a_n=\frac{3^n+4^n}{5^n}=\left(\frac{3}{5}\right)^n+\left(\frac{4}{5}\right)^n$，

则 $T_n=a_1+a_2+a_3+\cdots+a_n$

$=\left[\left(\frac{3}{5}\right)^1+\left(\frac{3}{5}\right)^2+\left(\frac{3}{5}\right)^3+\cdots+\left(\frac{3}{5}\right)^n\right]+\left[\left(\frac{4}{5}\right)^1+\left(\frac{4}{5}\right)^2+\left(\frac{4}{5}\right)^3+\cdots+\left(\frac{4}{5}\right)^n\right]$

$=\frac{\frac{3}{5}\left[1-\left(\frac{3}{5}\right)^n\right]}{1-\frac{3}{5}}+\frac{\frac{4}{5}\left[1-\left(\frac{4}{5}\right)^n\right]}{1-\frac{4}{5}}$

$=\frac{3}{2}\left[1-\left(\frac{3}{5}\right)^n\right]+4\left[1-\left(\frac{4}{5}\right)^n\right]$

$=\frac{11}{2}-\frac{3}{2}\times\left(\frac{3}{5}\right)^n-4\times\left(\frac{4}{5}\right)^n$.

【例2】解析 (1)令 $a_n=\frac{1}{1+2+3+\cdots+n}=\frac{1}{\frac{(1+n)n}{2}}=\frac{2}{n(n+1)}=2\left(\frac{1}{n}-\frac{1}{n+1}\right)$，

则 $S_n=a_1+a_2+a_3+\cdots+a_n$

$=2\left(1-\frac{1}{2}+\frac{1}{2}-\frac{1}{3}+\frac{1}{3}-\frac{1}{4}+\cdots+\frac{1}{n}-\frac{1}{n+1}\right)$

$=2\left(1-\frac{1}{n+1}\right)=\frac{2n}{n+1}$.

(2)令 $b_n=\frac{1}{4n^2+4n-3}=\frac{1}{(2n-1)(2n+3)}$

$=\frac{1}{4}\left(\frac{1}{2n-1}-\frac{1}{2n+3}\right)$，

则 $T_n=b_1+b_2+b_3+\cdots+b_n$

$=\frac{1}{4}\left[\left(1-\frac{1}{5}\right)+\left(\frac{1}{3}-\frac{1}{7}\right)+\left(\frac{1}{5}-\frac{1}{9}\right)+\cdots+\left(\frac{1}{2n-1}-\frac{1}{2n+3}\right)\right]$

$=\frac{1}{4}\left(1+\frac{1}{3}-\frac{1}{2n+1}-\frac{1}{2n+3}\right)$

$=\frac{1}{3}-\frac{n+1}{(2n+1)(2n+3)}$.

【例3】解析 $S_n=1\times(-3)^1+3\times(-3)^2+5\times(-3)^3+\cdots+(2n-1)(-3)^n$，

$-3S_n=1\times(-3)^2+3\times(-3)^3+5\times(-3)^4+\cdots+(2n-1)(-3)^{n+1}$.

两式相减可得 $4S_n=1\times(-3)^1+2\times[(-3)^2+(-3)^3+\cdots+(-3)^n]-(2n-1)(-3)^{n+1}$

$=-3+2\times\frac{9[1-(-3)^{n-1}]}{1-(-3)}-(2n-1)(-3)^{n+1}$

$=\frac{3}{2}-\left(2n-\frac{1}{2}\right)(-3)^{n+1}$，

所以 $S_n=\frac{3}{8}-\left(\frac{n}{2}-\frac{1}{8}\right)(-3)^{n+1}$.

【例 4】 (1)$(-1)^{n+1}\frac{n(n+1)}{2}$ (2)$-\frac{8n^2+12n}{9}$

解析 (1)若 n 为偶数,

则 $1^2-2^2+3^2-4^2+\cdots+(-1)^{n+1}n^2$

$=(1^2-2^2)+(3^2-4^2)+\cdots+[(n-1)^2-n^2]$

$=[(1+2)\times(1-2)]+[(3+4)\times(3-4)]+\cdots+[(n-1+n)(n-1-n)]$

$=-[1+2+3+4+\cdots+(n-1)+n]$

$=-\frac{(1+n)n}{2}$;

若 n 为奇数,

则 $1^2-2^2+3^2-4^2+\cdots+(-1)^{n+1}n^2$

$=(1^2-2^2)+(3^2-4^2)+\cdots+[n^2-(n+1)^2]+(n+1)^2$

$=-\frac{(n+2)(n+1)}{2}+(n+1)^2$

$=\frac{(n+1)n}{2}$.

所以 $1^2-2^2+3^2-4^2+\cdots+(-1)^{n+1}n^2=(-1)^{n+1}\frac{n(n+1)}{2}$.

(2)因为 $a_{2n-1}a_{2n}-a_{2n}a_{2n+1}$

$=a_{2n}(a_{2n-1}-a_{2n+1})$

$=\left(\frac{4}{3}n+\frac{1}{3}\right)\left(-\frac{4}{3}\right)$

$=-\frac{4}{9}(4n+1)$,

所以 $a_1a_2-a_2a_3+a_3a_4-a_4a_5+\cdots+a_{2n-1}a_{2n}-a_{2n}a_{2n+1}$

$=(a_1a_2-a_2a_3)+(a_3a_4-a_4a_5)+\cdots+(a_{2n-1}a_{2n}-a_{2n}a_{2n+1})$

$=-\frac{4}{9}[5+9+\cdots+(4n+1)]$

$=-\frac{4}{9}\cdot\frac{[5+(4n+1)]n}{2}$

$=-\frac{8n^2+12n}{9}$.

【例 5】解析 若 n 为奇数,

则 $S_n=a_1+a_2+a_3+\cdots+a_n$

$=(a_1+a_3+\cdots+a_n)+(a_2+a_4+\cdots+a_{n-1})$

$=\frac{[5+(6n-1)]\frac{n+1}{2}}{2}+\frac{4(1-4^{\frac{n-1}{2}})}{1-4}$

$=\frac{(3n+2)(n+1)}{2}+\frac{4^{\frac{n+1}{2}}-4}{3}$

$=\frac{3n^2+5n}{2}+\frac{2^{n+1}-1}{3}$;

若 n 为偶数,

则 $S_n=S_{n-1}+a_n$

$=\frac{(3n-1)n}{2}+\frac{4^{\frac{n}{2}}-4}{3}+2^n$

$=\frac{3n^2-n}{2}+\frac{4\times2^n}{3}-\frac{4}{3}$.

所以 $S_n=\begin{cases}\frac{3n^2+5n}{2}+\frac{2^{n+1}-1}{3}, n \text{ 为奇数},\\ \frac{3n^2-n}{2}+\frac{4\times2^n}{3}-\frac{4}{3}, n \text{ 为偶数}.\end{cases}$

【例 6】解析 因为 $f(x)=\frac{4^x}{4^x+2}$,所以 $f(x)+f(1-x)=\frac{4^x}{4^x+2}+\frac{4^{1-x}}{4^{1-x}+2}=\frac{4^x}{4^x+2}+\frac{4}{4+2\times4^x}=\frac{4^x+2}{4^x+2}=1$.

故 $2S=2\left[f\left(\frac{1}{2021}\right)+f\left(\frac{2}{2021}\right)+\cdots+f\left(\frac{2020}{2021}\right)\right]$

$=\left[f\left(\frac{1}{2021}\right)+f\left(\frac{2020}{2021}\right)\right]+\left[f\left(\frac{2}{2021}\right)+f\left(\frac{2019}{2021}\right)\right]+\cdots+\left[f\left(\frac{2020}{2021}\right)+f\left(\frac{1}{2021}\right)\right]=2020$,

所以 $S=1010$.

【巩固练习】

1. $-1+\sqrt{n+1}$ **解析** 因为$\frac{1}{\sqrt{n}+\sqrt{n+1}}=-\sqrt{n}+\sqrt{n+1}$,

所以$\frac{1}{1+\sqrt{2}}+\frac{1}{\sqrt{2}+\sqrt{3}}+\frac{1}{\sqrt{3}+\sqrt{4}}+\cdots+\frac{1}{\sqrt{n}+\sqrt{n+1}}$

$=(-1+\sqrt{2})+(-\sqrt{2}+\sqrt{3})+(-\sqrt{3}+\sqrt{4})+\cdots+(-\sqrt{n}+\sqrt{n+1})$

$=-1+\sqrt{n+1}$.

2. $2^{n+1}-2+\frac{n^2-n}{2}$ **解析** $S_n=(2^1+2^2+2^3+\cdots+2^n)+[0+1+2+\cdots+(n-1)]=\frac{2(1-2^n)}{1-2}+\frac{(n-1)n}{2}=2^{n+1}-2+\frac{n^2-n}{2}$.

3. $\frac{4n}{n+1}$ **解析** 因为 $a_n=\frac{1}{n+1}+\frac{2}{n+1}+\frac{3}{n+1}+\cdots+\frac{n}{n+1}=\frac{\frac{(n+1)n}{2}}{n+1}=\frac{n}{2}$,所以 $b_n=\frac{1}{a_na_{n+1}}=\frac{4}{n(n+1)}=4\left(\frac{1}{n}-\frac{1}{n+1}\right)$,故 $S_n=4\left[\left(1-\frac{1}{2}\right)+\left(\frac{1}{2}-\frac{1}{3}\right)+\cdots+\left(\frac{1}{n}-\frac{1}{n+1}\right)\right]=4\left(1-\frac{1}{n+1}\right)=\frac{4n}{n+1}$.

4. $\frac{3}{4}-\frac{2n+3}{2(n+1)(n+2)}$ **解析** 数列通项为 $a_n=\frac{1}{n^2+2n}=\frac{1}{n(n+2)}=\frac{1}{2}\left(\frac{1}{n}-\frac{1}{n+2}\right)$,

故 $S_n=\frac{1}{1^2+2}+\frac{1}{2^2+4}+\frac{1}{3^2+6}+\frac{1}{4^2+8}+\cdots+\frac{1}{n^2+2n}$

$=\frac{1}{2}\left[\left(1-\frac{1}{3}\right)+\left(\frac{1}{2}-\frac{1}{4}\right)+\left(\frac{1}{3}-\frac{1}{5}\right)+\left(\frac{1}{4}-\frac{1}{6}\right)+\cdots+\left(\frac{1}{n-2}-\frac{1}{n}\right)+\left(\frac{1}{n-1}-\frac{1}{n+1}\right)+\left(\frac{1}{n}-\frac{1}{n+2}\right)\right]$

$=\frac{1}{2}\left(1+\frac{1}{2}-\frac{1}{n+1}-\frac{1}{n+2}\right)$

$=\frac{3}{4}-\frac{2n+3}{2(n+1)(n+2)}$.

5. $\frac{5^{n+1}-5}{16}-\frac{n}{4}$ **解析** 令 $a_n=1+5+5^2+\cdots+5^{n-1}=\frac{1-5^n}{1-5}=\frac{5^n-1}{4}=\frac{5^n}{4}-\frac{1}{4}$,

则 $1+(1+5)+(1+5+5^2)+\cdots+(1+5+5^2+\cdots+5^{n-1})$

$=a_1+a_2+a_3+\cdots+a_n$

$=\frac{1}{4}(5+5^2+5^3+\cdots+5^n)-\frac{n}{4}$

$=\frac{1}{4}\times\frac{5(1-5^n)}{1-5}-\frac{n}{4}=\frac{5^{n+1}-5}{16}-\frac{n}{4}$.

6. $\frac{89}{2}$　**解析**　因为 $\sin^2x+\sin^2\left(\frac{\pi}{2}-x\right)=\sin^2x+\cos^2x=1$，所以原式 $=[(\sin^21^\circ+\sin^289^\circ)+(\sin^22^\circ+\sin^288^\circ)+\cdots+(\sin^244^\circ+\sin^246^\circ)]+\sin^245^\circ=44+\frac{1}{2}=\frac{89}{2}$.

7. $(-1)^nn$　**解析**　解法 1：令 $S_n=-1+3-5+7-\cdots+(-1)^n(2n-1)$.

当 n 为偶数时，$S_n=(-1+3)+(-5+7)+\cdots+[-(2n-3)+(2n-1)]=2\cdot\frac{n}{2}=n$；

当 n 为奇数时，$S_n=S_{n+1}-(-1)^{n+1}(2n+1)=(n+1)-(2n+1)=-n$.

所以 $S_n=\begin{cases}n,n\text{为偶数},\\-n,n\text{为奇数},\end{cases}$ 即 $S_n=(-1)^nn$.

解法 2：令 $S_n=-1+3-5+7-\cdots+(-1)^n(2n-1)$，

则 $-S_n=1-3+5-7+\cdots+(-1)^{n+1}(2n-1)$，

两式相减可得 $2S_n=-1+2[(-1)^2+(-1)^3+\cdots+(-1)^n]-(-1)^{n+1}(2n-1)$

$=-1+2\cdot\frac{1-(-1)^{n-1}}{1-(-1)}-(-1)^{n+1}(2n-1)$

$=(-1)^n+(-1)^n(2n-1)=(-1)^n2n$，

所以 $S_n=(-1)^nn$.

8. 2018　**解析**　令 $S_n=a_1+a_2+a_3+\cdots+a_n$，

则 $\frac{S_1+S_2+S_3+\cdots+S_{336}}{336}=2022$.

所以 $\frac{2+(2+S_1)+(2+S_2)+\cdots+(2+S_{336})}{337}$

$=\frac{2\times337+(S_1+S_2+\cdots+S_{336})}{337}=2018$.

9. $\frac{20(10^n-1)}{81}-\frac{2}{9}n$　**解析**　令 $a_n=\frac{2}{9}(10^n-1)$，

则 $S_n=2+22+222+\cdots$

$=a_1+a_2+a_3+\cdots+a_n$

$=\frac{2}{9}[(10+10^2+10^3+\cdots+10^n)-n]$

$=\frac{2}{9}\left[\frac{10(1-10^n)}{1-10}-n\right]$

$=\frac{20(10^n-1)}{81}-\frac{2}{9}n$.

10. $\begin{cases}-n^2+6n,1\leqslant n\leqslant3\\n^2-6n+18,n\geqslant4\end{cases}$　**解析**　因为 $S_n=n^2-6n$，所以 $a_n=S_n-S_{n-1}=2n-7(n\geqslant2)$.

又因为 $a_1=S_1=-5$ 也满足上式，所以 $a_n=2n-7$.

当 $1\leqslant n\leqslant3$ 时，$T_n=-S_n=-n^2+6n$；

当 $n\geqslant4$ 时，$T_n=-a_1-a_2-a_3+(a_4+a_5+\cdots+a_n)$

$=S_n-2(a_1+a_2+a_3)$

$=n^2-6n+18$.

所以 $T_n=\begin{cases}-n^2+6n,1\leqslant n\leqslant3,\\n^2-6n+18,n\geqslant4.\end{cases}$

11. 100　**解析**　由题意得，$a_n=\begin{cases}n^2-(n+1)^2,n\text{为奇数},\\-n^2+(n+1)^2,n\text{为偶数}\end{cases}=\begin{cases}-2n-1,n\text{为奇数},\\2n+1,n\text{为偶数},\end{cases}$ 所以当 n 为奇数时，$a_n+a_{n+1}=(-2n-1)+[2(n+1)+1]=2$.

故 $a_1+a_2+a_3+\cdots+a_{100}=(a_1+a_2)+(a_3+a_4)+\cdots+(a_{99}+a_{100})=2\times50=100$.

12. $n+\frac{n}{2n+2}$　**解析**　令 $a_n=\frac{(2n+1)^2+1}{(2n+1)^2-1}=1+\frac{2}{(2n+1)^2-1}$

$=1+\frac{2}{2n(2n+2)}=1+\frac{1}{2n(n+1)}=1+\frac{1}{2}\left(\frac{1}{n}-\frac{1}{n+1}\right)$，

则 $\frac{3^2+1}{3^2-1}+\frac{5^2+1}{5^2-1}+\cdots+\frac{(2n+1)^2+1}{(2n+1)^2-1}$

$=a_1+a_2+\cdots+a_n$

$=n+\frac{1}{2}\left[\left(1-\frac{1}{2}\right)+\left(\frac{1}{2}-\frac{1}{3}\right)+\cdots+\left(\frac{1}{n}-\frac{1}{n+1}\right)\right]$

$=n+\frac{1}{2}\left(1-\frac{1}{n+1}\right)$

$=n+\frac{n}{2n+2}$.

13. $\frac{1}{4}-\frac{1}{2(n+1)(n+2)}$　**解析**　令 $a_n=\frac{1}{n(n+1)(n+2)}=\frac{1}{n+1}\left[\frac{1}{2}\left(\frac{1}{n}-\frac{1}{n+2}\right)\right]=\frac{1}{2}\left[\frac{1}{n(n+1)}-\frac{1}{(n+1)(n+2)}\right]$，

则 $S_n=a_1+a_2+\cdots+a_n$

$=\frac{1}{2}\left[\frac{1}{1\times2}-\frac{1}{2\times3}+\frac{1}{2\times3}-\frac{1}{3\times4}+\cdots+\frac{1}{n(n+1)}-\frac{1}{(n+1)(n+2)}\right]$

$=\frac{1}{2}\left[\frac{1}{2}-\frac{1}{(n+1)(n+2)}\right]$

$=\frac{1}{4}-\frac{1}{2(n+1)(n+2)}$.

14. 解析　(1)设等比数列 $\{a_n\}$ 的公比为 q. 因为 $2(a_3+2)=a_2+a_4$，所以 $2(2q^2+2)=2q+2q^3$，整理得 $q^3-2q^2+q-2=0$，即 $q^2(q-2)+(q-2)=0$，也即 $(q-2)(q^2+1)=0$，所以 $q=2$，从而 $a_n=2^n$.

(2)由 $b_n=a_n\log_2a_n=n\cdot2^n$，

得 $S_n=2^1+2\times2^2+3\times2^3+\cdots+n\cdot2^n$　①，

$2S_n=2^2+2\times2^3+3\times2^4+\cdots+(n-1)2^n+n\cdot2^{n+1}$　②，

①−②可得，$-S_n=2^1+2^2+2^3+\cdots+2^n-n\cdot2^{n+1}$

$=\frac{2(1-2^n)}{1-2}-n\cdot2^{n+1}=(1-n)2^{n+1}-2$，

所以 $S_n=(n-1)2^{n+1}+2$.

(3)因为 $c_n=\frac{a_n}{(a_n+1)(a_{n+1}+1)}=\frac{2^n}{(2^n+1)(2^{n+1}+1)}=\frac{1}{2^n+1}-\frac{1}{2^{n+1}+1}$，所以 $T_n=\left(\frac{1}{2^1+1}-\frac{1}{2^2+1}\right)+\left(\frac{1}{2^2+1}-\frac{1}{2^3+1}\right)+\cdots+\left(\frac{1}{2^n+1}-\frac{1}{2^{n+1}+1}\right)=\frac{1}{3}-\frac{1}{2^{n+1}+1}$.

15. 解析　(1)设等差数列 $\{a_n\}$ 的公差为 $d(d>0)$.

因为 $\begin{cases}a_3+a_6=a_2+a_7=16,\\a_3a_6=55,\\a_3<a_6,\end{cases}$ 解得 $\begin{cases}a_3=5,\\a_6=11,\end{cases}$

所以 $d=\frac{a_6-a_3}{3}=2$，所以 $a_n=a_3+2(n-3)=2n-1$.

(2)$b_n=(a_n+1)2^{n-2}=2n\cdot 2^{n-2}=n\cdot 2^{n-1}$,

则$\frac{b_{n+2}}{b_nb_{n+1}}=\frac{(n+2)2^{n+1}}{n\cdot 2^{n-1}(n+1)2^n}$

$=\frac{4[(n+1)2^n-n\cdot 2^{n-1}]}{n\cdot 2^{n-1}(n+1)2^n}$

$=4\left[\frac{1}{n\cdot 2^{n-1}}-\frac{1}{(n+1)2^n}\right]$,

所以$\frac{b_3}{b_1b_2}+\frac{b_4}{b_2b_3}+\cdots+\frac{b_{n+2}}{b_nb_{n+1}}$

$=4\left[\frac{1}{2^0}-\frac{1}{(n+1)2^n}\right]$

$=4-\frac{1}{(n+1)2^{n-2}}$.

【拓展探究】

16. 解析 令 $S_n=1-2a+3a^2+\cdots+(-1)^{n-1}na^{n-1}$,

则 $S_n=1+2(-a)^1+3(-a)^2+\cdots+n(-a)^{n-1}$ ①,

$-aS_n=(-a)^1+2(-a)^2+3(-a)^3+\cdots+(n-1)(-a)^{n-1}+n(-a)^n$ ②,

①-②可得,$(1+a)S_n=1+[(-a)^1+(-a)^2+(-a)^3+\cdots+(-a)^{n-1}]-n(-a)^n$.

当$a=0$时,$S_n=1$;

当$a=-1$时,$S_n=1+2+3+\cdots+n=\frac{n(n+1)}{2}$;

当$a\neq0$且$a\neq-1$时,

$(1+a)S_n=1+\frac{-a[1-(-a)^{n-1}]}{1+a}-n(-a)^n$

$=\frac{1-(-a)^n}{1+a}-n(-a)^n$,

所以 $S_n=\frac{1-(-a)^n}{(1+a)^2}-\frac{n(-a)^n}{1+a}$.

综上,当$a=0$时,$S_n=1$;

当$a=-1$时,$S_n=\frac{n(n+1)}{2}$;

当$a\neq0$且$a\neq-1$时,$S_n=\frac{1-(-a)^n}{(1+a)^2}-\frac{n(-a)^n}{1+a}$.

第6讲 平均变化率 极限即导数

【典例分析】

【例1】C **解析** 由题意可得 $f'(x_0)=2$.

而 $\lim\limits_{\Delta x\to0}\frac{f(x_0)-f(x_0-2\Delta x)}{\Delta x}=2\lim\limits_{\Delta x\to0}\frac{f(x_0)-f(x_0-2\Delta x)}{2\Delta x}$

$=2f'(x_0)=4$,故选C.

【例2】D **解析** 因为探测器与月球表面的距离逐渐减小,所以 $v=\frac{0-15000}{14\times60}=-\frac{125}{7}$m/s.

因为探测器的速度逐渐减小,所以 $a=\frac{0-1700}{14\times60}=-\frac{85}{42}$m/s^2.

故选D.

【例3】B **解析** 从函数的图象可知,当$x\in[2,4]$时,函数值的增长越来越快,故函数图象的切线的斜率也越来越大.因为$\frac{f(4)-f(2)}{4-2}=a$,所以$f'(2)<a<f'(4)$.故选B.

【例4】D **解析** 由 $f(x)=2f(4-x)-x^2+2x-1$ 可得,$f(4-x)=2f(x)-(4-x)^2+2(4-x)-1$,即 $f(4-x)=2f(x)-x^2+6x-9$,联立方程,可得 $f(x)=x^2-\frac{14}{3}x+\frac{19}{3}$.又因为 $f(2)=1$,$f'(2)=\lim\limits_{\Delta x\to0}\frac{f(2+\Delta x)-f(2)}{\Delta x}=-\frac{2}{3}$,所以曲线 $y=f(x)$在点$(2,f(2))$处的切线方程为

$y-1=-\frac{2}{3}(x-2)$,即$2x+3y-7=0$.故选D.

【例5】BD **解析** 若$f'(x_0)=0$,则函数$f(x)$在x_0处的切线斜率为0,故A错误.

函数$y=f(x)$的切线与它的图象可以有两个公共点,例如函数$f(x)=x^3$,在$x=1$处的切线为$y-1=3(x-1)$,与函数的图象还有一个公共点$(-2,-8)$,故B正确.

因为曲线$y=f(x)$在$x=1$处的切线方程为$2x-y=0$,所以$f'(1)=2$,又因为$\lim\limits_{\Delta x\to0}\frac{f(1)-f(1+\Delta x)}{2\Delta x}=-\frac{1}{2}\cdot\lim\limits_{\Delta x\to0}\frac{f(1+\Delta x)-f(1)}{\Delta x}=-\frac{1}{2}f'(1)=-1\neq1$,故C错误.

因为函数$f(x)$的导数$f'(x)=x^2-2$,所以$f'(1)=1^2-2=-1$,又$f(1)=2$,所以切点坐标为$(1,2)$,斜率为-1,所以切线方程为$y-2=-(x-1)$,化简得$x+y-3=0$,故D正确.

故选BD.

【例6】解析 设切点坐标为(x_0,y_0),则$\frac{\Delta y}{\Delta x}=4x_0+2\Delta x$,所以$f'(x_0)=\lim\limits_{\Delta x\to0}(4x_0+2\Delta x)=4x_0$.

(1)因为抛物线的切线的倾斜角为$\frac{\pi}{4}$,所以$k=f'(x_0)=4x_0=\tan\frac{\pi}{4}=1$,解得$x_0=\frac{1}{4}$,所以切点坐标为$\left(\frac{1}{4},\frac{9}{8}\right)$.

(2)因为抛物线的切线平行于直线$4x-y-2=0$,所以$k=f'(x_0)=4x_0=4$,解得$x_0=1$,所以切点坐标为$(1,3)$.

(3)因为抛物线的切线垂直于直线$x+8y-3=0$,所以$k=f'(x_0)=4x_0=8$,解得$x_0=2$,所以切点坐标为$(2,9)$.

【巩固练习】

1. C **解析** Δx可为正、可为负、不可为0;Δy可为正、可为负、可为0.故选C.

2. B **解析** 依题意有$\frac{f(b)-f(1)}{b-1}=\frac{(b^2-3)-(1^2-3)}{b-1}=3$,解得$b=2$.故选B.

3. B **解析** $\Delta V=\frac{4\pi}{3}(R+\Delta R)^3-\frac{4\pi}{3}R^3=\frac{4\pi}{3}[3R^2\Delta R+3R(\Delta R)^2+(\Delta R)^3]\approx\frac{4\pi}{3}\times3R^2\Delta R=4\pi R^2\Delta R$.故选B.

4. B **解析** 如图,$f'(2)$是函数$f(x)$的图象在$x=2$(即点A)处切线的斜率k_1,$f'(3)$是函数$f(x)$的图象在$x=3$(即点B)处切线的斜率k_2,$\frac{f(3)-f(2)}{3-2}=f(3)-f(2)=k_{AB}$,是割线$AB$的斜率.

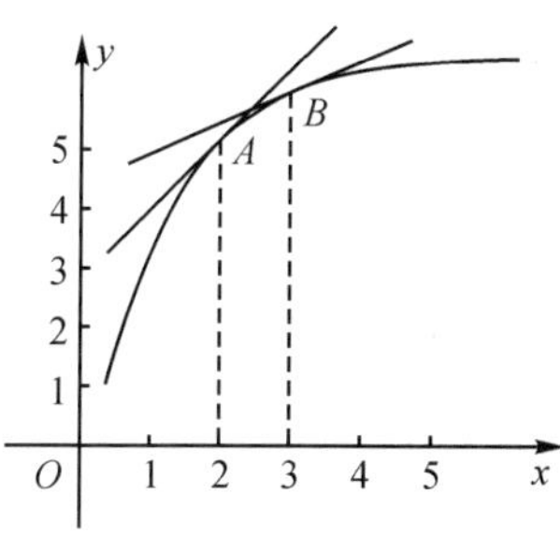

结合图象可知，$0<k_2<k_{AB}<k_1$，即 $0<f'(3)<f(3)-f(2)<f'(2)$. 故选 B.

5. A　解析　因为 $y'=\lim\limits_{\Delta x\to 0}\dfrac{(2+\Delta x)^3-2^3}{\Delta x}=12$，所以切线的斜率为 12，所以曲线在点 $(2,8)$ 处的切线方程为 $y-8=12(x-2)$，即 $y=12x-16$. 故选 A.

6. A　解析　由题意，结合函数的解析式有：

$k_1=\dfrac{f(x_0+\Delta x)-f(x_0)}{\Delta x}=\dfrac{(x_0+\Delta x)^2-(x_0)^2}{\Delta x}=2x_0+\Delta x$，

$k_2=\dfrac{f(x_0)-f(x_0-\Delta x)}{\Delta x}=\dfrac{(x_0)^2-(x_0-\Delta x)^2}{\Delta x}=2x_0-\Delta x$，

则 $k_1-k_2=2\Delta x$，因为 $\Delta x>0$，所以 $k_1>k_2$. 故选 A.

7. ACD　解析　对于 A，在 t_1 时刻，两图象相交，即此时甲、乙两人血液中的药物浓度相同，故 A 正确.

对于 B，两图象在 t_2 时刻的切线的斜率不相等，即两人的 $f'(t_2)$ 不相同，所以甲、乙两人血液中药物浓度的瞬时变化率不相同，故 B 错误.

对于 C，根据平均变化率公式可知，甲、乙两人血液中药物浓度的平均变化率都是 $\dfrac{f(t_3)-f(t_2)}{t_3-t_2}$，故 C 正确.

对于 D，在 $[t_1,t_2]$ 时间段，甲血液中药物浓度的平均变化率是 $\dfrac{f(t_2)-f(t_1)}{t_2-t_1}$，在 $[t_2,t_3]$ 时间段，则是 $\dfrac{f(t_3)-f(t_2)}{t_3-t_2}$，两者显然不相等，故 D 正确.

故选 ACD.

8. AC　解析　设指数函数的解析式为 $f(x)=a^t(a>0,a\neq 1)$，由题图可知图象过点 $(4,16)$，代入可得 $16=a^4$，解得 $a=2$，即 $f(x)=2^t$，则 $\dfrac{f(n)-f(n-1)}{f(n-1)}=\dfrac{2^n-2^{n-1}}{2^{n-1}}=1$，即野生水葫芦的每月增长率为 1，故 A 正确.

当 $t=2$ 时，$y=4$，当 $y=12$ 时，由 $2^t=12$，解得 $t=\log_2 12\neq 3.5$，故 B 不正确.

令 $y=10$，可得 $2^{t_1}=10$，解得 $t_1=\log_2 10$，同理可得 $t_2=\log_2 20$，$t_3=\log_2 30$，则 $t_1+t_3=\log_2 10+\log_2 30=\log_2 300$，$2t_2=2\log_2 20=\log_2 400$，$t_1+t_3<2t_2$，故 C 正确.

由平均变化率的定义，可得第 1 个月到第 3 个月的平均变化率为 $\dfrac{8-2}{3-1}=3$，第 2 个月到第 4 个月的平均变化率为 $\dfrac{16-4}{4-2}=6$，故 D 不正确.

故选 AC.

9. 1　解析　由平均变化率的计算公式及几何意义，可得过两点 $(0,1)$，$(1,2)$ 的割线的斜率为 $k=\dfrac{2-1}{1-0}=1$.

10. 0　解析　因为 $f'(1)=\lim\limits_{\Delta x\to 0}\dfrac{f(1+\Delta x)-f(1)}{\Delta x}=\lim\limits_{\Delta x\to 0}\left(1-\dfrac{1}{1+\Delta x}\right)=0$，所以函数 $f(x)=x+\dfrac{1}{x}$ 在 $x=1$ 处的导数是 0.

11. $-\dfrac{1}{3}$　解析　因为函数 $y=f(x)$ 的图象在 $x=1$ 处的切线方程是 $y=x-4$，所以 $f'(1)=1$，因为切点 $(1,f(1))$ 在直线 $y=x-4$ 上，所以 $f(1)=-3$，因此 $\dfrac{f'(1)}{f(1)}=-\dfrac{1}{3}$.

12. ④；①；③；②　解析　A 容器下粗上细，水面高度的变化先慢后快，根据导数的几何意义可知，函数图象切线的斜率变化先慢后快，A 与④对应.

B 容器为球形，水面高度变化为快→慢→快，根据导数的几何意义可知，B 与①对应.

C，D 容器都是柱形的，水面高度的变化速度曲线都应是直线，但 C 容器细，D 容器粗，故水面高度的变化为：C 容器快，与③对应；D 容器慢，与②对应.

13. $\dfrac{7\sqrt{2}}{8}$；$\left(\dfrac{1}{2},\dfrac{1}{4}\right)$　解析　由题意可得，当点 P 到直线 $y=x-2$ 的距离最小时，点 P 为抛物线 $y=x^2$ 的一条切线的切点，且该切线平行于直线 $y=x-2$. 由导数的几何意义知 $y'=\lim\limits_{\Delta x\to 0}\dfrac{(x+\Delta x)^2-x^2}{\Delta x}=2x=1$，解得 $x=\dfrac{1}{2}$，所以 $P\left(\dfrac{1}{2},\dfrac{1}{4}\right)$，故点 P 到直线 $y=x-2$ 的最小距离 $d=\dfrac{\left|\dfrac{1}{2}-\dfrac{1}{4}-2\right|}{\sqrt{2}}=\dfrac{7\sqrt{2}}{8}$.

14. 解析　当 $t=1$ 时，$s=3t^2+2$，

所以 $v_1=\lim\limits_{\Delta t\to 0}\dfrac{3(1+\Delta t)^2+2-(3\times 1^2+2)}{\Delta t}=6$.

当 $t=5$ 时，$s=29+3(t-3)^2$，

所以 $v_2=\lim\limits_{\Delta t\to 0}\dfrac{29+3(\Delta t+2)^2-29-3\times 2^2}{\Delta t}=12$.

因此该物体在 $t=1$ 和 $t=5$ 时的瞬时速度分别为 6m/s 和 12m/s.

15. 解析　设切点坐标为 $(x_0,x_0^2+x_0+1)$，则切线的斜率 $k=\lim\limits_{\Delta x\to 0}\dfrac{(x_0+\Delta x)^2+(x_0+\Delta x)+1-(x_0^2+x_0+1)}{\Delta x}=2x_0+1$.

易得切线方程为 $y-(x_0^2+x_0+1)=(2x_0+1)(x-x_0)$，代入点 $(-1,0)$，解得 $x_0=0$ 或 $x_0=-2$.

当 $x_0=0$ 时，切线斜率 $k=1$，切线方程为 $y-0=x+1$，即 $x-y+1=0$.

当 $x_0=-2$ 时，切线斜率 $k=-3$，切线方程为 $y-0=-3(x+1)$，即 $3x+y+3=0$.

综上，所求切线方程为 $x-y+1=0$ 或 $3x+y+3=0$.

【拓展探究】

16. D　解析　因为函数 $f(x)=\begin{cases}2^x-1,x\leqslant 0,\\-x^2-3x,x>0,\end{cases}$

所以 $|f(x)|=\begin{cases}1-2^x,x\leqslant 0,\\x^2+3x,x>0.\end{cases}$

要保证不等式 $|f(x)|\geqslant mx-2$ 恒成立，只需保证函数

$|f(x)|$ 的图象恒不在函数 $y=mx-2$ 的图象的下方，画出函数 $|f(x)|$ 的图象，如图.

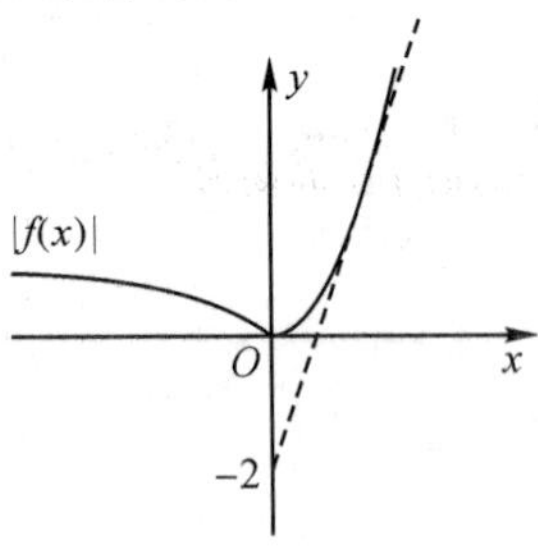

函数 $y=mx-2$ 的图象为过定点 $(0,-2)$ 的直线，结合图象分类讨论如下.
当 $m<0$ 时，不满足题意.
当 $m=0$ 时，满足题意.
当 $m>0$ 时，考虑临界条件，即直线与二次函数图象相切，设切点坐标为 $(x_0,x_0^2+3x_0)$，切线的斜率为 $k=2x_0+3$，则切线方程为 $y-(x_0^2+3x_0)=(2x_0+3)(x-x_0)$，
切线过点 $(0,-2)$，
即 $-2-(x_0^2+3x_0)=(2x_0+3)(0-x_0)$，
数形结合可知 $x_0>0$，故 $x_0=\sqrt{2}$，此时切线的斜率 $k=2x_0+3=2\sqrt{2}+3$，故实数 m 的取值范围为 $[0,3+2\sqrt{2}]$.
故选 D.

第7讲　求导用公式　运算效率高

【典例分析】

【例1】 C　**解析**　因为 $f(x)=x^2+2f'(2)x+m$，所以 $f'(x)=2x+2f'(2)$，又因为 $f'(2)=2\times2+2f'(2)$，所以 $f'(2)=-4$，即 $f(x)=x^2-8x+m=(x-4)^2+m-16$，所以 $f(0)>f(5)$. 故选 C.

【例2】 D　**解析**　解法1：因为 $f(x)$ 为奇函数，所以 $f(-x)=-f(x)$，代入化简得 $2(a-1)x^2=0$. 因为 $x\in\mathbf{R}$，所以 $a=1$，即 $f(x)=x^3+x$. 因为 $f'(x)=3x^2+1$，所以 $k=f'(0)=1$，所以曲线 $y=f(x)$ 在点 $(0,0)$ 处的切线方程为 $y=x$. 故选 D.
解法2：因为 $f(x)$ 为奇函数，所以 $f(-1)=-f(1)$，解得 $a=1$，此时 $f(x)=x^3+x$(经检验，$f(x)$ 为奇函数). 因为 $f'(x)=3x^2+1$，所以 $k=f'(0)=1$，所以曲线 $y=f(x)$ 在点 $(0,0)$ 处的切线方程为 $y=x$. 故选 D.
解法3：易知 $f(x)=x^3+(a-1)x^2+ax=x[x^2+(a-1)x+a]$，因为 $f(x)$ 为奇函数，所以函数 $g(x)=x^2+(a-1)x+a$ 为偶函数，所以 $a=1$，即 $f(x)=x^3+x$. 因为 $f'(x)=3x^2+1$，所以 $k=f'(0)=1$，所以曲线 $y=f(x)$ 在点 $(0,0)$ 处的切线方程为 $y=x$. 故选 D.

【例3】 D　**解析**　因为 $f(x)=x\sin\left(x+\frac{\pi}{2}\right)=x\cos x$，所以 $f'(x)=\cos x-x\sin x$. 易知 $f'(x)$ 为偶函数，排除 A；由 $f'(0)=1$，排除 B；由 $f'(\pi)=-1$，排除 C. 故选 D.

【例4】 C　**解析**　因为 $f(x)=x^{2b}+ax$，所以 $f'(x)=2bx^{2b-1}+a=2x+3$，则 $\begin{cases}2b=2,\\a=3,\end{cases}$ 得 $\begin{cases}a=3,\\b=1,\end{cases}$ 即 $f(x)=x^2+3x$. 又因为 $\frac{1}{f(n)+2}=\frac{1}{n^2+3n+2}=\frac{1}{(n+1)(n+2)}=\frac{1}{n+1}-\frac{1}{n+2}$，所以数列 $\left\{\frac{1}{f(n)+2}\right\}(n\in\mathbf{N}^*)$ 的前 n 项和 $S_n=\frac{1}{2}-\frac{1}{3}+\frac{1}{3}-\frac{1}{4}+\cdots+\frac{1}{n+1}-\frac{1}{n+2}=\frac{1}{2}-\frac{1}{n+2}=\frac{n}{2(n+2)}$. 故选 C.

【例5】 AC　**解析**　对于 A，因为 $f(x)=x^2$，所以 $f'(x)=2x$，令 $f(x)=f'(x)$，即 $x^2=2x$，解得 $x=0$ 或 $x=2$，故有“巧值点”.
对于 B，因为 $f(x)=\mathrm{e}^{-x}$，所以 $f'(x)=-\mathrm{e}^{-x}$，令 $f(x)=f'(x)$，即 $\mathrm{e}^{-x}=-\mathrm{e}^{-x}$，无解，故没有“巧值点”.
对于 C，因为 $f(x)=\ln x$，所以 $f'(x)=\frac{1}{x}$，令 $f(x)=f'(x)$，即 $\ln x=\frac{1}{x}$，如图，易知 $f(x)=\ln x$ 和 $f'(x)=\frac{1}{x}$ 的图象有一个交点，即 $f(x)=f'(x)$ 有一个根，故有“巧值点”.

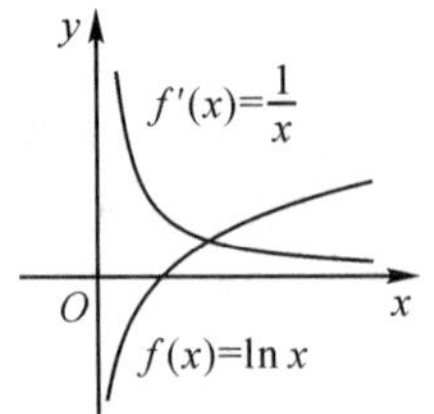

对于 D，因为 $f(x)=\tan x$，所以 $f'(x)=\frac{1}{\cos^2 x}$，令 $f(x)=f'(x)$，即 $\tan x=\frac{1}{\cos^2 x}$，可得 $\sin 2x=2$，无解，故没有“巧值点”.
故选 AC.

【例6】 **解析**　(1)由题意知，当点 P 处的切线与直线 $y=x$ 平行时，点 P 到直线的距离最小. 设 $P(x_0,y_0)$，因为 $y=\mathrm{e}^x$，所以 $y'=\mathrm{e}^x$，则曲线在点 P 处切线的斜率 $k=\mathrm{e}^{x_0}=1$，解得 $x_0=0$，故切点 P 的坐标为 $(0,1)$，所以点 P 到直线 $y=x$ 的最小距离为 $\frac{|0-1|}{\sqrt{1^2+(-1)^2}}=\frac{\sqrt{2}}{2}$.
(2)设 $Q(x_0,y_0)$，函数 $y=x^2+1$ 的导数 $y'=2x$，由题意知，曲线 $y=x^2+1$ 在点 Q 处的切线斜率为 $k=2x_0$，所以在点 Q 处的切线方程为 $y-y_0=2x_0(x-x_0)$，即 $y=2x_0x+1-x_0^2$. 而此切线与曲线 $y=-2x^2-1$ 相切，则此切线与该曲线只有一个交点，即方程 $2x^2+2x_0x+2-x_0^2=0$ 有两个相等的实数根，所以 $\Delta=4x_0^2-4\times2\times(2-x_0^2)=0$，解得 $x_0=\pm\frac{2\sqrt{3}}{3}$，$y_0=x_0^2+1=\frac{7}{3}$，所以点 Q 的坐标为 $\left(\frac{2\sqrt{3}}{3},\frac{7}{3}\right)$ 或 $\left(-\frac{2\sqrt{3}}{3},\frac{7}{3}\right)$.

【巩固练习】

1. A　**解析**　因为 $f(x)=x\ln x$，所以 $f'(x)=\ln x+1$，因为 $f'(x_0)=0$，即 $\ln x_0+1=0$，所以 $x_0=\frac{1}{\mathrm{e}}$. 故选 A.

2. A　**解析**　因为 $y=x^2+3x$，所以 $y'=2x+3$，则 $y'|_{x=2}=7$，所求切线方程为 $y-10=7(x-2)$，即 $7x-y-4=0$. 故选 A.

3. B　**解析**　$y'=(x^2)'\cos 2x+x^2(\cos 2x)'=2x\cos 2x+x^2(-\sin 2x)(2x)'=2x\cos 2x-2x^2\sin 2x$. 故选 B.

4. B　**解析**　由题意知 $f'(x)=4ax^3+2bx$ 为奇函数，因为 $f'(1)=2$，所以 $f'(-1)=-2$. 故选 B.

5. D　**解析**　$f_1(x)=\cos x, f_2(x)=-\sin x, f_3(x)=-\cos x, f_4(x)=\sin x$，可知 $f_{n+4}(x)=f_n(x)$，所以 $f_{2021}(x)=f_1(x)=\cos x$. 故选 D.

6. C　**解析**　如图，当直线 l 与 $y=\ln x$ 的图象相切且与直线 $y=x+1$ 平行时，切点 P 到直线 $y=x+1$ 的距离就是 $|PQ|$ 的最小值. 令 $y'=\frac{1}{x}=1$，得 $x=1$，故点 P 的坐标为 $(1,0)$，所以 $|PQ|_{\min}=\sqrt{2}$. 故选 C.

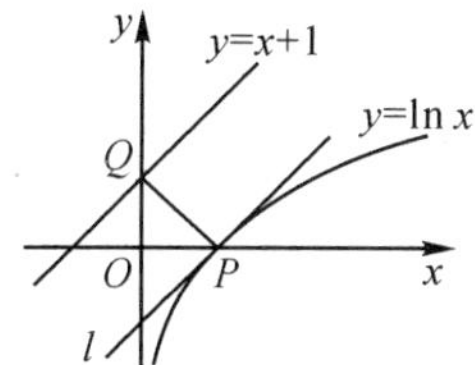

7. D　**解析**　因为 $f'(x)=\sqrt{3}f'\left(\frac{\pi}{6}\right)\cos x-\sin x$，

所以 $f'\left(\frac{\pi}{6}\right)=\sqrt{3}f'\left(\frac{\pi}{6}\right)\cos\frac{\pi}{6}-\sin\frac{\pi}{6}$，

解得 $f'\left(\frac{\pi}{6}\right)=1$，

则 $f'(x)=\sqrt{3}\cos x-\sin x=2\cos\left(x+\frac{\pi}{6}\right)$，

$f(x)=\sqrt{3}\sin x+\cos x=2\cos\left(x-\frac{\pi}{3}\right)$.

因为 $f'(B)=2\cos\left(B+\frac{\pi}{6}\right)=1$，即 $\cos\left(B+\frac{\pi}{6}\right)=\frac{1}{2}$，

又 $B\in(0,\pi)$，所以 $B=\frac{\pi}{6}$.

因为 $f(A)=2\cos\left(A-\frac{\pi}{3}\right)=1$，即 $\cos\left(A-\frac{\pi}{3}\right)=\frac{1}{2}$，

又 $A\in(0,\pi)$，所以 $A=\frac{2\pi}{3}$.

故 $C=\frac{\pi}{6}$，即△ABC 是等腰钝角三角形. 故选 D.

8. BC　**解析**　对于 A，$f(x)=3\cos x$，因为 $f'(x)=-3\sin x$，所以 $f'(x)$ 为奇函数，则图象不关于 y 轴对称，不符合题意.

对于 B，$f(x)=x^3+x$，因为 $f'(x)=3x^2+1$，所以 $f'(x)$ 为偶函数，则图象关于 y 轴对称，符合题意.

对于 C，$f(x)=x+\frac{1}{x}$，因为 $f'(x)=1-\frac{1}{x^2}$，所以 $f'(x)$ 为偶函数，则图象关于 y 轴对称，符合题意.

对于 D，$f(x)=e^x+x$，因为 $f'(x)=e^x+1$，所以 $f'(x)$ 不是偶函数，则图象不关于 y 轴对称，不符合题意.

故选 BC.

9. ABD　**解析**　由函数 $f(x)=\sin(\omega x-\varphi)\left(\omega>0, 0<\varphi<\frac{\pi}{2}\right)$ 的部分图象知，函数 $f(x)$ 的最小正周期 $T=2\times\left(\frac{4\pi}{9}-\frac{\pi}{9}\right)=\frac{2\pi}{3}$，所以 $\omega=\frac{2\pi}{T}=3$. 由五点作图法知，$3\times\frac{\pi}{9}-\varphi=0$，解得 $\varphi=\frac{\pi}{3}$，所以函数 $f(x)=\sin\left(3x-\frac{\pi}{3}\right)$，所以 $f'(x)=3\cos\left(3x-\frac{\pi}{3}\right)$.

对于 A，$f'(x)$ 的最小正周期为 $\frac{2\pi}{3}$，故 A 正确.

对于 B，令 $3x-\frac{\pi}{3}=k\pi, k\in\mathbf{Z}$，得 $x=\frac{\pi}{9}+\frac{1}{3}k\pi, k\in\mathbf{Z}$，则直线 $x=\frac{4\pi}{9}$ 是 $f'(x)$ 图象的一条对称轴，故 B 正确.

对于 C，因为直线 $x=\frac{\pi}{9}$ 是 $f'(x)$ 图象的一条对称轴，所以 $f'(x)$ 的图象不关于点 $\left(\frac{\pi}{9},0\right)$ 中心对称，故 C 错误.

对于 D，令 $2k\pi\leqslant 3x-\frac{\pi}{3}\leqslant 2k\pi+\pi, k\in\mathbf{Z}$，得 $\frac{\pi}{9}+\frac{2}{3}k\pi\leqslant x\leqslant\frac{4\pi}{9}+\frac{2}{3}k\pi, k\in\mathbf{Z}$，所以 $f'(x)$ 在 $\left[\frac{\pi}{9},\frac{4\pi}{9}\right]$ 上单调递减，故 D 正确.

故选 ABD.

10. 5　**解析**　因为 $f(x)=x^3-f'(1)x^2+3x-1$，所以 $f'(x)=3x^2-2f'(1)x+3$，所以 $f'(1)=3-2f'(1)+3$，解得 $f'(1)=2$，则 $f(x)=x^3-2x^2+3x-1$，易得 $f(2)=5$.

11. -6　**解析**　令 $g(x)=(x-2)(x-3)(x-4)$，

则 $f(x)=(x-1)g(x)$.

因为 $f'(x)=(x-1)'g(x)+(x-1)g'(x)$

$=g(x)+(x-1)g'(x)$，

所以 $f'(1)=g(1)+(1-1)g'(1)=g(1)$

$=(1-2)(1-3)(1-4)=-6$.

12. $a>1-\ln 2$　**解析**　由题意，临界情况为 $y=2|x+a|$ 与 $y=e^x$ 的图象相切，令 $y'=e^x=2$，则 $x=\ln 2$，所以切点坐标为 $(\ln 2,2)$，此时 $a=1-\ln 2$，只要 $y=2|x+a|$ 的图象向左移动，都会产生 3 个交点，如图，所以 $a>1-\ln 2$.

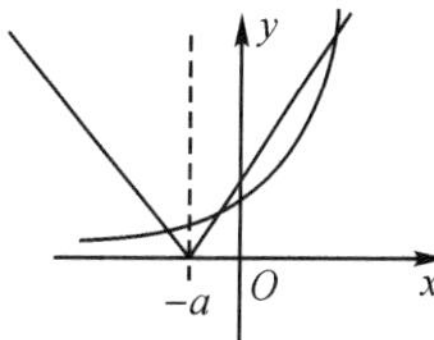

13. **解析**　(1) $f'(x)=-6x^2+8x$.

(2) $f'(x)=1-\sin x, x\in(0,1)$.

(3) $f'(x)=-2x+3-\frac{1}{x}$.

(4) $y'=\frac{(x+1)'(x-1)-(x+1)(x-1)'}{(x-1)^2}=-\frac{2}{(x-1)^2}$.

14. **解析**　$f'(x)=x^2-2ax+a-1$，因为 $\Delta=4a^2-4(a-1)=4(a^2-a+1)=4\left[\left(a-\frac{1}{2}\right)^2+\frac{3}{4}\right]>0$，所以函数 $f'(x)=x^2-2ax+a-1$ 有两个零点，分别设为 x_1, x_2，则 $x_1+x_2=2a, x_1x_2=a-1$.

又因为 $|x_1-x_2|=\sqrt{(x_1-x_2)^2}=\sqrt{(x_1+x_2)^2-4x_1x_2}$

$=\sqrt{4a^2-4(a-1)}=2\sqrt{\left(a-\frac{1}{2}\right)^2+\frac{3}{4}}$，

所以当 $a=\frac{1}{2}$ 时，函数 $f'(x)$ 两零点之间的最小距离为 $\sqrt{3}$.

15. 解析 (1)因为点 $P(2,4)$ 在曲线上，且 $y'=x^2$，所以点 P 处的切线斜率为 $y'|_{x=2}=4$，所以曲线在点 P 处的切线方程为 $y-4=4(x-2)$，即 $4x-y-4=0$.

(2)设切点为 $A\left(x_0,\frac{x_0^3+4}{3}\right)$，则切线斜率 $y'|_{x=x_0}=x_0^2$，所以切线方程为 $y-\frac{x_0^3+4}{3}=x_0^2(x-x_0)$，即 $y=x_0^2x-\frac{2x_0^3}{3}+\frac{4}{3}$. 因为点 $P(2,4)$ 在切线上，所以 $4=2x_0^2-\frac{2x_0^3}{3}+\frac{4}{3}$，解得 $x_0=-1$ 或 $x_0=2$，故所求的切线方程为 $x-y+2=0$ 或 $4x-y-4=0$.

【拓展探究】

16. $\frac{3}{5}<t<\frac{6}{5}$ 解析 因为 $f(x)=x^3-\frac{6}{5}x^2$，$f'(x)=3x^2-\frac{12}{5}x$，在区间 $[0,t]$ 上存在 $x_1,x_2(0<x_1<x_2<t)$，满足 $f'(x_1)=f'(x_2)=\frac{f(t)-f(0)}{t}=t^2-\frac{6}{5}t$，所以方程 $3x^2-\frac{12}{5}x=t^2-\frac{6}{5}t$ 在区间 $(0,t)$ 上有两个不相等的实数根.

令 $g(x)=3x^2-\frac{12}{5}x-t^2+\frac{6}{5}t(0<x<t)$，

则 $\begin{cases}\Delta=\frac{144}{25}-12\left(-t^2+\frac{6}{5}t\right)>0,\\ 0<\frac{2}{5}<t,\\ g(0)=-t^2+\frac{6}{5}t>0,\\ g(t)=2t^2-\frac{6}{5}t>0,\end{cases}$

解得 $\frac{3}{5}<t<\frac{6}{5}$.

第 8 讲 导数判单调 正负定增减

【典例分析】

【例 1】 D 解析 由 $f(x)=-\ln x+2x^2$，得 $f'(x)=-\frac{1}{x}+4x=\frac{4x^2-1}{x}(x>0)$，令 $f'(x)>0$，即 $4x^2-1>0$，解得 $x>\frac{1}{2}$，所以函数 $f(x)=-\ln x+2x^2$ 的单调递增区间是 $\left(\frac{1}{2},+\infty\right)$. 故选 D.

【例 2】 A 解析 函数 $f(x)$ 的定义域是 $\mathbf{R}$，$f(-x)=e^{-x}+e^x+\cos x=f(x)$，故 $f(x)$ 是偶函数. $f'(x)=e^x-e^{-x}-\sin x$，设 $g(x)=e^x-e^{-x}-\sin x$，则 $g'(x)=e^x+e^{-x}-\cos x\geqslant 2\sqrt{e^x\cdot e^{-x}}-\cos x=2-\cos x>0$，所以 $g(x)$ 是 $\mathbf{R}$ 上的增函数，当 $x>0$ 时，$g(x)>g(0)=0$，即 $f'(x)>0$，故 $f(x)$ 是 $(0,+\infty)$ 上的增函数. 由 $f(2m)>f(m-2)$ 得 $f(|2m|)>f(|m-2|)$，所以 $|2m|>|m-2|$，解得 $m<-2$ 或 $m>\frac{2}{3}$. 故选 A.

【例 3】 BD 解析 由 $f(x)=\frac{\ln x}{x}$，$x>0$，得 $f'(x)=\frac{1-\ln x}{x^2}$.
当 $x\in(0,e)$ 时，$f'(x)>0$，当 $x\in(e,+\infty)$ 时，$f'(x)<0$，故 $f(x)$ 在 $(0,e)$ 上单调递增，在 $(e,+\infty)$ 上单调递减，
$f(x)_{\max}=f(e)=\frac{1}{e}$.
当 $x>1$ 时，$x\to+\infty$，$f(x)\to 0$，且 $f(x)>0$；
当 $0<x<1$ 时，$f(x)<0$，$f(1)=0$.
对于 A 选项，$f(2)=\frac{\ln 2}{2}=\ln 2^{\frac{1}{2}}$，$f(3)=\ln 3^{\frac{1}{3}}$，因为 $(3^{\frac{1}{3}})^6>(2^{\frac{1}{2}})^6$，所以 $3^{\frac{1}{3}}>2^{\frac{1}{2}}$，所以 $f(3)>f(2)$，故 A 错误.
对于 B 选项，因为 $\sqrt{e}<\sqrt{\pi}<e$，且 $f(x)$ 在 $(0,e)$ 上单调递增，所以 $f(\sqrt{e})<f(\sqrt{\pi})$，$\frac{\ln\sqrt{e}}{\sqrt{e}}<\frac{\ln\sqrt{\pi}}{\sqrt{\pi}}$，即 $\frac{\ln e}{\sqrt{e}}<\frac{\ln\pi}{\sqrt{\pi}}$，则 $\ln\pi>\sqrt{\frac{\pi}{e}}$，故 B 正确.
对于 C 选项，因为 $f(x)=m$ 有两个不相等的实数根 x_1，x_2，所以 $f(x_1)=f(x_2)=m$，不妨设 $0<x_1<e<x_2$，要证 $x_1x_2<e^2$，即证 $x_1<\frac{e^2}{x_2}$，因为 $x_2>e$，所以 $\frac{e^2}{x_2}<e$，因为 $f(x)$ 在 $(0,e)$ 上单调递增，所以只需证 $f(x_1)<f\left(\frac{e^2}{x_2}\right)$，即证 $f(x_2)<f\left(\frac{e^2}{x_2}\right)$，只需证 $f(x_2)-f\left(\frac{e^2}{x_2}\right)<0$ ①. 令 $g(x)=f(x)-f\left(\frac{e^2}{x}\right)(x>e)$，则 $g'(x)=(\ln x-1)\left(\frac{1}{e^2}-\frac{1}{x^2}\right)$，当 $x>e$ 时，$\ln x>1$，$\frac{1}{e^2}>\frac{1}{x^2}$，所以 $g'(x)>0$，则 $g(x)$ 在 $(e,+\infty)$ 上单调递增，因为 $x_2>e$，所以 $g(x_2)>g(e)=0$，即 $f(x_2)-f\left(\frac{e^2}{x_2}\right)>0$. 这与①式矛盾，故 C 错误.
对于 D 选项，设 $2^x=5^y=k>1$，且 x,y 均为正数，则 $x=\log_2 k=\frac{\ln k}{\ln 2}$，$y=\log_5 k=\frac{\ln k}{\ln 5}$，所以 $2x=\frac{2}{\ln 2}\ln k$，$5y=\frac{5}{\ln 5}\ln k$.
因为 $\frac{\ln 2}{2}=\ln 2^{\frac{1}{2}}$，$\frac{\ln 5}{5}=\ln 5^{\frac{1}{5}}$ 且 $2^{\frac{1}{2}}>5^{\frac{1}{5}}$，所以 $\frac{\ln 2}{2}>\frac{\ln 5}{5}>0$，即 $\frac{2}{\ln 2}<\frac{5}{\ln 5}$，所以 $2x<5y$，故 D 正确.
故选 BD.

【例 4】 $\left(-\infty,\frac{3}{2}\right)$ 解析 因为 $f(x)=(-x^2+ax)e^x$，所以 $f'(x)=e^x(-x^2+ax-2x+a)$.
函数 $f(x)$ 在区间 $(-1,1)$ 上存在减区间，只需 $-x^2+ax+a-2x\leqslant 0$ 在区间 $(-1,1)$ 上有解.
记 $g(x)=-x^2+(a-2)x+a$，其图象的对称轴为直线 $x=\frac{a-2}{2}$，开口向下，$g(-1)=-1-(a-2)+a=1>0$，只需 $g(1)<0$，所以 $-1+a-2+a<0$，解得 $a<\frac{3}{2}$.

【例 5】 $-e$ 解析 由题意，不等式可变形为 $e^{\frac{1}{x}}-\frac{1}{x}\geqslant x^a-a\ln x$，得 $e^{\frac{1}{x}}-\ln e^{\frac{1}{x}}\geqslant x^a-\ln x^a$ 对任意 $x\in(0,1)$ 恒成立.
设 $f(x)=x-\ln x$，则 $f(e^{\frac{1}{x}})\geqslant f(x^a)$ 对任意 $x\in(0,1)$ 恒成立.

$f'(x)=1-\frac{1}{x}=\frac{x-1}{x}$.

当 $0<x<1$ 时，$f'(x)<0$，函数 $f(x)$ 在 $(0,1)$ 上单调递减；当 $x>1$ 时，$f'(x)>0$，函数 $f(x)$ 在 $(1,+\infty)$ 上单调递增.

当 $x\in(0,1)$ 时，$e^{\frac{1}{x}}>e$，因为要求实数 a 的最小值，所以考虑 $a<0$ 的情况，此时 $x^a>1$，因为函数 $f(x)$ 在 $(1,+\infty)$ 上单调递增，所以要使 $f(e^{\frac{1}{x}})\geqslant f(x^a)$，只需 $e^{\frac{1}{x}}\geqslant x^a$，两边取自然对数，得 $\frac{1}{x}\geqslant a\ln x$，由于 $x\in(0,1)$，所以 $a\geqslant\frac{1}{x\ln x}$.

令 $h(x)=x\ln x, x\in(0,1)$，则 $h'(x)=\ln x+1$，令 $h'(x)=0$，得 $x=\frac{1}{e}$，易得 $h(x)$ 在 $\left(0,\frac{1}{e}\right)$ 上单调递减，在 $\left(\frac{1}{e},1\right)$ 上单调递增，所以 $h(x)_{\min}=h\left(\frac{1}{e}\right)=-\frac{1}{e}$，$\left[\frac{1}{h(x)}\right]_{\max}=-e$，所以 $a\geqslant -e$，即实数 a 的最小值为 $-e$.

【例6】解析 (1) $g(x)=e^x(-x^2+ax-a)$，
$g'(x)=e^x[-x^2+(a-2)x]$.
因为 $g(x)$ 是单调函数，故必有 $g'(x)\geqslant0$ 恒成立或 $g'(x)\leqslant0$ 恒成立.
对于函数 $y=-x^2+(a-2)x$，
则 $\Delta=(a-2)^2\leqslant0$，解得 $a=2$.
此时，$g(x)=e^x(-x^2+2x-2)$，$g'(x)=-x^2e^x$，$g(1)=-e$，$g'(1)=-e$，故所求切线方程为 $y=-e(x-1)-e$，即 $y=-ex$.

(2) $f(x)\leqslant e^x\Leftrightarrow\frac{-x^2+ax-a}{e^x}\leqslant1$，记 $F(x)=\frac{-x^2+ax-a}{e^x}$，
则 $F'(x)=\frac{x^2-(a+2)x+2a}{e^x}=\frac{(x-2)(x-a)}{e^x}$.

①当 $a>2$ 时，$F'(x)>0\Rightarrow x<2$ 或 $x>a$，$F'(x)<0\Rightarrow 2<x<a$. $F(x)$ 在 $(-\infty,2)$ 上单调递增，在 $(2,a)$ 上单调递减，在 $(a,+\infty)$ 上单调递增. 当 $x>a$ 时，$-x^2+ax-a<-a<0$，$F(x)<0$，故 $F(2)=\frac{a-4}{e^2}\leqslant1$，解得 $2<a\leqslant e^2+4$.

②当 $a=2$ 时，$F'(x)\geqslant0$ 恒成立，$F(x)$ 单调递增，当 $x>2$ 时，$-x^2+2x-2=-(x-1)^2-1<0$，$F(x)<0$，故 $a=2$ 满足题意.

③当 $-\frac{1}{2}<a<2$ 时，$F'(x)>0\Rightarrow x<a$ 或 $x>2$，$F'(x)<0\Rightarrow a<x<2$. $F(x)$ 在 $(-\infty,a)$ 上单调递增，在 $(a,2)$ 上单调递减，在 $(2,+\infty)$ 上单调递增. 当 $x>2$ 时，$-x^2+ax-a<a-4<0$，$F(x)<0$，故 $F(a)=\frac{-a}{e^a}\leqslant1\Leftrightarrow e^a+a\geqslant0$，而函数 $y=e^a+a$ 单调递增，所以 $e^a+a>e^{-\frac{1}{2}}-\frac{1}{2}=\frac{1}{\sqrt{e}}-\frac{1}{2}>0$，

即 $-\frac{1}{2}<a<2$ 满足题意.

综上，实数 a 的取值范围为 $\left(-\frac{1}{2},e^2+4\right]$.

【巩固练习】

1. A **解析** 由题意可得 $f'(x)=3x^2+2ax+b$，因为 $\Delta=4(a^2-3b)<0$，所以 $f'(x)>0$ 恒成立，$f(x)$ 为增函数. 故选 A.

2. D **解析** 设 $f(x)=\frac{x}{\ln x}, x\geqslant e$，则 $f'(x)=\frac{\ln x-1}{(\ln x)^2}\geqslant0$ 恒成立，所以函数 $f(x)$ 在 $[e,+\infty)$ 上单调递增，又 $a=f(e)$，$b=3\log_3 e=\frac{3}{\ln3}=f(3)$，$c=\frac{5}{\ln5}=f(5)$，因为 $e<3<5$，所以 $f(e)<f(3)<f(5)$，所以 $a<b<c$. 故选 D.

3. A **解析** 若 $f(x)$ 在 $(0,+\infty)$ 上单调递增，则 $f'(x)=4x-m+\frac{1}{x}\geqslant0$ 对任意 $x\in(0,+\infty)$ 恒成立，即 $4x+\frac{1}{x}\geqslant m$ 对任意 $x\in(0,+\infty)$ 恒成立，得 $m\leqslant\left(4x+\frac{1}{x}\right)_{\min}$，而 $4x+\frac{1}{x}\geqslant2\sqrt{4x\cdot\frac{1}{x}}=4$，当且仅当 $x=\frac{1}{2}$ 时等号成立，则 $m\leqslant4$.
所以"$m<4$"是"函数 $f(x)=2x^2-mx+\ln x$ 在 $(0,+\infty)$ 上单调递增"的充分不必要条件. 故选 A.

4. B **解析** 解法 1：$f'(x)=x^2-2x+a=(x-1)^2+a-1$，如果函数 $f(x)=\frac{1}{3}x^3-x^2+ax-5$ 在区间 $[-1,2]$ 上单调，那么 $a-1\geqslant0$，或 $\begin{cases}f'(-1)\leqslant0,\\f'(2)\leqslant0,\end{cases}$ 即 $\begin{cases}1+2+a\leqslant0,\\4-4+a\leqslant0,\end{cases}$ 解得 $a\geqslant1$ 或 $a\leqslant-3$，所以当函数 $f(x)$ 在区间 $[-1,2]$ 上不单调时，$-3<a<1$. 故选 B.
解法 2：$f'(x)=x^2-2x+a$，对称轴 $x=1\in[-1,2]$，要使 $f(x)$ 在区间 $[-1,2]$ 上不单调，首先要使 $f'(1)<0$，得 $a<1$；其次应该满足其中一个端点值大于 0，即 $f'(-1)>0$ 或 $f'(2)>0$，得 $a>-3$ 或 $a>0$，即 $a>-3$. 综上得 $-3<a<1$. 故选 B.

5. B **解析** 因为 $\frac{f(-x)}{f(x)}=e^{2x}$，所以 $\frac{f(-x)}{e^x}=e^xf(x)=e^{-x}f(-x)$. 令 $g(x)=e^xf(x)$，则 $g(-x)=g(x)$，即 $g(x)$ 为偶函数，当 $x<0$ 时，$f(x)+f'(x)>0$，所以 $g'(x)=e^x[f(x)+f'(x)]>0$，即函数 $g(x)$ 在 $(-\infty,0)$ 上单调递增. 根据偶函数在对称区间上单调性相反的性质可知 $g(x)$ 在 $(0,+\infty)$ 上单调递减，因为 $e^af(2a+1)\geqslant f(a+1)$，所以 $e^{2a+1}f(2a+1)\geqslant e^{a+1}f(a+1)$，即 $g(2a+1)\geqslant g(a+1)$，从而 $|2a+1|\leqslant|a+1|$，解得 $-\frac{2}{3}\leqslant a\leqslant0$. 故选 B.

6. D **解析** 函数 $f(x)$ 的定义域为 $\mathbf{R}$.
令 $g(x)=f(x)-1=x+\frac{2}{1+e^x}-1$，
再令 $h(x)=\frac{2}{1+e^x}-1=\frac{1-e^x}{1+e^x}$，
则 $h(-x)=\frac{1-e^{-x}}{1+e^{-x}}=\frac{e^x-1}{e^x+1}=-h(x)$，
易知 $y=x$ 和 $h(x)=\frac{2}{1+e^x}-1$ 均为奇函数，故 $g(x)$ 为奇函数.
$g'(x)=\frac{1+e^{2x}}{(1+e^x)^2}>0$，$g(x)$ 在 $\mathbf{R}$ 上单调递增，
由 $f(m-9)+f(2n)=2$ 得 $f(m-9)-1+f(2n)-1=0$，
即 $g(m-9)=-g(2n)=g(-2n)$，
所以 $m-9+2n=0$，即 $m+2n=9$，
则 $\frac{2}{m}+\frac{1}{n}=\frac{1}{9}(m+2n)\left(\frac{2}{m}+\frac{1}{n}\right)=\frac{1}{9}\left(2+2+\frac{m}{n}+\frac{4n}{m}\right)\geqslant\frac{1}{9}(4+4)=\frac{8}{9}$，当且仅当 $m=\frac{9}{2}$，$n=\frac{9}{4}$ 时取等号.
故选 D.

7. B　解析　$f(x)=\frac{\ln|x+\alpha|}{\sin\alpha}$，令 $f(0)=0$，可得 $|\alpha|=1$，当 $\alpha=1$ 时，可得 $f(x)=\frac{\ln|x+1|}{\sin 1}$，且 $x\neq-1$，则 $f'(x)=\frac{1}{(x+1)\sin 1}$，可知当 $x>-1$ 时，$f'(x)>0$，$f(x)$ 单调递增，当 $x<-1$ 时，$f'(x)<0$，$f(x)$ 单调递减，所以函数图象大致为 A.

同理，当 $\alpha=-1$ 时，$f(x)=-\frac{\ln|x-1|}{\sin 1}$，图象大致为 D.

对于 B，由于图象过原点，必有 $x=0$，$|\alpha|=1$，而当 $x=0$，$\alpha=1$时，图象为 A，当 $x=0$，$\alpha=-1$ 时，图象为 D，所以图象 B 不可能成为函数 $y=f(x)$ 的图象.

对于 C，根据图象特征，当 $x=0$ 时，$f(x)=\frac{\ln|\alpha|}{\sin\alpha}<0$，可选择令 $|\alpha|>1$ 且 $\sin\alpha<0$ 的 α，并满足单调性. α 不唯一，例如取 $\alpha=4$，可得 $f(x)=\frac{\ln|x+4|}{\sin 4}$，图象大致为 C.

故选 B.

8. D　解析　因为 $[f(x)\ln x]'=\frac{1}{x}f(x)+f'(x)\ln x<0$，所以 $g(x)=f(x)\ln x$ 在 $(0,+\infty)$ 上为减函数. 而 $g(1)=0$，所以在 $(0,1)$ 上，$\ln x<0$，$g(x)>0$；在 $(1,+\infty)$ 上，$\ln x>0$，$g(x)<0$. 从而在 $(0,+\infty)$ 上，$f(x)<0$，又函数 $f(x)$ 为奇函数，所以在 $(-\infty,0)$ 上，$f(x)>0$，不等式 $(x-1)f(x)<0$ 等价于 $\begin{cases}x>1,\\f(x)<0\end{cases}$ 或 $\begin{cases}x<1,\\f(x)>0,\end{cases}$ 所以 $x\in(-\infty,0)\cup(1,+\infty)$. 故选 D.

9. D　解析　$f(x)$ 的定义域为 $(-\infty,-1)\cup(1,+\infty)$，且 $f(-x)=\ln(|-x|-1)+e^{-x}+e^{x}=f(x)$，故 $f(x)$ 是偶函数. 又当 $x>1$ 时，$f(x)=\ln(x-1)+e^{x}+e^{-x}$，$f'(x)=\frac{1}{x-1}+e^{x}-e^{-x}>0+e-\frac{1}{e}>0$，故 $f(x)$ 在 $(1,+\infty)$ 上为增函数，因为 $f(x+1)<f(2x)$，所以 $f(|x+1|)<f(|2x|)$，则 $1<|x+1|<2|x|$，解得 $x<-2$ 或 $x>1$. 故选 D.

10. A　解析　根据题意，设 $f(x)=\frac{e^{x}}{x}$.

由 $a<3$ 且 $ae^{3}=3e^{a}$，变形可得 $\frac{e^{a}}{a}=\frac{e^{3}}{3}$，即 $f(a)=f(3)$；

由 $b<4$ 且 $be^{4}=4e^{b}$，变形可得 $\frac{e^{b}}{b}=\frac{e^{4}}{4}$，即 $f(b)=f(4)$；

由 $c<5$ 且 $ce^{5}=5e^{c}$，变形可得 $\frac{e^{c}}{c}=\frac{e^{5}}{5}$，即 $f(c)=f(5)$.

$f'(x)=\frac{e^{x}(x-1)}{x^{2}}$.

在区间 $(0,1)$ 上，$f'(x)<0$，则 $f(x)$ 为减函数；
在区间 $(1,+\infty)$ 上，$f'(x)>0$，则 $f(x)$ 为增函数.
易知 $0<c<b<a<1$，故选 A.

11. AC　解析　$f'(x)=2x-a-\frac{1}{x}=\frac{2x^{2}-ax-1}{x}(x>0)$.

当 $a=-1$ 时，$f'(x)=\frac{2x^{2}+x-1}{x}=\frac{(2x-1)(x+1)}{x}$，由 $f'(x)<0$，解得 $0<x<\frac{1}{2}$，所以 $f(x)$ 是 $\left(0,\frac{1}{2}\right)$ 上的减函数，故选项 A 正确.

由 $f(x)=0$ 可得 $x^{2}-ax-\ln x=0$，即 $a=x-\frac{\ln x}{x}$，设 $g(x)=x-\frac{\ln x}{x}$，则 $g'(x)=1-\frac{1-\ln x}{x^{2}}=\frac{x^{2}-1+\ln x}{x^{2}}$，再设 $h(x)=x^{2}-1+\ln x$，则 $h'(x)=2x+\frac{1}{x}>0(x>0)$，所以 $h(x)$ 在 $(0,+\infty)$ 上单调递增，且 $h(1)=0$. 当 $0<x<1$ 时，$g'(x)<0$；当 $x>1$ 时，$g'(x)>0$，所以 $g(x)$ 在 $(0,1)$ 上单调递减，在 $(1,+\infty)$ 上单调递增，$g(x)_{\min}=g(1)=1$，当 $x\to0$时，$f(x)\to+\infty$；当 $x\to+\infty$时，$f(x)\to+\infty$. 当 $0\leqslant a<1$ 时，$f(x)$ 无零点；当 $a=1$ 时，$f(x)$ 有一个零点，故选项 B 不正确.

当 $a=1$ 时，$f'(x)=\frac{2x^{2}-x-1}{x}=\frac{(2x+1)(x-1)}{x}$，由 $f'(x)>0$，得 $x>1$，由 $f'(x)<0$，得 $0<x<1$，所以 $f(x)$ 在 $(0,1)$ 上单调递减，在 $(1,+\infty)$ 上单调递增，$f(x)\geqslant f(1)=0$，故选项 C 正确.

若存在相异的两点 $M(x_2,y_2)$，$N(x_1,y_1)$，在点 M，N 处的切线平行，则 $f'(x_1)=f'(x_2)$，$x_1,x_2>0$ 且 $x_1\neq x_2$，即 $f'(x)=2x-a-\frac{1}{x}=0$ 有两个相异的正实数根，即方程 $a=2x-\frac{1}{x}$ 有两个相异的正实数根. 设 $t(x)=2x-\frac{1}{x}$，则 $t'(x)=2+\frac{1}{x^{2}}>0$，所以 $t(x)$ 在 $(0,+\infty)$ 上单调递增，则直线 $y=a$ 与函数 $t(x)$ 的图象在 $(0,+\infty)$ 上至多有一个交点. 所以 $f'(x)=2x-a-\frac{1}{x}=0$ 不可能有两个正实数根，即选项 D 不正确.

故选 AC.

12. $(1,2)$　解析　函数 $f(x)=\frac{x^{2}}{2}-\ln x$ 的定义域为 $(0,+\infty)$，$f'(x)=x-\frac{1}{x}=\frac{x^{2}-1}{x}$. 当 $x\in[1,+\infty)$时，$f(x)$ 单调递增；当 $x\in(0,1]$时，$f(x)$ 单调递减. 假设 $f(x)$ 在区间 $[k-1,k+1]$ 上单调，则 $[k-1,k+1]\subseteq[1,+\infty)$ 或 $[k-1,k+1]\subseteq(0,1]$，解得 $k\geqslant2$，所以若 $f(x)$ 在区间 $[k-1,k+1]$ 上不单调，则 $k<2$，又 $k-1>0$，则 $1<k<2$.

13. $(-\infty,1)$　解析　设 $g(x)=\frac{f(x)}{x^{2}}$，则 $g'(x)=\frac{xf'(x)-2f(x)}{x^{3}}$. 因为 $x>0$，$xf'(x)-2f(x)<0$，所以 $g'(x)<0$，$g(x)$ 在 $(0,+\infty)$ 上单调递减. $f(2^{x})>4^{x}$ 即 $\frac{f(2^{x})}{4^{x}}>1=\frac{f(2)}{4}$，令 $2^{x}=t$，即 $\frac{f(t)}{t^{2}}>\frac{f(2)}{4}$，$g(t)>g(2)$，所以 $t<2$，$2^{x}<2$，所以 $x<1$，则不等式的解集为 $(-\infty,1)$.

14. 5e　解析　由 $xe^{x}=5$，两边取以 e 为底的对数，得 $x+\ln x=\ln5$，由 $\ln y-\frac{5e}{y}=1$，令 $\frac{5e}{y}=t$，则 $y=\frac{5e}{t}$，所以 $\ln y-\frac{5e}{y}=\ln\frac{5e}{t}-t=\ln5+1-\ln t-t=1$，即 $\ln5-\ln t-t=0$，所以 $\ln5=\ln t+t$.

设 $f(x)=x+\ln x$,则 $f'(x)=1+\frac{1}{x}>0$,$f(x)$在$(0,+\infty)$上单调递增.

由 $x+\ln x=\ln 5$ 和 $\ln 5=\ln t+t$,得 $x=t$,则 $y=\frac{5e}{x}$,所以 $xy=5e$.

15. 解析 (1)由题意可得 $f'(x)=a-\frac{1}{x}(x>0)$.

当 $a\leqslant 0$ 时,$f'(x)<0$ 恒成立,则 $f(x)$在$(0,+\infty)$上单调递减.

当 $a>0$ 时,由 $f'(x)>0$,解得 $x>\frac{1}{a}$;由 $f'(x)<0$,解得 $0<x<\frac{1}{a}$. 所以 $f(x)$在$\left(0,\frac{1}{a}\right)$上单调递减,在$\left(\frac{1}{a},+\infty\right)$上单调递增.

(2)$f(x)>\frac{1}{x}-e^{1-x}+a$ 在$(1,+\infty)$上恒成立,

即 $ax-\ln x>\frac{1}{x}-e^{1-x}+a$ 在$(1,+\infty)$上恒成立,

即 $ax-\ln x-a>\frac{e^{x-1}-x}{xe^{x-1}}$在$(1,+\infty)$上恒成立.

设 $h(x)=e^{x-1}-x(x>1)$,则 $h'(x)=e^{x-1}-1>0$,$h(x)$在$(1,+\infty)$上单调递增,因为 $h(1)=0$,所以 $h(x)>0$.

设 $g(x)=ax-\ln x-a$,则 $g'(x)=a-\frac{1}{x}$.

当 $a\leqslant 0$ 时,$g'(x)<0$,$g(x)$在$(1,+\infty)$上单调递减,因为 $g(1)=0$,所以 $g(x)<0$,从而 $ax-\ln x-a<\frac{e^{x-1}-x}{xe^{x-1}}$,故 $a\leqslant 0$ 不符合题意.

当 $0<a<1$ 时,由(1)可知 $g(x)$在$\left(1,\frac{1}{a}\right)$上单调递减,在$\left(\frac{1}{a},+\infty\right)$上单调递增,则$g\left(\frac{1}{a}\right)<g(1)=0$,从而 $\exists x\in(1,+\infty)$,使 $ax-\ln x-a<\frac{e^{x-1}-x}{xe^{x-1}}$,故 $0<a<1$ 不符合题意.

当 $a\geqslant 1$ 时,设 $\varphi(x)=ax-\ln x-a-\frac{1}{x}+e^{1-x}(x>1)$,

则 $\varphi'(x)=a-\frac{1}{x}+\frac{1}{x^2}-e^{1-x}(x>1)$.

因为 $h(x)>0$ 在$(1,+\infty)$上恒成立,所以 $e^{x-1}>x$,$e^{1-x}<\frac{1}{x}$,则 $\varphi'(x)>a-\frac{1}{x}+\frac{1}{x^2}-\frac{1}{x}=\frac{ax^2-2x+1}{x^2}$,因为 $a\geqslant 1$,所以 $ax^2-2x+1\geqslant x^2-2x+1>0$,所以 $\varphi'(x)>0$,则 $\varphi(x)$在$(1,+\infty)$上单调递增,从而 $\varphi(x)>\varphi(1)=0$,即 $ax-\ln x-a>\frac{e^{x-1}-x}{xe^{x-1}}$,故 $a\geqslant 1$ 符合题意.

综上,实数 a 的取值范围为$[1,+\infty)$.

【拓展探究】

16. 解析 (1)$f'(x)=2x-4a+\frac{2a^2-2}{x}$

$=\frac{2[x-(a-1)][x-(a+1)]}{x}(x>0)$.

易知当 $a\leqslant -1$ 时,$a-1<a+1\leqslant 0$,$f'(x)>0$,$f(x)$在$(0,+\infty)$上单调递增.

当 $-1<a\leqslant 1$ 时,$a-1\leqslant 0$,$a+1>0$,若 $x\in(0,a+1)$,则 $f'(x)<0$,$f(x)$单调递减;若 $x\in(a+1,+\infty)$,则 $f'(x)>0$,$f(x)$单调递增.

当 $a>1$ 时,$a+1>a-1>0$,若 $x\in(a-1,a+1)$,则 $f'(x)<0$,$f(x)$单调递减;若 $x\in(0,a-1)$或 $x\in(a+1,+\infty)$,则 $f'(x)>0$,$f(x)$单调递增.

综上,当 $a\leqslant -1$ 时,$f(x)$在$(0,+\infty)$上单调递增;

当 $-1<a\leqslant 1$ 时,$f(x)$在$(0,a+1)$上单调递减,在$(a+1,+\infty)$上单调递增;

当 $a>1$ 时,$f(x)$在$(a-1,a+1)$上单调递减,在$(0,a-1)$,$(a+1,+\infty)$上单调递增.

(2)由(1)知当 $a>3$ 时,$f(x)$在$(a-1,a+1)$上单调递减,在$(0,a-1)$,$(a+1,+\infty)$上单调递增.

因为 $0<1<a-1$,且 $f(1)=0$,

所以 $f(x)$在$(0,a-1)$上有 1 个零点,且 $f(a-1)>0$.

$f(a+1)=a(2-3a)+(2a^2-2)\ln(a+1)$,

设 $g(a)=a(2-3a)+(2a^2-2)\ln(a+1)(a>3)$,

则 $g'(a)=4a[\ln(a+1)-1]$.

由 $a>3$ 可得 $g'(a)>0$,所以 $g(a)$在$(3,+\infty)$上单调递增,所以 $g(a)>g(3)=-21+16\ln 4>-21+16\times 1.38>0$,所以 $f(a+1)>0$,因此 $f(x)$在$(a-1,+\infty)$上没有零点.

故当 $a>3$ 时,$f(x)$有 1 个零点.

第 9 讲 最值哪里取 极值与端点

【典例分析】

【例 1】 C **解析** $f'(x)=x^2+2x=x(x+2)$.

令 $f'(x)>0$,解得 $x<-2$ 或 $x>0$;令 $f'(x)<0$,解得 $-2<x<0$. 故 $f(x)$的单调递增区间为$(-\infty,-2)$和$(0,+\infty)$,单调递减区间为$(-2,0)$,所以函数 $f(x)$在 $x=0$ 处取得极小值. 由于函数 $f(x)$在区间$(a-4,a)$上存在最小值,则$\begin{cases}a-4<0<a,\\f(a-4)\geqslant f(0).\end{cases}$

由 $f(a-4)\geqslant f(0)$可得$\frac{1}{3}(a-4)^3+(a-4)^2-2\geqslant -2$,

整理得$(a-4)^2(a-1)\geqslant 0$,

即$\begin{cases}a-4<0<a,\\(a-4)^2(a-1)\geqslant 0,\end{cases}$解得 $1\leqslant a<4$.

因此,实数 a 的取值范围是$[1,4)$,故选 C.

【例 2】 B **解析** 由题意可知 $e^{x_1-1}=mx_1$,$e^{x_2-1}=mx_2$,

故$\frac{e^{x_1-1}}{x_1}=\frac{e^{x_2-1}}{x_2}$,即$\frac{x_2}{x_1}=\frac{e^{x_2-1}}{e^{x_1-1}}=e^{x_2-x_1}$.

不妨设 $0<x_1<x_2$,$\frac{x_2}{x_1}=k$,则 $k>1$,

因为 $e^{x_2-x_1}=k$,所以 $x_2-x_1=\ln k$.

由$\begin{cases}x_2-x_1=\ln k,\\\frac{x_2}{x_1}=k,\end{cases}$得$\begin{cases}x_1=\frac{\ln k}{k-1},\\x_2=\frac{k\ln k}{k-1},\end{cases}$所以 $x_1x_2=\frac{k(\ln k)^2}{(k-1)^2}$.

令 $g(x)=\ln x-\frac{x-1}{\sqrt{x}}(x\geqslant 1)$,

则 $g'(x)=\frac{1}{x}-\frac{\sqrt{x}-\frac{x-1}{2\sqrt{x}}}{x}=\frac{2\sqrt{x}-2x+x-1}{2x\sqrt{x}}=\frac{-(1-\sqrt{x})^2}{2x\sqrt{x}}$ $\leqslant 0$ 恒成立,故 $g(x)$ 在 $(1,+\infty)$ 上单调递减,$g(x)_{\max}=g(1)=0$,故 $g(k)<g(1)=0$,即 $\ln k-\frac{k-1}{\sqrt{k}}<0$,易得 $(\ln k)^2<\frac{(k-1)^2}{k}$,所以 $x_1x_2<1$.故选 B.

【例 3】 ACD **解析** $f(x)$ 只有一个零点,即方程 $a^x-x^a=0$ 在 $(0,+\infty)$ 上只有一个根. $a^x=x^a$ 两边取对数得 $x\ln a=a\ln x$,即方程 $\frac{\ln x}{x}=\frac{\ln a}{a}$ 只有一个正根.

设 $h(x)=\frac{\ln x}{x}$,则 $h'(x)=\frac{1-\ln x}{x^2}$,当 $0<x<\mathrm{e}$ 时,$h'(x)>0$,$h(x)$ 单调递增,$x\to0$,$h(x)\to-\infty$;当 $x>\mathrm{e}$ 时,$h'(x)<0$,$h(x)$ 单调递减,此时 $h(x)>0$,$h(x)_{\max}=h(\mathrm{e})=\frac{1}{\mathrm{e}}$.

要使方程 $\frac{\ln x}{x}=\frac{\ln a}{a}$ 只有一个正根,则 $\frac{\ln a}{a}=\frac{1}{\mathrm{e}}$ 或 $\frac{\ln a}{a}<0$,解得 $a=\mathrm{e}$ 或 $a<0$,又因为 $a>1$,所以 $a=\mathrm{e}$,A 正确.

由 A 知 $f(x)=\mathrm{e}^x-x^{\mathrm{e}}$,$f'(x)=\mathrm{e}^x-\mathrm{e}x^{\mathrm{e}-1}$,令 $f'(x)=0$,则 $\mathrm{e}^{x-1}=x^{\mathrm{e}-1}$,两边取对数得 $x-1=(\mathrm{e}-1)\ln x$,易知 $x=1$ 和 $x=\mathrm{e}$ 是此方程的解.

设 $p(x)=(\mathrm{e}-1)\ln x-x+1$,则 $p'(x)=\frac{\mathrm{e}-1}{x}-1$.

当 $0<x<\mathrm{e}-1$ 时,$p'(x)>0$,$p(x)$ 单调递增;当 $x>\mathrm{e}-1$ 时,$p'(x)<0$,$p(x)$ 单调递减.则 $p(\mathrm{e}-1)$ 是极大值,又 $p(1)=p(\mathrm{e})=0$,所以 $p(x)$ 有且只有两个零点.

当 $0<x<1$ 或 $x>\mathrm{e}$ 时,$p(x)<0$,即 $(\mathrm{e}-1)\ln x<x-1$,$x^{\mathrm{e}-1}<\mathrm{e}^{x-1}$,$\mathrm{e}x^{\mathrm{e}-1}<\mathrm{e}^x$,$f'(x)>0$;同理,当 $1<x<\mathrm{e}$ 时,$f'(x)<0$.所以 $f(x)$ 在 $(0,1)$ 和 $(\mathrm{e},+\infty)$ 上单调递增,在 $(1,\mathrm{e})$ 上单调递减,极小值为 $f(\mathrm{e})=0$,极大值为 $f(1)$,又 $f(0)=1$,所以 $f(\mathrm{e})$ 是最小值,B 错误,C 和 D 正确.

故选 ACD.

【例 4】 $\left(-\infty,\frac{1}{3}\right]$ **解析** 解法 1:当 $x=1$ 时,$\ln x=0$,对任意的实数 a,原不等式恒成立.

当 $x\in\left[\frac{1}{2},1\right)$ 时,$\ln x<0$,当 $x\in(1,2]$ 时,$\ln x>0$.

令 $f(x)=ax^2-x-a+1$,则 $f(1)=0$,

且当 $x\in\left[\frac{1}{2},1\right)$ 时,$f(x)\geqslant0$,当 $x\in(1,2]$ 时,$f(x)\leqslant0$,

所以 $\begin{cases}f\left(\frac{1}{2}\right)\geqslant0,\\ f(2)\leqslant0,\end{cases}$ 即 $\begin{cases}\frac{1}{4}a-\frac{1}{2}-a+1\geqslant0,\\ 4a-2-a+1\leqslant0,\end{cases}$ 解得 $a\leqslant\frac{1}{3}$.

综上,实数 a 的取值范围为 $\left(-\infty,\frac{1}{3}\right]$.

解法 2:易知 $ax^2-x-a+1=(x-1)(ax+a-1)$,

不等式 $x\ln x(ax^2-x-a+1)\leqslant0$,

即 $x(x-1)(ax+a-1)\ln x\leqslant0$.

当 $x\in\left[\frac{1}{2},1\right)$ 时,$x>0$,$x-1<0$,$\ln x<0$,所以 $ax+a-1\leqslant0$,即 $a\leqslant\frac{1}{1+x}$,又 $\frac{1}{1+x}\in\left(\frac{1}{2},\frac{2}{3}\right]$,所以 $a\leqslant\frac{1}{2}$;

当 $x=1$ 时,$\ln x=0$,对任意的实数 a,原不等式恒成立;

当 $x\in(1,2]$ 时,$x>0$,$x-1>0$,$\ln x>0$,所以 $ax+a-1\leqslant0$,即 $a\leqslant\frac{1}{1+x}$,又 $\frac{1}{1+x}\in\left[\frac{1}{3},\frac{1}{2}\right)$,所以 $a\leqslant\frac{1}{3}$.

综上,实数 a 的取值范围为 $\left(-\infty,\frac{1}{3}\right]$.

【例 5】 $\left(1,\frac{\mathrm{e}+1}{\mathrm{e}-1}\right)$ **解析** 设 $g(x)=(x-a-1)\mathrm{e}^x$.

由 b 的任意性,结合题意可知,对于任意 $x\in[1,2]$,$-\frac{\mathrm{e}}{2}<f(x)<\frac{\mathrm{e}}{2}$,即 $g(x)_{\max}-g(x)_{\min}<\mathrm{e}$,又 $g'(x)=(x-a)\mathrm{e}^x$,易知函数 $g(x)$ 在 $(-\infty,a)$ 上单调递减,在 $(a,+\infty)$ 上单调递增.

①当 $a\leqslant1$ 时,$g(x)$ 在 $[1,2]$ 上单调递增,则 $g(x)_{\max}=g(2)=(1-a)\mathrm{e}^2$,$g(x)_{\min}=g(1)=-a\mathrm{e}$,故 $g(x)_{\max}-g(x)_{\min}=(1-a)\mathrm{e}^2+a\mathrm{e}<\mathrm{e}$,解得 $a>1$,此时无解.

②当 $a\geqslant2$ 时,$g(x)$ 在 $[1,2]$ 上单调递减,则 $g(x)_{\max}=g(1)=-a\mathrm{e}$,$g(x)_{\min}=g(2)=(1-a)\mathrm{e}^2$,故 $g(x)_{\max}-g(x)_{\min}=-a\mathrm{e}-(1-a)\mathrm{e}^2<\mathrm{e}$,解得 $2\leqslant a<\frac{\mathrm{e}+1}{\mathrm{e}-1}$.

③当 $1<a<2$ 时,$g(x)$ 在 $[1,a)$ 上单调递减,在 $(a,2]$ 上单调递增,则 $g(x)_{\min}=g(a)=-\mathrm{e}^a$,$g(x)_{\max}=\max\{g(1),g(2)\}$,故只需 $g(1)-g(a)=\mathrm{e}^a-a\mathrm{e}<\mathrm{e}$ 且 $g(2)-g(a)=\mathrm{e}^a+(1-a)\mathrm{e}^2<\mathrm{e}$.

记函数 $m(a)=\mathrm{e}^a-a\mathrm{e}-\mathrm{e}$,则 $m'(a)=\mathrm{e}^a-\mathrm{e}>0$.

函数 $m(a)$ 在 $(1,2)$ 上单调递增,则 $m(a)<m(2)=\mathrm{e}^2-3\mathrm{e}=\mathrm{e}(\mathrm{e}-3)<0$.

记函数 $n(a)=\mathrm{e}^a+(1-a)\mathrm{e}^2-\mathrm{e}$,则 $n'(a)=\mathrm{e}^a-\mathrm{e}^2<0$.

函数 $n(a)$ 在 $(1,2)$ 上单调递减,则 $n(a)<n(1)=\mathrm{e}^1+0-\mathrm{e}=0$.

故当 $1<a<2$ 时,$g(1)-g(a)<\mathrm{e}$ 且 $g(2)-g(a)<\mathrm{e}$ 恒成立,满足题意.

综上,实数 a 的取值范围为 $\left(1,\frac{\mathrm{e}+1}{\mathrm{e}-1}\right)$.

【例 6】 **解析** (1)当 $k=a=1$ 时,$y=\frac{x+1}{\mathrm{e}^x}$,则 $y'=\frac{\mathrm{e}^x-(x+1)\mathrm{e}^x}{\mathrm{e}^{2x}}=-\frac{x}{\mathrm{e}^x}$.当 $x>0$ 时,$y'<0$,当 $x<0$ 时,$y'>0$,所以函数 $y=\frac{x+1}{\mathrm{e}^x}$ 在 $(-\infty,0)$ 上单调递增,在 $(0,+\infty)$ 上单调递减.故当 $x=0$ 时,$y_{\max}=1$.

(2)因为当 $x>0$ 时,$f(x)\geqslant g(x)$ 恒成立,所以 $\varphi(x)=1-\frac{kx+a}{\mathrm{e}^{ax}}\geqslant0$ 恒成立,$\varphi'(x)=\frac{akx+a^2-k}{\mathrm{e}^{ax}}$,$\varphi(0)=1-a$.

①当 $k=0$ 时,$x>0$,$\varphi'(x)=\frac{a^2}{\mathrm{e}^{ax}}>0$,$\varphi(x)$ 在 $(0,+\infty)$ 上单调递增,要使 $\varphi(x)\geqslant0$ 恒成立,只需 $1-a\geqslant0$,得 $0<a\leqslant1$,此时 a 不唯一(舍去).

②当 $k<0$ 时,令 $\varphi'(x)=0$,解得 $x=\frac{k-a^2}{ak}$.

当 $0<x<\frac{k-a^2}{ak}$ 时,$\varphi'(x)>0$,$\varphi(x)$ 单调递增;

当 $x>\frac{k-a^2}{ak}$ 时,$\varphi'(x)<0$,$\varphi(x)$ 单调递减.

若 $0<a\leqslant 1$，则 $\varphi(0)\geqslant 0$，$\varphi\left(\frac{k-a^2}{ak}\right)=1-\frac{k}{a\mathrm{e}^{1-\frac{a^2}{k}}}>0$，满足 $\varphi(x)>0$，此时 a 不唯一(舍去).

若 $a>1$，则 $\varphi(0)<0$，$\varphi\left(\frac{k-a^2}{ak}\right)=1-\frac{k}{a\mathrm{e}^{1-\frac{a^2}{k}}}>0$，由零点存在性定理得存在 $\varphi(x_0)=0$，且 $x_0\in\left(0,\frac{k-a^2}{ak}\right)$，当 $x\in(0,x_0)$ 时，$\varphi(x)<0$，与题意矛盾(舍去).

③当 $0<k\leqslant a^2$ 时，$\varphi'(x)=\frac{akx+a^2-k}{\mathrm{e}^{ax}}>0$ 成立，则 $\varphi(x)$ 在 $(0,+\infty)$ 上单调递增，只要 $\varphi(0)=1-a\geqslant 0$，此时 a 不唯一(舍去).

④当 $k>a^2$ 时，令 $\varphi'(x)=0$，解得 $x=\frac{k-a^2}{ak}$.

当 $x>\frac{k-a^2}{ak}$ 时，$\varphi'(x)>0$，$\varphi(x)$ 单调递增；

当 $0<x<\frac{k-a^2}{ak}$ 时，$\varphi'(x)<0$，$\varphi(x)$ 单调递减.

要使 $\varphi(x)\geqslant 0$ 恒成立且 a 唯一，

只要 $\varphi\left(\frac{k-a^2}{ak}\right)=1-\frac{k}{a\mathrm{e}^{1-\frac{a^2}{k}}}=0$，所以有 $1-\frac{a^2}{k}=\ln\frac{k}{a}$.

令 $H(a)=\ln a-\ln k+1-\frac{a^2}{k}$，$H'(a)=\frac{k-2a^2}{ak}$，故 $H(a)$ 在 $\left(0,\sqrt{\frac{k}{2}}\right)$ 上单调递增，在 $\left(\sqrt{\frac{k}{2}},+\infty\right)$ 上单调递减，则应使 $H\left(\sqrt{\frac{k}{2}}\right)=0$，解得 $k=\frac{\mathrm{e}}{2}$，$a=\frac{\sqrt{\mathrm{e}}}{2}$，符合题意.

综上，$k=\frac{\mathrm{e}}{2}$，$a=\frac{\sqrt{\mathrm{e}}}{2}$.

【巩固练习】

1. C **解析** $f'(x)=\cos 2x+\cos x=2\cos^2x+\cos x-1=(2\cos x-1)(\cos x+1)$.

当 $\cos x>\frac{1}{2}$ 时，$f'(x)>0$，$f(x)$ 单调递增；

当 $-1\leqslant\cos x<\frac{1}{2}$ 时，$f'(x)<0$，$f(x)$ 单调递减.

所以当 $f(x)$ 取得最小值时，$\cos x=\frac{1}{2}$，此时 $\sin x=\pm\frac{\sqrt{3}}{2}$.

当 $\sin x=-\frac{\sqrt{3}}{2}$ 时，$f(x)=\sin x\cos x+\sin x=-\frac{3}{4}\sqrt{3}$；

当 $\sin x=\frac{\sqrt{3}}{2}$ 时，$f(x)=\sin x\cos x+\sin x=\frac{3}{4}\sqrt{3}$.

所以 $f(x)$ 的最小值是 $-\frac{3\sqrt{3}}{4}$. 故选 C.

2. C **解析** 由题意，$f'(x)=(x^2+2x+a)\mathrm{e}^x$. 因为函数 $f(x)$ 有最小值，且 $\mathrm{e}^x>0$，所以 $f(x)$ 存在单调递减区间，即 $f'(x)<0$ 有解，所以 $x^2+2x+a=0$ 有两个不等实数根，从而函数 $y=f'(x)$ 的零点个数为 2. 故选 C.

3. A **解析** 由题意，$f'(x)=\frac{2}{x}+2ax-3$ 且 $f'(2)=0$，所以 $a=\frac{1}{2}$，则 $f'(x)=\frac{2}{x}+x-3=\frac{x^2-3x+2}{x}=\frac{(x-1)(x-2)}{x}$.

当 $1<x<2$ 时，$f'(x)<0$，$f(x)$ 单调递减；

当 $x<1$ 或 $x>2$ 时，$f'(x)>0$，$f(x)$ 单调递增.

所以在 $\left[\frac{1}{3},1\right)$，$(2,3]$ 上，$f(x)$ 单调递增；

在 $(1,2)$ 上，$f(x)$ 单调递减.

因为 $f(3)=2\ln 3-\frac{9}{2}>f(1)=-\frac{5}{2}$，所以 $f(x)$ 在 $\left[\frac{1}{3},3\right]$ 上的最大值是 $2\ln 3-\frac{9}{2}$. 故选 A.

4. D **解析** $f'(x)=x^2-1=(x+1)(x-1)$.

当 $-1<x<1$ 时，$f'(x)<0$；当 $x>1$ 时，$f'(x)>0$，所以 $f(x)$ 的极小值为 $f(1)$，则有 $\begin{cases}m<1<6-m^2,\\f(m)\geqslant f(1),\end{cases}$ 得 $-2\leqslant m<1$. 故选 D.

5. C **解析** 设 $a=\mathrm{e}^{x_1}=\ln x_2$，则 $x_1=\ln a$，$x_2=\mathrm{e}^a$，$t=x_2-x_1=\mathrm{e}^a-\ln a$.

令 $h(x)=\mathrm{e}^x-\ln x$，则 $h'(x)=\mathrm{e}^x-\frac{1}{x}$.

易知 $h'(x)$ 单调递增，且 $h'\left(\frac{1}{2}\right)=\sqrt{\mathrm{e}}-2<0$，$h'(1)=\mathrm{e}-1>0$，

则存在 $x_0\in\left(\frac{1}{2},1\right)$，使 $h'(x_0)=\mathrm{e}^{x_0}-\frac{1}{x_0}=0$.

当 $x\in(0,x_0)$ 时，$h'(x)<0$，$h(x)$ 单调递减；

当 $x\in(x_0,+\infty)$ 时，$h'(x)>0$，$h(x)$ 单调递增.

又由 $h'(x_0)=\mathrm{e}^{x_0}-\frac{1}{x_0}=0$ 得 $\mathrm{e}^{x_0}=\frac{1}{x_0}$，$\ln x_0=-x_0$，

则 $h(x)\geqslant h(x_0)=\mathrm{e}^{x_0}-\ln x_0=x_0+\frac{1}{x_0}$，$x_0\in\left(\frac{1}{2},1\right)$.

易知 $h(x_0)=x_0+\frac{1}{x_0}$ 在 $x_0\in\left(\frac{1}{2},1\right)$ 时单调递减，即 $2<h(x_0)<\frac{5}{2}$. 故选 C.

6. C **解析** 函数 $f(x)$ 的定义域为 $\left\{x\middle|x>-\frac{1}{2}\right\}$.

$f(x)\leqslant g(x)$ 恒成立，即 $\ln(2x+1)\leqslant 2mx+m$ 恒成立，

即 $m\geqslant\frac{\ln(2x+1)}{2x+1}$ 在 $x>-\frac{1}{2}$ 时恒成立.

令 $t=2x+1>0$，即 $m\geqslant\frac{\ln t}{t}$ 在 $t>0$ 时恒成立，即 $m\geqslant\left(\frac{\ln t}{t}\right)_{\max}$.

设 $g(t)=\frac{\ln t}{t}(t>0)$，令 $g'(t)=\frac{1-\ln t}{t^2}=0$，得 $t=\mathrm{e}$.

当 $t\in(0,\mathrm{e})$ 时，$g'(t)>0$，$g(t)$ 单调递增；

当 $t\in(\mathrm{e},+\infty)$ 时，$g'(t)<0$，$g(t)$ 单调递减.

所以当 $t=\mathrm{e}$ 时，$g(t)$ 取得最大值 $g(\mathrm{e})=\frac{\ln\mathrm{e}}{\mathrm{e}}=\frac{1}{\mathrm{e}}$，即 $\left(\frac{\ln t}{t}\right)_{\max}=\frac{1}{\mathrm{e}}$，所以 $m\geqslant\frac{1}{\mathrm{e}}$. 故选 C.

7. C **解析** 因为 $\mathrm{e}^x=\frac{8k+8}{(x-k)^2}\Leftrightarrow(x-k)^2\mathrm{e}^x=8k+8$，所以题目转化为方程 $(x-k)^2\mathrm{e}^x=8k+8$ 恰有 3 个不同的根.

令 $f(x)=(x-k)^2\mathrm{e}^x$，则 $f'(x)=(x-k)(x-k+2)\mathrm{e}^x$.

令 $f'(x)=0$，解得 $x_1=k-2$，$x_2=k$.

当 $x\in(-\infty,k-2)$ 时，$f'(x)>0$，$f(x)$ 单调递增；

当 $x\in(k-2,k)$ 时，$f'(x)<0$，$f(x)$ 单调递减；

当 $x\in(k,+\infty)$ 时，$f'(x)>0$，$f(x)$ 单调递增.

显然当 $x\to-\infty$ 时，$f(x)\to0$；当 $x\to+\infty$ 时，$f(x)\to+\infty$.

要使 $(x-k)^2e^x=8k+8$ 恰有3个不同的根，只要 $f(k-2)>8k+8>0$，即 $4e^{k-2}-8k-8>0$，即 $e^{k-2}-2k-2>0$，令 $t=k-2\geqslant0$，即 $e^t-2t-6>0$.

构造函数 $g(t)=e^t-2t-6(t\geqslant0)$，则 $g'(t)=e^t-2$.

令 $g'(t)=0$，得 $t=\ln2$.

当 $t\in[0,\ln2]$ 时，$g'(t)<0$，$g(t)$ 单调递减；

当 $t\in(\ln2,+\infty)$ 时，$g'(t)>0$，$g(t)$ 单调递增.

当 $t=0$ 时，$g(t)<0$；

当 $t=\ln2$ 时，$g(\ln2)=2-2\ln2-6=-4-2\ln2<0$；

当 $t=2$ 时，$g(2)=e^2-10<0$；

当 $t=3$ 时，$g(3)=e^3-12>0$.

由零点存在性定理知方程 $e^t=2t+6$ 在 $(0,+\infty)$ 上的根 $t_0\in(2,3)$，则 $e^{k-2}-2k-2=0$ 在 $(2,+\infty)$ 上的根 $k_0\in(4,5)$，故 $e^{k-2}-2k-2>0$ 的解集为 $(k_0,+\infty)$，得 k 的最小值为5.故选C.

8. D　**解析**　由题意得 $x_1e^{x_1}=t$，$2x_2\ln2x_2=e^{\ln2x_2}\cdot\ln2x_2=t$.

令函数 $f(x)=xe^x$，则 $f'(x)=(1+x)e^x$.

当 $x<-1$ 时，$f'(x)<0$，$f(x)$ 在 $(-\infty,-1)$ 上单调递减；

当 $x>-1$ 时，$f'(x)>0$，$f(x)$ 在 $(-1,+\infty)$ 上单调递增.

又当 $x\in(-\infty,0)$ 时，$f(x)<0$，当 $x\in(0,+\infty)$ 时，$f(x)>0$，作函数 $f(x)=xe^x$ 的大致图象，如图.

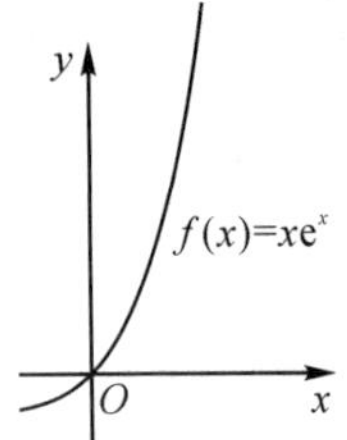

由图可知，当 $t>0$ 时，$f(x)=t$ 有唯一解，故 $x_1=\ln2x_2$，且 $x_1>0$，

所以 $\dfrac{\ln t}{x_1x_2}=\dfrac{2\ln t}{2x_2\ln2x_2}=\dfrac{2\ln t}{t}$.

设 $h(t)=\dfrac{2\ln t}{t}$，$t>0$，则 $h'(t)=\dfrac{2(1-\ln t)}{t^2}$.

令 $h'(t)=0$，解得 $t=e$，所以 $h(t)$ 在 $(0,e)$ 上单调递增，在 $(e,+\infty)$ 上单调递减，$h(t)\leqslant h(e)=\dfrac{2}{e}$，即 $\dfrac{\ln t}{x_1x_2}$ 的最大值为 $\dfrac{2}{e}$.故选D.

9. A　**解析**　设 $\dfrac{x}{y}=m(m>0)$，即 $x=my$，因为 $x^2+y^2=1$，$0<x<1$，$0<y<1$，所以 $m^2y^2+y^2=1$，$y^2=\dfrac{1}{m^2+1}$，所以 $\dfrac{4}{x}+\dfrac{1}{y}=\dfrac{4}{my}+\dfrac{1}{y}=\dfrac{4+m}{my}=\sqrt{\dfrac{(4+m)^2(m^2+1)}{m^2}}$.

令 $f(m)=\dfrac{(4+m)^2(m^2+1)}{m^2}=\dfrac{(m^2+8m+16)(m^2+1)}{m^2}=m^2+8m+\dfrac{8}{m}+\dfrac{16}{m^2}+17$，

则 $f'(m)=2m+8-\dfrac{8}{m^2}-\dfrac{32}{m^3}=2(m+4)-\dfrac{8(m+4)}{m^3}=\left(2-\dfrac{8}{m^3}\right)(m+4)$.

因为 $m>0$，所以当 $0<m<\sqrt[3]{4}$ 时，$f'(m)<0$，$f(m)$ 在 $(0,\sqrt[3]{4})$ 上单调递减；当 $m>\sqrt[3]{4}$ 时，$f'(m)>0$，$f(m)$ 在 $(\sqrt[3]{4},+\infty)$ 上单调递增.

所以当 $m=\sqrt[3]{4}$ 时，$f(m)$ 取得最小值.故选A.

10. BCD　**解析**　$f'(x)=\begin{cases}-e^x,x\leqslant1,\\ \dfrac{1}{x},x>1,\end{cases}$

因为 $f(x)$ 在点 A 和点 B 处的切线互相垂直，由导数的几何意义可知，$f(x)$ 在点 A 和点 B 处的切线的斜率之积为 -1.

①当 $x_1<x_2\leqslant1$ 时，满足 $(-e^{x_1})\times(-e^{x_2})=-1$，即 $e^{x_1}e^{x_2}=e^{x_1+x_2}=-1$，因为 $e^{x_1+x_2}>0$，所以方程无解，即不存在 $x_1<x_2\leqslant1$，使得 $f(x)$ 在点 A 和点 B 处的切线互相垂直.

②当 $x_1\leqslant1<x_2$ 时，满足 $(-e^{x_1})\times\dfrac{1}{x_2}=-1$，即 $e^{x_1}=x_2$.

因为 $x_2>1$，所以 $e^{x_1}>1$，所以 $x_1>0$，所以A错误，B正确.

对于C，可知 $\dfrac{x_2}{x_1}=\dfrac{e^{x_1}}{x_1}$，令 $g(x)=\dfrac{e^x}{x}(x\leqslant1)$，则 $g'(x)=\left(\dfrac{e^x}{x}\right)'=\dfrac{xe^x-e^x}{x^2}=\dfrac{e^x(x-1)}{x^2}$，令 $g'(x)=0$，得 $x=1$，所以当 $x<1$ 时，$g'(x)<0$，$g(x)$ 单调递减.$g(x)$ 在 $x=1$ 处取得极小值，即最小值为 $g(1)=e$，所以C正确.

对于D，可知 $x_1x_2=x_1e^{x_1}$，令 $h(x)=xe^x(x\leqslant1)$，则 $h'(x)=e^x+xe^x$，令 $h'(x)=e^x(1+x)=0$，解得 $x=-1$.所以当 $x<-1$ 时，$h'(x)<0$，$h(x)$ 单调递减；当 $-1<x\leqslant1$ 时，$h'(x)>0$，$h(x)$ 单调递增.$h(x)$ 在 $x=-1$ 处取得极小值，即最小值为 $h(-1)=-\dfrac{1}{e}$.当 $x\to-\infty$ 时，$h(x)<0<h(1)$，故当 $x=1$ 时，最大值为 $h(1)=e$，所以D正确.

③当 $1\leqslant x_1<x_2$ 时，满足 $\dfrac{1}{x_1}\times\dfrac{1}{x_2}=-1$，即 $x_1x_2=-1$，此方程无解，所以不成立.

故选BCD.

11. $[-4e^2,0]$　**解析**　因为 $f(x_1)=f(x_2)$，

所以 $x_1+4e=\dfrac{e^{x_2}}{x_2}$，即 $x_1=\dfrac{e^{x_2}}{x_2}-4e$，

因为 $x_1\leqslant0$，所以 $\dfrac{e^{x_2}}{x_2}\leqslant4e$.

当 $x>0$ 时，$f(x)=\dfrac{e^x}{x}$，$f'(x)=\dfrac{e^xx-e^x}{x^2}=\dfrac{e^x(x-1)}{x^2}$，

由 $f'(x)>0$ 得 $x>1$，由 $f'(x)<0$ 得 $0<x<1$，所以 $f(x)$ 在 $(0,1)$ 上单调递减，在 $(1,+\infty)$ 上单调递增，$f(x)$ 在 $x=1$ 处取得最小值e，所以 $e\leqslant\dfrac{e^{x_2}}{x_2}\leqslant4e$.

$x_1f(x_2)=\left(\dfrac{e^{x_2}}{x_2}-4e\right)\dfrac{e^{x_2}}{x_2}=\left(\dfrac{e^{x_2}}{x_2}\right)^2-4e\cdot\dfrac{e^{x_2}}{x_2}$.

令 $t=\dfrac{e^{x_2}}{x_2}$，则 $e\leqslant t\leqslant4e$，

所以 $x_1f(x_2)=t^2-4et=(t-2e)^2-4e^2$.

当 $t=2e$ 时，$x_1f(x_2)$ 取得最小值 $-4e^2$，当 $t=4e$ 时，$x_1f(x_2)$ 取得最大值 0，所以 $x_1f(x_2)$ 的取值范围是 $[-4e^2,0]$.

12. $2+\cos 2$ **解析** 由题意知，

$f(x)=xe^{|x-a|}-\ln x=\begin{cases}xe^{x-a}-\ln x,x\geqslant a,\\xe^{a-x}-\ln x,x<a.\end{cases}$

①当 $a\leqslant 1$ 时，$f(x)=xe^{x-a}-\ln x$，

此时 $f'(x)=(x+1)e^{x-a}-\dfrac{1}{x}$.

当 $x\in[1,+\infty)$ 时，$f'(x)\geqslant 0$ 恒成立，则 $f(x)$ 在 $[1,+\infty)$ 上单调递增，所以 $f(x)$ 的最小值为 $f(1)=e^{1-a}=1$，解得 $a=1$.

②当 $a>1$ 时，$f(x)=\begin{cases}xe^{x-a}-\ln x,x\geqslant a,\\xe^{a-x}-\ln x,x<a.\end{cases}$

当 $x\geqslant a$ 时，$f(x)=xe^{x-a}-\ln x$，

$f'(x)=(x+1)e^{x-a}-\dfrac{1}{x}\geqslant 0$ 恒成立，

所以 $f(x)$ 的最小值为 $f(a)=ae^{a-a}-\ln a=a-\ln a=1$，

令 $y=x-\ln x$，则 $y'=1-\dfrac{1}{x}=\dfrac{x-1}{x}$，故函数 $y=x-\ln x$ 在 $[1,+\infty)$ 上单调递增，在 $(0,1)$ 上单调递减.

由于当 $x=1$ 时，$y=1-\ln 1=1$，故 $a-\ln a=1$，解得 $a=1$（舍去）.

当 $x\leqslant a$ 时，$f(x)=xe^{a-x}-\ln x$，

$f'(x)=(1-x)e^{a-x}-\dfrac{1}{x}\leqslant 0$ 恒成立，

所以函数 $f(x)$ 的最小值为 $f(a)=ae^{a-a}-\ln a=a-\ln a=1$，同理解得 $a=1$（舍去）.

综上，当 $x\in[1,+\infty)$ 时，$f(x)$ 的最小值为 1，此时 $a=1$.

对于任意 $x\in[-2,1]$，不等式 $\dfrac{1}{2}x^2+\cos ax-m\leqslant 0$ 恒成立，即不等式 $\dfrac{1}{2}x^2+\cos x\leqslant m$ 恒成立.

令 $g(x)=\dfrac{1}{2}x^2+\cos x,x\in[-2,1]$，

$g'(x)=x-\sin x$，$g''(x)=1-\cos x\geqslant 0$ 恒成立，

故 $g'(x)=x-\sin x$ 在 $[-2,1]$ 上单调递增，

又因为 $g'(0)=0$，所以 $g(x)$ 在 $[-2,0]$ 上单调递减，在 $[0,1]$ 上单调递增.

由于 $g(-2)=2+\cos 2$，$g(1)=\dfrac{1}{2}+\cos 1$，

所以 $g(-2)-g(1)=\dfrac{3}{2}+\cos 2-\cos 1=2\cos^2 1-\cos 1+\dfrac{1}{2}=2\left(\cos 1-\dfrac{1}{4}\right)^2+\dfrac{3}{8}>0$，

从而 $g(x)$ 在 $[-2,1]$ 上的最大值为 $g(2)=2+\cos 2$.

故实数 m 的取值范围为 $m\geqslant 2+\cos 2$，即实数 m 的最小值为 $2+\cos 2$.

13. $0<a\leqslant 1$ **解析** 由 $(2x-y)(\ln y-\ln x+1)\leqslant\dfrac{x}{a}$，$x>0$，$y>0$，得 $\left(2-\dfrac{y}{x}\right)\left(\ln\dfrac{y}{x}+1\right)\leqslant\dfrac{1}{a}$.

设 $\dfrac{y}{x}=t>0$，$f(t)=(2-t)(\ln t+1)$，则 $f(t)\leqslant\dfrac{1}{a}$ 恒成立，

$f'(t)=-(\ln t+1)+(2-t)\dfrac{1}{t}=-\ln t+\dfrac{2}{t}-2$，

$f''(t)=-\dfrac{1}{t}-\dfrac{2}{t^2}=-\dfrac{t+2}{t^2}<0$，

即 $f'(t)$ 在 $(0,+\infty)$ 上单调递减，且 $f'(1)=0$，

所以当 $0<t<1$ 时，$f'(t)>0$；

当 $t>1$ 时，$f'(t)<0$.

函数 $f(t)$ 在 $(0,1)$ 上单调递增，在 $(1,+\infty)$ 上单调递减，

故当 $x=1$ 时，$f(t)$ 取最大值 $f(1)=1$，即 $1\leqslant\dfrac{1}{a}$，所以 $0<a\leqslant 1$.

14. $k>\dfrac{1}{e}$ **解析** 因为 $kx(e^{kx}+1)>(x+1)\ln x$，

所以 $(e^{kx}+1)\ln e^{kx}>(x+1)\ln x$ ①.

令 $f(x)=(x+1)\ln x$，则 $f'(x)=\dfrac{1}{x}+1+\ln x$，

$f''(x)=-\dfrac{1}{x^2}+\dfrac{1}{x}=\dfrac{x-1}{x^2}$.

当 $0<x<1$ 时，$f''(x)<0$，当 $x>1$ 时，$f''(x)>0$，所以 $f'(x)$ 在 $(0,1)$ 上单调递减，在 $(1,+\infty)$ 上单调递增，$f'(x)>f'(1)=2$，所以 $f(x)$ 在 $(0,+\infty)$ 上单调递增.

因为①式可化为 $f(e^{kx})>f(x)$，所以 $e^{kx}>x$，$k>\dfrac{\ln x}{x}$.

令 $h(x)=\dfrac{\ln x}{x}$，可得 $h(x)$ 在 $(0,e)$ 上单调递增，在 $(e,+\infty)$ 上单调递减，所以 $h(x)_{\max}=\dfrac{1}{e}$，从而 $k>\dfrac{1}{e}$.

15. 解析 (1)当 $a=0$ 时，$f(x)=e^x(-2x+3)$，

则 $f'(x)=e^x(-2x+1)$.

当 $x<\dfrac{1}{2}$ 时，$f'(x)>0$，$f(x)$ 在 $\left(-\infty,\dfrac{1}{2}\right)$ 上单调递增；

当 $x>\dfrac{1}{2}$ 时，$f'(x)<0$，$f(x)$ 在 $\left(\dfrac{1}{2},+\infty\right)$ 上单调递减.

所以函数 $f(x)$ 的最大值为 $f\left(\dfrac{1}{2}\right)=2\sqrt{e}$.

(2)解法 1：设 $F(x)=f(x)-(x+3)$，

则 $F(x)=e^x(ax^2-2x+3)-(x+3)\geqslant 0$.

若 $a\leqslant 0$，则 $F(2)=e^2(4a-1)-5<0$，不符合题意，舍去.

若 $a>0$，则 $F'(x)=e^x[ax^2+(2a-2)x+1]-1$.

设 $G(x)=F'(x)$，

则 $G'(x)=e^x[ax^2+(4a-2)x+2a-1]$.

对于方程 $ax^2+(4a-2)x+2a-1=0$，

其判别式 $\Delta=4(2a^2-3a+1)=4(2a-1)(a-1)$.

①当 $\dfrac{1}{2}\leqslant a\leqslant 1$ 时，$\Delta\leqslant 0$，$G'(x)\geqslant 0$，所以 $G(x)$（即 $F'(x)$）单调递增. 因为 $F'(0)=0$，所以当 $x\in(-\infty,0)$ 时，$F'(x)<0$，$F(x)$ 单调递减；当 $x\in(0,+\infty)$ 时，$F'(x)>0$，$F(x)$ 单调递增. 从而 $F(x)\geqslant F(0)=0$ 成立.

②当 $0<a<\dfrac{1}{2}$ 时，设方程 $ax^2+(4a-2)x+2a-1=0$ 有两个根 $x_1,x_2(x_1<x_2)$，因为 $x_1x_2=\dfrac{2a-1}{a}<0$，则 $x_1<0$

$<x_2$.当 $x\in(0,x_2)$ 时,有 $G'(x)<0$,推出 $G(x)$(即 $F'(x)$)单调递减,于是 $F'(x)<F'(0)=0$,得 $F(x)$ 在 $(0,x_2)$ 上单调递减,从而在 $(0,x_2)$ 上有 $F(x)<F(0)=0$,不符合题意,舍去.

③当 $a>1$ 时,$F(x)=e^x\cdot ax^2+e^x(-2x+3)-(x+3)\geqslant e^x\cdot x^2+e^x(-2x+3)-(x+3)$,

而 $e^x\cdot x^2+e^x(-2x+3)-(x+3)$ 是当 $a=1$ 时 $F(x)$ 的表达式.

根据①中的解题方法可知,

$e^x\cdot x^2+e^x(-2x+3)-(x+3)\geqslant 0$,

所以 $F(x)\geqslant 0$ 成立.

综上,a 的取值范围是 $a\geqslant\frac{1}{2}$.

解法2:若 $a\leqslant 0$,令 $x=2$,则 $f(2)=e^2(4a-1)<5$,不符合题意,故只需考虑 $a>0$ 的情况.

由已知,$e^x(ax^2-2x+3)\geqslant x+3$,

可转化为 $(x+3)e^{-x}-ax^2+2x-3\leqslant 0$.

设 $F(x)=(x+3)e^{-x}-ax^2+2x-3$,

则 $F'(x)=-(x+2)e^{-x}-2ax+2$.

设 $G(x)=F'(x)$,则 $G'(x)=(x+1)e^{-x}-2a$.

设 $h(x)=G'(x)$,则 $h'(x)=-xe^{-x}$.

易知 $h(x)$(即 $G'(x)$)在 $(-\infty,0)$ 上单调递增,在 $(0,+\infty)$ 上单调递减,从而 $G'(x)\leqslant G'(0)=1-2a$.

①当 $a\geqslant\frac{1}{2}$ 时,$G'(x)\leqslant 0$,于是 $G(x)$ 单调递减,即 $F'(x)$ 单调递减.由于 $F'(0)=0$,所以当 $x<0$ 时,$F'(x)>0$,$F(x)$ 单调递增;当 $x>0$ 时,$F'(x)<0$,$F(x)$ 单调递减.所以 $F(x)\leqslant F(0)=0$ 成立.

②当 $0<a<\frac{1}{2}$ 时,因为 $G'(0)=1-2a>0$,$G'(-1)=-2a<0$,则在区间 $(-1,0)$ 上存在 x_0,使得 $G'(x_0)=0$.

由于 $G'(x)$ 在 $(-\infty,0)$ 上单调递增,所以当 $x\in(x_0,0)$ 时,$G'(x)>0$,则 $G(x)$(即 $F'(x)$)单调递增.

因为 $F'(0)=0$,所以当 $x\in(x_0,0)$ 时,$F'(x)<0$,得 $F(x)$ 单调递减,于是在 $(x_0,0)$ 上,$F(x)>F(0)=0$,与题意不符.

综上,a 的取值范围是 $a\geqslant\frac{1}{2}$.

【拓展探究】

16. 解析 (1)令 $g(x)=(x+m)e^x-m$,

则 $g'(x)=(x+m+1)e^x$.

令 $g'(x)=0$,得 $x=-m-1$.

当 $x\in(-\infty,-m-1)$ 时,$g'(x)<0$,$g(x)$ 单调递减;

当 $x\in(-m-1,+\infty)$ 时,$g'(x)>0$,$g(x)$ 单调递增.

所以 $g(x)$ 在 $x=-m-1$ 处取到极小值,且 $g(0)=0$,则 $g(-m-1)\leqslant 0$.

①当 $-m\leqslant 0$,即 $m\geqslant 0$ 时,$-m-1<0$.

当 $x\in(-\infty,-m-1]$ 时,$x+m\leqslant -1<0$,$e^x>0$,则恒有 $g(x)=(x+m)e^x-m<0$,方程 $g(x)=0$ 无解.

当 $x\in(-m-1,+\infty)$ 时,$g(0)=0$,即方程 $f(x)=m$ 有唯一解.

②当 $-m>0$ 且 $-m-1<0$ 时,$-1<m<0$.

当 $x\in(-\infty,-m-1]$ 时,$g(-m-1)<0$,

又 $g\left(\frac{1}{m}-m\right)=\frac{1}{m}e^{\frac{1}{m}-m}-m=\frac{e^{\frac{1}{m}-m}-m^2}{m}$,

且 $\frac{1}{m}-m<-m-1$,

令 $h(m)=2\ln(-m)+m-\frac{1}{m}(-1<m<0)$,

则 $h'(m)=\frac{2}{m}+1+\frac{1}{m^2}=\frac{(m+1)^2}{m^2}>0$,

从而 $h(m)>h(-1)=0$,

所以 $2\ln(-m)>\frac{1}{m}-m$,即 $e^{\frac{1}{m}-m}-m^2<0$,

所以 $g\left(\frac{1}{m}-m\right)=\frac{e^{\frac{1}{m}-m}-m^2}{m}>0$,

故 $g(x)$ 在 $(-\infty,-m-1]$ 上有一个零点,

当 $x\in(-m-1,+\infty)$ 时,$g(0)=0$.

即当 $-1<m<0$ 时,方程 $f(x)=m$ 有两个解.

③当 $-m-1=0$,即 $m=-1$ 时,$g(-m-1)=g(0)=0$,方程 $f(x)=m$ 有唯一解.

④当 $-m-1>0$ 时,$m<-1$.

当 $x\in(-\infty,-m-1)$ 时,$g(0)=0$,故 $g(x)$ 在 $(-\infty,-m-1)$ 上有一个零点.

当 $x\in[-m-1,+\infty)$ 时,$g(-m-1)<0$,且 $g(-m)=-m>0$,故 $g(x)$ 在 $[-m-1,+\infty)$ 上有一个零点.

即当 $m<-1$ 时,方程 $f(x)=m$ 有两个解.

综上,当 $m<-1$ 或 $-1<m<0$ 时,方程有两个解;当 $m=-1$ 或 $m\geqslant 0$ 时,方程有一个解.

(2)当 $m=0$ 时,$f(x)=xe^x(x>0)$,

则 $f'(x)=(x+1)e^x>0$,$f(x)$ 在 $(0,+\infty)$ 上单调递增.

由 $x>0$,且 $\lambda>0$,得 $\lambda x>0$.

当 $x\in\left(0,\frac{1}{\lambda}\right]$ 时,$\lambda x\leqslant 1$,$\lambda x\ln\lambda x\leqslant 0$,

且 $f(2x)=2xe^{2x}>0$,

则 $\lambda x\ln\lambda x\leqslant f(2x)$ 恒成立.

当 $x\in\left(\frac{1}{\lambda},+\infty\right)$ 时,$\lambda x>1$,则 $\lambda x\ln\lambda x>0$,

$\lambda x\ln\lambda x\leqslant f(2x)\Leftrightarrow(\ln\lambda x)e^{\ln\lambda x}\leqslant f(2x)\Leftrightarrow f(\ln\lambda x)\leqslant f(2x)$.

因为 $f(x)$ 在 $(0,+\infty)$ 上单调递增,

所以 $\ln\lambda x\leqslant 2x$,$\lambda x\leqslant e^{2x}$,即 $\lambda\leqslant\frac{e^{2x}}{x}$.

令 $\varphi(x)=\frac{e^{2x}}{x}$,则 $\varphi'(x)=\frac{(2x-1)e^{2x}}{x^2}$.

当 $x\in\left(0,\frac{1}{2}\right)$ 时,$\varphi'(x)<0$,$\varphi(x)$ 单调递减;

当 $x\in\left(\frac{1}{2},+\infty\right)$ 时,$\varphi'(x)>0$,$\varphi(x)$ 单调递增.

所以 $\varphi(x)_{\min}=\varphi\left(\frac{1}{2}\right)=2e$,从而 $\lambda\leqslant 2e$.

综上所述,$\lambda_{\max}=2e$.

第10讲 导数不等式 变形与作差

【典例分析】

【例1】证明 (1)$f(x)=\ln x-x+1$，$f'(x)=\frac{1-x}{x}$.

x	$(0,1)$	1	$(1,+\infty)$
$f'(x)$	+	0	−
$f(x)$	增	最大值	减

由表可得 $f(x)\leqslant f(1)=0$.

(2)当 $x\in(1,+\infty)$时，$\ln x>0$，由(1)可得 $1<\frac{x-1}{\ln x}$.

用$\frac{1}{x}$代替x得 $\ln\frac{1}{x}<\frac{1}{x}-1$，即 $\ln x>\frac{x-1}{x}$，所以$\frac{x-1}{\ln x}<x$.

综上，$1<\frac{x-1}{\ln x}<x$.

(3)设 $g(x)=1+(c-1)x-c^x$，则 $g'(x)=c-1-c^x\ln c$.
因为 $c>1$，所以 $g'(x)$在$(0,1)$上单调递减，
且 $g'(0)=c-1-\ln c$.

由(1)可知 $g'(0)>0$，$g'(1)=c-1-c\ln c=c\left(\frac{c-1}{c}-\ln c\right)$，

由(2)可知 $g'(1)<0$，所以在$(0,1)$上存在 x_0，使 $g'(x_0)=0$，列表如下.

x	$(0,x_0)$	x_0	$(x_0,1)$
$g'(x)$	+	0	−
$g(x)$	增	最大值	减

又 $g(0)=g(1)=0$，所以 $g(x)=1+(c-1)x-c^x>0$，即当 $x\in(0,1)$时，$1+(c-1)x>c^x$.

【例2】证明 证法1：欲证 $e^x-x^2>x-x\ln x$，

即证$\frac{e^x}{x}-1>x-\ln x=\ln\frac{e^x}{x}$.

因为 $e^x\geqslant x+1>x>0$，所以$\frac{e^x}{x}>1$.

又因为 $x-1\geqslant\ln x$(证明略，当 $x=1$ 时等号成立，下同)，

所以$\frac{e^x}{x}-1>\ln\frac{e^x}{x}$，即 $e^x-x^2>x-x\ln x$.

证法2：欲证 $e^x-x^2>x-x\ln x$，

即证$\frac{e^x}{x}>x-\ln x+1$，

即证 $e^{x-\ln x}>x-\ln x+1$.
因为 $x>x-1\geqslant\ln x$，所以 $x-\ln x>0$，
根据 $e^x\geqslant x+1$(证明略，当 $x=0$ 时等号成立，下同)，
可得 $e^{x-\ln x}>x-\ln x+1$，即 $e^x-x^2>x-x\ln x$.

证法3：欲证 $e^x-x^2>x-x\ln x$，即证$\frac{e^x}{x}-x-1+\ln x>0$.

设 $f(x)=\frac{e^x}{x}-x-1+\ln x$，则 $f'(x)=\frac{(x-1)(e^x-x)}{x^2}$.

因为 $e^x\geqslant x+1>x$，所以可得下表.

x	$(0,1)$	1	$(1,+\infty)$
$f'(x)$	−	0	+
$f(x)$	减	最小值	增

由此可得 $f(x)\geqslant f(1)=e-2>0$，即 $e^x-x^2>x-x\ln x$.

证法4：欲证 $e^x-x^2>x-x\ln x$，即证$\frac{x^2+x-x\ln x}{e^x}<1$.

设 $f(x)=\frac{x^2+x-x\ln x}{e^x}$，则 $f'(x)=\frac{(1-x)(x-\ln x)}{e^x}$.

因为 $x>x-1\geqslant\ln x$，所以 $x-\ln x>0$，可得下表.

x	$(0,1)$	1	$(1,+\infty)$
$f'(x)$	+	0	−
$f(x)$	增	最大值	减

由此可得 $f(x)\leqslant f(1)=\frac{2}{e}<1$，即 $e^x-x^2>x-x\ln x$.

【例3】证明 证法1：因为 $x>0$，
所以欲证 $e^x-x^2\geqslant(e-2)x+1$，

即证$\frac{e^x-x^2-1}{x}\geqslant e-2$.

设 $f(x)=\frac{e^x-x^2-1}{x}$，

则 $f'(x)=\frac{(e^x-2x)x-(e^x-x^2-1)}{x^2}=\frac{(x-1)(e^x-x-1)}{x^2}$.

因为当 $x>0$ 时，$e^x>x+1$，所以可得下表.

x	$(0,1)$	1	$(1,+\infty)$
$f'(x)$	−	0	+
$f(x)$	减	最小值	增

可得 $f(x)\geqslant f(1)$，即 $\frac{e^x-x^2-1}{x}\geqslant e-2$，所以原不等式成立.

证法2：欲证 $e^x-x^2\geqslant(e-2)x+1$，

即证$\frac{x^2+(e-2)x+1}{e^x}\leqslant1$.

设 $f(x)=\frac{x^2+(e-2)x+1}{e^x}$，

则 $f'(x)=\frac{-[x^2+(e-4)x+3-e]}{e^x}=\frac{-(x-1)[x-(3-e)]}{e^x}$，

可得下表.

x	$(0,3-e)$	$3-e$	$(3-e,1)$	1	$(1,+\infty)$
$f'(x)$	−	0	+	0	−
$f(x)$	减	极小值	增	极大值	减

因为 $f(0)=f(1)=1$，所以 $f(x)=\frac{x^2+(e-2)x+1}{e^x}\leqslant1$，

即 $e^x-x^2\geqslant(e-2)x+1$.
证法3：设 $f(x)=e^x-x^2-(e-2)x-1$，
则 $f'(x)=e^x-2x-(e-2)$，
$f''(x)=e^x-2$，可得下表.

x	$(0,\ln2)$	$\ln2$	$(\ln2,+\infty)$
$f''(x)$	−	0	+
$f'(x)$	减	最小值	增

因为 $f'(\ln2)<f'(1)=0$ 且 $f'(0)=3-e>0$，所以在区间$(0,\ln2)$上有 x_0 使 $f'(x_0)=0$，可得下表.

x	$(0,x_0)$	x_0	$(x_0,1)$	1	$(1,+\infty)$
$f'(x)$	+	0	−	0	+
$f(x)$	增	极大值	减	极小值	增

由 $f(0)=f(1)=0$ 可得 $f(x)\geqslant 0$,即 $e^x-x^2\geqslant(e-2)x+1$.

【例 4】证明 证法 1:欲证 $ex^2-x\ln x<xe^x+\frac{1}{e}$,

即证 $ex-e^x<\ln x+\frac{1}{ex}$.

设 $f(x)=ex-e^x$,则 $f'(x)=e-e^x$,$f'(1)=0$,可得下表.

x	$(0,1)$	1	$(1,+\infty)$
$f'(x)$	+	0	−
$f(x)$	增	最大值	减

则有 $f(x)=ex-e^x\leqslant f(1)=0$.

设 $g(x)=\ln x+\frac{1}{ex}$,则 $g'(x)=\frac{ex-1}{ex^2}$,$g'\left(\frac{1}{e}\right)=0$,可得下表.

x	$\left(0,\frac{1}{e}\right)$	$\frac{1}{e}$	$\left(\frac{1}{e},+\infty\right)$
$g'(x)$	−	0	+
$g(x)$	减	最小值	增

则有 $g(x)=\ln x+\frac{1}{ex}\geqslant g\left(\frac{1}{e}\right)=0$.

由于上述等号不能同时成立,所以 $ex-e^x<\ln x+\frac{1}{ex}$,即 $ex^2-x\ln x<xe^x+\frac{1}{e}$.

证法 2:设 $f(x)=-x\ln x$,则 $f'(x)=-\ln x-1$,$f'\left(\frac{1}{e}\right)=0$,可得下表.

x	$\left(0,\frac{1}{e}\right)$	$\frac{1}{e}$	$\left(\frac{1}{e},+\infty\right)$
$f'(x)$	+	0	−
$f(x)$	增	最大值	减

则 $f(x)=-x\ln x\leqslant f\left(\frac{1}{e}\right)=\frac{1}{e}$.

设 $g(x)=ex-e^x$,则 $g'(x)=e-e^x$,$g'(1)=0$,可得下表.

x	$(0,1)$	1	$(1,+\infty)$
$g'(x)$	+	0	−
$g(x)$	增	最大值	减

则 $g(x)=ex-e^x\leqslant g(1)=0$,即 $ex^2-xe^x\leqslant 0$.

由于上述等号不能同时成立,所以 $ex^2-xe^x-x\ln x<\frac{1}{e}$,

即 $ex^2-x\ln x<xe^x+\frac{1}{e}$.

【例 5】证明 证法 1:由 $f(x)=\ln x+ax^2+(2a+1)x$ 得 $f'(x)=\frac{(x+1)(2ax+1)}{x}$,因为 $x>0,a<0$,所以可得下表.

x	$\left(0,-\frac{1}{2a}\right)$	$-\frac{1}{2a}$	$\left(-\frac{1}{2a},+\infty\right)$
$f'(x)$	+	0	−
$f(x)$	增	最大值	减

则 $f(x)\leqslant f\left(-\frac{1}{2a}\right)=-\ln(-2a)-1-\frac{1}{4a}$.

欲证 $-\ln(-2a)-1-\frac{1}{4a}\leqslant-\frac{3}{4a}-2$,

即证 $\ln\left(-\frac{1}{2a}\right)\leqslant-\frac{1}{2a}-1$.

因为 $\ln x\leqslant x-1$,

所以 $\ln\left(-\frac{1}{2a}\right)\leqslant-\frac{1}{2a}-1$,即 $f(x)\leqslant-\frac{3}{4a}-2$.

证法 2:欲证 $f(x)\leqslant-\frac{3}{4a}-2$,

即证 $\ln x+ax^2+(2a+1)x\leqslant-\frac{3}{4a}-2$,

即证 $\ln x+x+2\leqslant-\frac{1}{4a}-ax^2-\frac{2}{4a}-2ax$.

因为 $-\frac{1}{4a}-ax^2-\frac{2}{4a}-2ax\geqslant x+2\sqrt{x}$,

又由 $\ln x\leqslant x-1$,可得 $\ln\sqrt{x}\leqslant\sqrt{x}-1$,

即 $\ln x\leqslant 2\sqrt{x}-2$,从而 $2\sqrt{x}+x\geqslant\ln x+2+x$,

所以 $\ln x+x+2\leqslant-\frac{1}{4a}-ax^2-\frac{2}{4a}-2ax$,

即 $f(x)\leqslant-\frac{3}{4a}-2$.

【例 6】证明 由 $f(x)=e^{x+a}-\ln x$,

得 $f'(x)=e^{x+a}-\frac{1}{x}=\frac{xe^{x+a}-1}{x}$.

设 $g(x)=xe^{x+a}-1$,易知 $g(x)$ 在 $(0,+\infty)$ 上单调递增且 $g(1)=e^{1+a}-1>0$,$g(0)=-1<0$,所以存在 $x_0\in(0,1)$,使 $g(x_0)=0$,即 $f'(x_0)=0$.

根据 $e^{x_0+a}=\frac{1}{x_0}$ 得 $a=-\ln x_0-x_0$,根据 $a=-\ln x_0-x_0$ 单调递减和 $a>1-\frac{1}{e}$ 得 $0<x_0<\frac{1}{e}$,可得下表.

x	$(0,x_0)$	x_0	$(x_0,+\infty)$
$f'(x)$	−	0	+
$f(x)$	减	最小值	增

则 $f(x)\geqslant f(x_0)=e^{x_0+a}-\ln x_0=\frac{1}{x_0}-\ln x_0$,根据 $0<x_0<\frac{1}{e}$ 和函数 $y=\frac{1}{x_0}-\ln x_0$ 单调递减得 $\frac{1}{x_0}-\ln x_0>e+1$,所以当 $a>1-\frac{1}{e}$ 时,$f(x)>e+1$.

【巩固练习】

1.D **解析** 对于 A,令 $f(x)=x-\sin x$,则 $f'(x)=1-\cos x>0$,所以 $f(x)$ 在 $\left(0,\frac{\pi}{2}\right)$ 上单调递增,$f(x)>f(0)=0$,即 $x>\sin x,x\in\left(0,\frac{\pi}{2}\right)$ 成立.

对于B，$x-1\geqslant \ln x, x\in(0,+\infty)$恒成立(证明略).

对于C，$e^x-x-1\geqslant 0, x\in\mathbf{R}$恒成立(证明略).

对于D，令$x=1$，得$\ln 1+1-e=1-e<0$，故选D.

2. B **解析** 设$f(x)=\frac{\ln x}{x}$，则$f'(x)=\frac{1-\ln x}{x^2}$，显然$f(x)$在$(0,e)$上单调递增. 因为$a<b$，所以$\frac{\ln a}{a}<\frac{\ln b}{b}$，即$b\ln a<a\ln b$. 设$g(x)=x\ln x$，则$g'(x)=\ln x+1$，$g(x)$在$(0,e)$上不单调，所以C和D都不对. 故选B.

3. C **解析** 令$g(x)=\frac{f(x)}{e^x}$，则$g'(x)=\frac{f'(x)-f(x)}{e^x}$. 因为$f'(x)-f(x)>0$，所以$g'(x)>0$，$g(x)$在$\mathbf{R}$上单调递增，而$g(1)=\frac{f(1)}{e}=2$，又$f(x)-2e^x>0$，即$\frac{f(x)}{e^x}>2$，从而$g(x)>g(1)$，根据$g(x)$的单调性可得$x>1$，故选C.

4. B **解析** 令$g(x)=\frac{f(x)-2}{e^x}$，则$g'(x)=\frac{f'(x)-f(x)+2}{e^x}$. 因为$f'(x)-f(x)+2<0$，所以$g'(x)<0$，$g(x)$在$\mathbf{R}$上单调递减. 欲解$f(x)-2021e^x<2$，即解$\frac{f(x)-2}{e^x}<2021$，又因为$y=f(x)-2023$为奇函数，可得$f(0)=2023$，而$g(0)=\frac{f(0)-2}{e^0}=2021$，所以解$\frac{f(x)-2}{e^x}<2021$，即解$g(x)<g(0)$. 因为$g(x)$单调递减，所以可得$x>0$，故选B.

5. $x+1$；$\frac{1}{x+1}$ **解析** 用$x+1$代替x得$\ln(x+1)\leqslant x$；用$\frac{1}{x+1}$代替x得$\ln\frac{1}{x+1}\leqslant\frac{1}{x+1}-1$，即$\ln(x+1)\geqslant 1-\frac{1}{x+1}$.

6. 1 **解析** 根据$e^x\geqslant x+1$(当$x=0$时等号成立)，得$e^{x+y-1}+e^{x-y-1}\geqslant x+y+x-y=2x$，当$\begin{cases}x+y=1,\\x-y=1\end{cases}$时等号成立，解得$\begin{cases}x=1,\\y=0,\end{cases}$所以$e^{xy}=e^0=1$.

7. 1 **解析** 因为$a\geqslant\frac{1}{e}$，所以$ae^x-\ln x-1\geqslant e^{x-1}-\ln x-1$，由$e^x\geqslant x+1$和$\ln x\leqslant x-1$，可得$e^{x-1}\geqslant x$和$-\ln x\geqslant 1-x$，相加可得$e^{x-1}-\ln x-1\geqslant 0$，当$x=1$，$a=\frac{1}{e}$时取到等号，故$f(x)\geqslant 0$，$f(x)$至多只有1个零点.

8. 证明 设$f(x)=\frac{e^x-1}{x^2}-\ln x-\frac{1}{x}$，则$f'(x)=\frac{e^x x^2-2x(e^x-1)}{x^4}-\frac{1}{x}+\frac{1}{x^2}=\frac{(x-2)(e^x-x-1)}{x^3}$.

当$x>0$时，$e^x>x+1$，可得下表.

x	$(0,2)$	2	$(2,+\infty)$
$f'(x)$	$-$	0	$+$
$f(x)$	减	最小值	增

则$f(x)\geqslant f(2)=\frac{e^2-3}{4}-\ln 2>1-\ln 2>0$，即$\frac{e^x-1}{x^2}>\ln x+\frac{1}{x}$，所以$e^x-1>x^2\ln x+x$.

9. 证明 证法1：$f(x)$，$g(x)$的图象在公共点(x_0,y_0)处的切线相同，则$f(x_0)=g(x_0)$，$f'(x_0)=g'(x_0)$.

设$F(x)=f(x)-g(x)=\frac{1}{2}x^2+2ax-3a^2\ln x-b\ (x>0)$，

则$F'(x)=x+2a-\frac{3a^2}{x}=\frac{(x-a)(x+3a)}{x}\ (x>0)$，列表如下.

x	$(0,a)$	a	$(a,+\infty)$
$F'(x)$	$-$	0	$+$
$F(x)$	减	最小值	增

因为$F'(a)=f'(a)-g'(a)=0$，即$f'(a)=g'(a)$，所以$x_0=a$，于是函数$F(x)$在$(0,+\infty)$上的最小值是$F(a)=F(x_0)=f(x_0)-g(x_0)=0$.

故当$x>0$时，有$F(x)=f(x)-g(x)\geqslant 0$，即$f(x)\geqslant g(x)$.

证法2：$f(x)$，$g(x)$的图象在公共点(x_0,y_0)处的切线相同，则$f'(x_0)=g'(x_0)$，即$x_0+2a=\frac{3a^2}{x_0}$，可得$x_0=a$；

由$f(x_0)=g(x_0)$，得$\frac{5}{2}a^2-3a^2\ln a=b$，

则公切线为$y=3ax-\frac{a^2}{2}$.

$f(x)-\left(3ax-\frac{a^2}{2}\right)=\frac{1}{2}(x-a)^2\geqslant 0$.

由$\ln x\leqslant x-1$，用$\frac{x}{a}$代替x得$\ln\frac{x}{a}\leqslant\frac{x}{a}-1$，

所以$g(x)-\left(3ax-\frac{a^2}{2}\right)=3a^2\left(\ln x+1-\ln a-\frac{x}{a}\right)$

$=3a^2\left[\ln\frac{x}{a}-\left(\frac{x}{a}-1\right)\right]\leqslant 0$，

所以$g(x)\leqslant 3ax-\frac{a^2}{2}\leqslant f(x)$.

10. 证明 欲证$\ln x>\frac{1}{e^x}-\frac{2}{ex}$，即证$\frac{x}{e^x}-x\ln x<\frac{2}{e}$.

设$f(x)=-x\ln x$，则$f'(x)=-\ln x-1$，$f'\left(\frac{1}{e}\right)=0$，可得下表.

x	$\left(0,\frac{1}{e}\right)$	$\frac{1}{e}$	$\left(\frac{1}{e},+\infty\right)$
$f'(x)$	$+$	0	$-$
$f(x)$	增	最大值	减

则$f(x)=-x\ln x\leqslant f\left(\frac{1}{e}\right)=\frac{1}{e}$.

设$g(x)=\frac{x}{e^x}$，则$g'(x)=\frac{1-x}{e^x}$，$g'(1)=0$，可得下表.

x	$(0,1)$	1	$(1,+\infty)$
$g'(x)$	$+$	0	$-$
$g(x)$	增	最大值	减

则$g(x)=\frac{x}{e^x}\leqslant g(1)=\frac{1}{e}$.

由于上述等号不能同时成立，所以$\frac{x}{e^x}-x\ln x<\frac{2}{e}$，即$\ln x$

$>\frac{1}{e^x}-\frac{2}{ex}$.

11. 证明 证法1:$f'(x)=1-\frac{1}{x}-\frac{2}{x^2}+\frac{2}{x^3}$.

欲证 $f(x)>f'(x)+\frac{3}{2}$,

即证 $x-\ln x+\frac{3}{x}+\frac{1}{x^2}-\frac{2}{x^3}>\frac{5}{2}$.

设 $g(x)=x-\ln x$,则 $g'(x)=\frac{x-1}{x}$,

在$[1,2]$上,$g'(x)\geqslant 0$,$g(x)$单调递增,$g(x)\geqslant g(1)=1$.

设 $h(x)=\frac{3}{x}+\frac{1}{x^2}-\frac{2}{x^3}$,则 $h'(x)=\frac{-3x^2-2x+6}{x^4}$,

$y=-3x^2-2x+6$ 在$[1,2]$上单调递减,当 $x=1$ 时,$y>0$,当 $x=2$ 时,$y<0$,故存在 $x_0\in[1,2]$,使 $h'(x_0)=0$,可得下表.

x	$[1,x_0)$	x_0	$(x_0,2]$
$h'(x)$	+	0	−
$h(x)$	增	极大值	减

由 $h(1)=2$,$h(2)=\frac{3}{2}$,知当 $x\in[1,2]$时,$h(x)\geqslant\frac{3}{2}$.

由于上述等号不能同时成立,

所以 $x-\ln x+\frac{3}{x}+\frac{1}{x^2}-\frac{2}{x^3}>\frac{5}{2}$,即 $f(x)>f'(x)+\frac{3}{2}$.

证法2:由证法1知,欲证 $f(x)>f'(x)+\frac{3}{2}$,

即证 $x-\ln x+\frac{3}{x}+\frac{1}{x^2}-\frac{2}{x^3}-\frac{5}{2}>0$.

设 $g(x)=x-1-\ln x$,则 $g'(x)=\frac{x-1}{x}$,在$[1,2]$上,$g'(x)\geqslant 0$,$g(x)$单调递增,$g(x)\geqslant g(1)=0$,即$-\ln x\geqslant 1-x$,所以有 $x-\ln x+\frac{3}{x}+\frac{1}{x^2}-\frac{2}{x^3}-\frac{5}{2}\geqslant\frac{3}{x}+\frac{1}{x^2}-\frac{2}{x^3}-\frac{3}{2}=\frac{(2-3x^2)(x-2)}{2x^3}\geqslant 0$.

由于上述等号不能同时成立,所以 $f(x)>f'(x)+\frac{3}{2}$.

12. 证明 证法1:欲证 $f(x)+e\geqslant 0$,即证$\frac{ax^2+x-1}{e^x}+e\geqslant 0$,

即证 $ax^2+x-1+e^{x+1}\geqslant 0$.

因为 $a\geqslant 1$,所以 $ax^2+x-1+e^{x+1}\geqslant x^2+x-1+e^{x+1}$,

又因为 $e^x\geqslant x+1$,可得 $e^{x+1}\geqslant x+2$,

从而 $e^{x+1}+x^2+x-1\geqslant x^2+2x+1\geqslant 0$,

所以当 $a\geqslant 1$ 时,$f(x)+e\geqslant 0$.

证法2:由 $f(x)=\frac{ax^2+x-1}{e^x}$,得 $f'(x)=\frac{(ax+1)(2-x)}{e^x}$,

根据 $a\geqslant 1$,得下表.

x	$\left(-\infty,-\frac{1}{a}\right)$	$-\frac{1}{a}$	$\left(-\frac{1}{a},2\right)$	2	$(2,+\infty)$
$f'(x)$	−	0	+	0	−
$f(x)$	减	极小值	增	极大值	减

$f\left(-\frac{1}{a}\right)=-e^{\frac{1}{a}}<0$,而当 $x>1$ 时,可得 $f(x)>0$,所以 $f(x)\geqslant -e^{\frac{1}{a}}$.

设 $g(a)=-e^{\frac{1}{a}}$,$g(a)$在 $a\geqslant 1$ 时单调递增,所以 $g(a)=-e^{\frac{1}{a}}\geqslant g(1)=-e$,由此可得当 $a\geqslant 1$ 时,$f(x)+e\geqslant 0$.

13. 证明 证法1:由 $f(x)=4x+\frac{1}{x}+a\ln x$,得 $f'(x)=\frac{4x^2+ax-1}{x^2}$,可知在$(0,+\infty)$上必有 x_0,使 $f'(x_0)=0$,列表如下.

x	$(0,x_0)$	x_0	$(x_0,+\infty)$
$f'(x)$	−	0	+
$f(x)$	减	最小值	增

根据 $4x_0^2+ax_0-1=0$ 得 $a=\frac{1}{x_0}-4x_0$,因为 $y=\frac{1}{x}-4x$ 在$(0,+\infty)$上单调递减,当 $a=0$ 时,$x_0=\frac{1}{2}$,当 $a=-3$ 时,$x_0=1$,所以当$-3<a<0$ 时,$x_0\in\left(\frac{1}{2},1\right)$.

从而 $\ln x_0<0$,$a\ln x_0>0$,所以得 $f(x)\geqslant f(x_0)=4x_0+\frac{1}{x_0}+a\ln x_0>4x_0+\frac{1}{x_0}>4$.

证法2:当 $0<x<1$ 时,$f(x)=4x+\frac{1}{x}+a\ln x>4x+\frac{1}{x}>4$.

当 $x\geqslant 1$ 时,$f(x)=4x+\frac{1}{x}+a\ln x>4x+\frac{1}{x}-3\ln x\geqslant 4x+\frac{1}{x}-3(x-1)=\frac{(x-1)^2}{x}+5>4$.

综上,$f(x)>4$.

14. 证明 $f'(x)=2e^{2x}-\frac{a}{x}=\frac{2xe^{2x}-a}{x}$.

设 $g(x)=2xe^{2x}-a$,易知 $g(x)$在$(0,+\infty)$上单调递增且 $g(a)=2ae^{2a}-a>0$,$g(0)=-a<0$,所以存在 $x_0\in(0,a)$,使 $g(x_0)=0$,即$f'(x_0)=0$,得 $a=2x_0e^{2x_0}$,列表如下.

x	$(0,x_0)$	x_0	$(x_0,+\infty)$
$f'(x)$	−	0	+
$f(x)$	减	最小值	增

可得 $f(x)\geqslant f(x_0)=e^{2x_0}-a\ln x_0=e^{2x_0}-2x_0e^{2x_0}\ln x_0$.

欲证 $f(x)\geqslant 2a+a\ln\frac{2}{a}$,

即证 $f(x_0)\geqslant 4x_0e^{2x_0}+2x_0e^{2x_0}\ln\frac{1}{x_0e^{2x_0}}$,

即证 $e^{2x_0}\geqslant 4x_0e^{2x_0}-4x_0^2e^{2x_0}$,

即证 $1\geqslant 4x_0-4x_0^2$,

即证$(2x_0-1)^2\geqslant 0$,此式显然成立,

所以当 $a>0$ 时,$f(x)\geqslant 2a+a\ln\frac{2}{a}$.

15. 解析 (1)由 $f(x)=\ln x+(1-a)x^3+bx$,

得 $f'(x)=\frac{1}{x}+3(1-a)x^2+b$.

由题意得 $f'(e)=1+\frac{1}{e}$,$f(e)=1+e$,

解得 $a=1,b=1$.

(2)由(1)知 $f(x)=\ln x+x,g(x)=xe^x-1$.

证法1:令 $h(x)=f(x)-g(x)=\ln x+x-xe^x+1$,

则 $h'(x)=(x+1)\left(\frac{1}{x}-e^x\right)$,

令 $h'(x_0)=0$,得 $\frac{1}{x_0}=e^{x_0}$,列表如下.

x	$(0,x_0)$	x_0	$(x_0,+\infty)$
$h'(x)$	+	0	−
$h(x)$	增	最大值	减

则 $h(x)\leqslant h(x_0)=\ln x_0+x_0-x_0e^{x_0}+1=\ln e^{-x_0}+x_0-1+1=0$,所以 $f(x)\leqslant g(x)$.

证法2:欲证 $f(x)\leqslant g(x)$,即证 $xe^x\geqslant \ln x+x+1$,即证 $e^{x+\ln x}\geqslant \ln x+x+1$,即证 $e^x\geqslant x+1$,因为 $e^x\geqslant x+1$ 成立,所以原不等式成立.

证法3:欲证 $f(x)\leqslant g(x)$,即证 $\ln x+x\leqslant xe^x-1$,即证 $\ln(xe^x)\leqslant xe^x-1$,即证 $\ln x\leqslant x-1$,因为 $\ln x\leqslant x-1$ 成立,所以原不等式成立.

【拓展探究】

16. 证明 欲证 $(2-x)e^x-(2+x)e^{-x}<2x$,

即证 $(2-x)e^x-x<(2+x)e^{-x}+x$.

设 $f(x)=(2-x)e^x-x$,则 $f'(x)=(1-x)e^x-1$,$f''(x)=-xe^x$,可得下表.

x	$(-\infty,0)$	0	$(0,+\infty)$
$f''(x)$	+	0	−
$f'(x)$	增	最大值	减

所以当 $x\in\mathbf{R}$ 时,$f'(x)\leqslant f'(0)=0$,从而 $f(x)$ 在 $\mathbf{R}$ 上单调递减,当 $x>0$ 时,有 $f(x)<f(-x)$,

即 $(2-x)e^x-x<(2+x)e^{-x}+x$,

所以 $(2-x)e^x-(2+x)e^{-x}<2x$.

第11讲 数列不等式 关键在放缩

【典例分析】

【例1】证明 (1)证法1:当 $n\geqslant 3$ 时,$\frac{1}{n^2}<\frac{1}{n(n-1)}=\frac{1}{n-1}-\frac{1}{n}$,

所以 $\sum\limits_{k=1}^{n}\frac{1}{k^2}<1+\frac{1}{2^2}+\left(\frac{1}{2}-\frac{1}{3}\right)+\cdots+\left(\frac{1}{n-1}-\frac{1}{n}\right)$

$=1+\frac{1}{4}+\frac{1}{2}-\frac{1}{n}<\frac{7}{4}$.

当 $n=1,2$ 时,不等式也成立.

证法2:当 $n\geqslant 2$ 时,$\frac{1}{n^2}<\frac{1}{n^2-1}=\frac{1}{2}\left(\frac{1}{n-1}-\frac{1}{n+1}\right)$,

所以 $\sum\limits_{k=1}^{n}\frac{1}{k^2}<1+\frac{1}{2}\left(\frac{1}{1}-\frac{1}{3}\right)+\frac{1}{2}\left(\frac{1}{2}-\frac{1}{4}\right)+\cdots+\frac{1}{2}\left(\frac{1}{n-1}-\frac{1}{n+1}\right)$

$=1+\frac{1}{2}\left(1+\frac{1}{2}-\frac{1}{n}-\frac{1}{n+1}\right)$

$=\frac{7}{4}-\frac{1}{2}\left(\frac{1}{n}+\frac{1}{n+1}\right)<\frac{7}{4}$.

当 $n=1$ 时,不等式也成立.

(2)因为 $\frac{1}{k^3}<\frac{1}{k^3-k}=\frac{1}{(k-1)k(k+1)}$

$=\frac{1}{2}\left[\frac{1}{(k-1)k}-\frac{1}{k(k+1)}\right](k\geqslant 2)$,

所以当 $n\geqslant 3$ 时,

$\sum\limits_{k=1}^{n}\frac{1}{k^3}<1+\frac{1}{8}+\frac{1}{2}\left[\frac{1}{6}-\frac{1}{12}+\cdots+\frac{1}{(n-1)n}-\frac{1}{n(n+1)}\right]$

$=1+\frac{1}{8}+\frac{1}{12}-\frac{1}{2n(n+1)}<\frac{29}{24}$.

当 $n=1,2$ 时,不等式也成立.

(3) $\frac{1}{3^k-1}=\frac{1}{3^k\left(1-\frac{1}{3^k}\right)}\leqslant\frac{1}{3^k\left(1-\frac{1}{3}\right)}=\frac{1}{2\times 3^{k-1}}$,

$\sum\limits_{k=1}^{n}\frac{1}{3^k-1}\leqslant\frac{1}{2}+\frac{1}{2\times 3}+\cdots+\frac{1}{2\times 3^{n-1}}=\frac{1-\frac{1}{3^n}}{2\left(1-\frac{1}{3}\right)}=\frac{3-\frac{1}{3^{n-1}}}{4}<\frac{3}{4}$.

(4)设 $a_n=\frac{1}{3^n-2^n}$,

则 $\frac{a_{n+1}}{a_n}=\frac{3^n-2^n}{3^{n+1}-2^{n+1}}=\frac{1}{3}\times\frac{3^n-2^n}{3^n-\frac{2}{3}\times 2^n}<\frac{1}{3}$,

从而有 $a_n<a_1\left(\frac{1}{3}\right)^{n-1}=\left(\frac{1}{3}\right)^{n-1}$,

所以 $\sum\limits_{k=1}^{n}\frac{1}{3^k-2^k}<1+\frac{1}{3}+\cdots+\left(\frac{1}{3}\right)^{n-1}=\frac{1-\left(\frac{1}{3}\right)^n}{1-\frac{1}{3}}=\frac{3}{2}-\frac{3}{2}\left(\frac{1}{3}\right)^n<\frac{3}{2}$.

【例2】解析 (1)设数列 $\{a_n\}$ 的公差为 d,由题意得 $a_1+2d=4$,$a_1+3d=3a_1+3d$,解得 $a_1=0,d=2$,从而 $a_n=2n-2,n\in\mathbf{N}^*$.

易知 $S_n=n^2-n,n\in\mathbf{N}^*$,由 $S_n+b_n,S_{n+1}+b_n,S_{n+2}+b_n$ 成等比数列得 $(S_{n+1}+b_n)^2=(S_n+b_n)(S_{n+2}+b_n)$,解得 $b_n=\frac{1}{d}(S_{n+1}^2-S_nS_{n+2})$,所以 $b_n=n^2+n,n\in\mathbf{N}^*$.

(2)因为 $c_n=\sqrt{\frac{a_n}{2b_n}}=\sqrt{\frac{2n-2}{2n(n+1)}}=\sqrt{\frac{n-1}{n(n+1)}}<\sqrt{\frac{n+1}{n(n+1)}}=\frac{1}{\sqrt{n}}<2(\sqrt{n}-\sqrt{n-1})$,

所以 $c_1+c_2+\cdots+c_n<2(\sqrt{1}-\sqrt{0})+2(\sqrt{2}-\sqrt{1})+\cdots+2(\sqrt{n}-\sqrt{n-1})=2\sqrt{n}$.

【例3】证明 (1)由 $a_1=1,a_{n+1}=\frac{1}{2a_n+1}$ 得 $a_n>0$,

则 $a_{n+1}-\frac{1}{2}=\frac{1}{2a_n+1}-\frac{1}{2}=\frac{\frac{1}{2}-a_n}{2a_n+1}$,

$\frac{\left|a_{n+1}-\frac{1}{2}\right|}{\left|a_n-\frac{1}{2}\right|}=\left|\frac{1}{2a_n+1}\right|=\frac{1}{2a_n+1}<1$,

所以数列$\left\{\left|a_n-\frac{1}{2}\right|\right\}$为单调递减数列.

(2)因为$a_1=1,a_2=\frac{1}{3}$,所以当$n\geqslant3$时,$\left|a_n-\frac{1}{2}\right|<\frac{1}{6}$,

则$\frac{1}{3}<a_n<\frac{2}{3}$,所以$\frac{1}{3}\leqslant a_n<\frac{2}{3}(n\geqslant2)$.

因为$a_{n+2}-a_{n+1}=\frac{1}{2a_{n+1}+1}-\frac{1}{2a_n+1}=\frac{2a_n-2a_{n+1}}{(2a_n+1)(2a_{n+1}+1)}$,

$\frac{|a_{n+2}-a_{n+1}|}{|a_{n+1}-a_n|}=\frac{2}{2a_n+3}\leqslant\frac{6}{11}(n\geqslant2)$,

当$n=1$时,也满足上式,

故$|a_{n+1}-a_n|\leqslant|a_2-a_1|\left(\frac{6}{11}\right)^{n-1}$.

所以$S_n=|a_2-a_1|+|a_3-a_2|+\cdots+|a_{n+1}-a_n|$

$\leqslant|a_2-a_1|\frac{1-\left(\frac{6}{11}\right)^n}{1-\frac{6}{11}}<\frac{22}{15}<\frac{5}{3}(n\in\mathbf{N}^*)$.

【例4】解析 (1)由$\begin{cases}a_n=a_{n-1}+2^{n-1},\\a_{n-1}=a_{n-2}+2^{n-2},\\\cdots\\a_2=a_1+2^1,\end{cases}$累加可得$a_n=a_1+\frac{2(1-2^{n-1})}{1-2}=2^n-1$.

(2)证法1:(借助"糖水不等式"放缩):由(1)可得,

$b_n=\frac{a_{n+1}}{3a_n}=\frac{2^{n+1}-1}{3(2^n-1)}=\frac{2^{n+1}-1}{3\times2^n-3}<\frac{2^{n+1}-1+3}{3\times2^n-3+3}=\frac{2^{n+1}+2}{3\times2^n}$

$=\frac{2}{3}+\frac{1}{3\times2^{n-1}}$,

所以$T_n=b_1+b_2+\cdots+b_n<\frac{2n}{3}+\frac{\frac{1}{3}\left[1-\left(\frac{1}{2}\right)^n\right]}{1-\frac{1}{2}}$

$=\frac{2n}{3}+\frac{2}{3}\left[1-\left(\frac{1}{2}\right)^n\right]<\frac{2n+4}{3}$.

证法2:$b_n=\frac{2^{n+1}-1}{3(2^n-1)}=\frac{2(2^n-1)+1}{3(2^n-1)}=\frac{2}{3}+\frac{1}{3(2^n-1)}<\frac{2}{3}+\frac{1+3}{3\times2^n-3+3}=\frac{2}{3}+\frac{4}{3\times2^n}$,

所以$T_n=b_1+b_2+\cdots+b_n<\frac{2n}{3}+\frac{\frac{2}{3}\left[1-\left(\frac{1}{2}\right)^n\right]}{1-\frac{1}{2}}$

$=\frac{2n}{3}+\frac{4}{3}\left[1-\left(\frac{1}{2}\right)^n\right]<\frac{2n+4}{3}$.

证法3(等比放缩):由证法2,$b_n=\frac{2}{3}+\frac{1}{3(2^n-1)}<\frac{2}{3}+\frac{1}{2^n}$,

所以$T_n=b_1+b_2+\cdots+b_n<\frac{2n}{3}+\frac{\frac{1}{2}\left[1-\left(\frac{1}{2}\right)^n\right]}{1-\frac{1}{2}}$

$<\frac{2n}{3}+1<\frac{2n+4}{3}$.

【例5】解析 (1)由题意得$\frac{S_n}{S_{n+1}-1}=\frac{S_1}{S_2-1}=\frac{1}{k}$,即$S_{n+1}=kS_n+1$,得$a_{n+1}=ka_n$,所以$a_n=k^{n-1}$.

(2)用裂项放缩法证明.由(1)可得$S_n=\frac{1\times(1-k^n)}{1-k}$,

故$\frac{a_{n+2}}{S_{n+1}^2}=\frac{k^{n+1}(k-1)^2}{(k^{n+1}-1)^2}<\frac{k^{n+1}(k-1)^2}{(k^{n+1}-1)(k^{n+1}-k)}$

$=\frac{k^n(k-1)^2}{(k^{n+1}-1)(k^n-1)}=(k-1)\left(\frac{1}{k^n-1}-\frac{1}{k^{n+1}-1}\right)$,

则$\frac{a_3}{S_2^2}+\frac{a_4}{S_3^2}+\cdots+\frac{a_{n+2}}{S_{n+1}^2}<(k-1)\left(\frac{1}{k-1}-\frac{1}{k^2-1}+\frac{1}{k^2-1}-\frac{1}{k^3-1}+\cdots+\frac{1}{k^n-1}-\frac{1}{k^{n+1}-1}\right)$

$=(k-1)\left(\frac{1}{k-1}-\frac{1}{k^{n+1}-1}\right)<1$.

【例6】证明 由已知可得$a_{n+1}=\frac{a_n^2+a_n+2}{a_n}=a_n+\frac{2}{a_n}+1$,

由$a_1=1$知$a_2=4,a_n>0$,

所以$a_{n+1}-a_n=\frac{2}{a_n}+1>1$,即数列$\{a_n\}$为递增数列,

故当$n\geqslant2$时,$1<a_{n+1}-a_n=\frac{2}{a_n}+1\leqslant\frac{2}{a_2}+1=\frac{3}{2}$.

又$a_n=a_2+(a_3-a_2)+(a_4-a_3)+\cdots+(a_n-a_{n-1})$,

所以$a_2+(n-2)\leqslant a_n\leqslant a_2+\frac{3}{2}(n-2)$,

即$n+2\leqslant a_n\leqslant\frac{3}{2}n+1$,

故$1+(4+5+\cdots+n+2)\leqslant S_n\leqslant1+\left(4+\frac{11}{2}+\cdots+\frac{3}{2}n+1\right)$,

即$\frac{n^2+5n-4}{2}\leqslant S_n\leqslant\frac{3n^2+7n-6}{4}$.

【巩固练习】

1. B **解析** 由题设知$a_{n+1}-a_n=a_n^2>0$,

则$a_{n+1}\geqslant a_2=6$.

$\frac{1}{a_{n+1}}=\frac{1}{a_n^2+a_n}=\frac{1}{a_n(a_n+1)}=\frac{1}{a_n}-\frac{1}{a_n+1}$,

故$\frac{1}{a_n+1}=\frac{1}{a_n}-\frac{1}{a_{n+1}}$,

从而$\frac{1}{a_1+1}+\frac{1}{a_2+1}+\cdots+\frac{1}{a_n+1}$

$=\left(\frac{1}{a_1}-\frac{1}{a_2}\right)+\left(\frac{1}{a_2}-\frac{1}{a_3}\right)+\cdots+\left(\frac{1}{a_n}-\frac{1}{a_{n+1}}\right)$

$=\frac{1}{a_1}-\frac{1}{a_{n+1}}=\frac{1}{2}-\frac{1}{a_{n+1}}<\frac{1}{2}$,

$S_m=\frac{2a_1}{a_1+1}+\frac{2a_2}{a_2+1}+\cdots+\frac{2a_m}{a_m+1}$

$=\left(2-\frac{2}{a_1+1}\right)+\left(2-\frac{2}{a_2+1}\right)+\cdots+\left(2-\frac{2}{a_m+1}\right)$

$=2m-2\left(\frac{1}{2}-\frac{1}{a_{m+1}}\right)=2m-1+\frac{2}{a_{m+1}}$

$\leqslant2m-1+\frac{1}{3}<2020$,

可得$m<\frac{3031}{3}$,即正整数m的最大值为1010,故选B.

2. C **解析** 因为$a_{n+1}-a_n=\frac{a_n^2}{2018}>0$,所以$a_{n+1}>a_n\geqslant\frac{1}{2}$.

递推式两边取倒数,

得$\frac{1}{a_{n+1}}=\frac{2018}{a_n(a_n+2018)}=\frac{1}{a_n}-\frac{1}{a_n+2018}$,

所以$\frac{1}{a_n+2018}=\frac{1}{a_n}-\frac{1}{a_{n+1}}$,

$\frac{1}{a_1+2018}+\frac{1}{a_2+2018}+\cdots+\frac{1}{a_n+2018}$

$=\left(\frac{1}{a_1}-\frac{1}{a_2}\right)+\left(\frac{1}{a_2}-\frac{1}{a_3}\right)+\cdots+\left(\frac{1}{a_n}-\frac{1}{a_{n+1}}\right)=2-\frac{1}{a_{n+1}}$.

当$n=2018$时,$2-\frac{1}{a_{2019}}=\frac{1}{a_1+2018}+\frac{1}{a_2+2018}+\cdots+\frac{1}{a_{2018}+2018}<\frac{2018}{a_1+2018}<1$,则$a_{2019}<1$.

当$n=2019$时,$2-\frac{1}{a_{2020}}=\frac{1}{a_1+2018}+\frac{1}{a_2+2018}+\cdots+\frac{1}{a_{2019}+2018}>\frac{2019}{a_{2019}+2018}>1$,所以$a_{2020}>1$.故选C.

3. B **解析** $|a_1|=1$,则$a_1=\pm1$.

易得$a_2=0,\pm2$;$a_3=\pm1,\pm3$;$a_4=0,\pm2,\pm4$,

归纳得$a_{2k-1}=\pm1,\pm3,\cdots,\pm(2k-1)$,

$a_{2k}=0,\pm2,\pm4,\cdots,\pm2k$.

对$|a_{i+1}|=|a_i+1|$两边平方,

得$a_{i+1}^2=a_i^2+2a_i+1$,$a_i=\frac{a_{i+1}^2-a_i^2-1}{2}$,

则$\sum\limits_{k=1}^{20}a_k=\frac{a_{21}^2-21}{2}=\frac{(2m-1)^2-21}{2}=2m^2-2m-10(1\leqslant m\leqslant11)$,易得$2m^2-2m-10\neq\pm4$,故选B.

4. D **解析** $a_{n+2}-2a_{n+1}+a_n=(a_{n+2}-a_{n+1})-(a_{n+1}-a_n)$,

令$b_n=a_{n+1}-a_n$,则$b_{n+1}-b_n>1$.

对于A,举反例:$a_1=-1$,$b_n=2n$,$b_{n+1}-b_n=2$,满足$b_{n+1}-b_n>1$,此时$a_2=1$,$a_3=5$,$a_3a_1<a_2^2$.

对于B,举反例:$a_1=1$,$b_n=\begin{cases}-2,n=1,\\2n,n\geqslant2,\end{cases}$ $b_{n+1}-b_n=\begin{cases}6,n=1,\\2,n\geqslant2,\end{cases}$

满足$b_{n+1}-b_n>1$,此时,$a_1=1$,$a_2=-1$,$a_3=3$,数列$\{a_n\}$不是单调递增数列.

对于C,举反例:$b_n=n-\left(\frac{1}{2}\right)^{n-1}$满足条件.但对任意的$n$,有$a_{n+1}-a_n=b_n<n$,因此不存在正整数$M$,当$n>M$时,$a_{n+1}>a_n+n$恒成立.

对于D,当$n\geqslant2$时,$b_n-b_1=(b_n-b_{n-1})+(b_{n-1}-b_{n-2})+\cdots+(b_2-b_1)>n-1$,

因此$b_n>b_1+(n-1)$,

$a_n-a_1=(a_n-a_{n-1})+(a_{n-1}-a_{n-2})+\cdots+(a_2-a_1)$

$=b_{n-1}+b_{n-2}+\cdots+b_1$

$>[(n-2)+(n-3)+\cdots+1]+(n-1)b_1$,

即$a_n>\frac{(n-2)(n-1)}{2}+(n-1)b_1+a_1$

$=\frac{1}{2}n^2+\left(b_1-\frac{3}{2}\right)n+1+a_1-b_1$,

$a_n-\frac{1}{3}n^2>\frac{1}{6}n^2+\left(b_1-\frac{3}{2}\right)n+1+a_1-b_1$

$>\frac{1}{6}n^2-\left|b_1-\frac{3}{2}\right|n-|1+a_1-b_1|n$

$=\frac{1}{6}n\left[n-6\left(\left|b_1-\frac{3}{2}\right|+|1+a_1-b_1|\right)\right]$,

因此存在正整数$M>6\left(\left|b_1-\frac{3}{2}\right|+|1+a_1-b_1|\right)$,当$n>M$时,$a_n-\frac{1}{3}n^2>0$恒成立,故选D.

5. 1998 **解析** 因为$2(\sqrt{n+1}-\sqrt{n})<\frac{1}{\sqrt{n}}=\frac{2}{\sqrt{n}+\sqrt{n}}$

$<\frac{2}{\sqrt{n}+\sqrt{n-1}}=2(\sqrt{n}-\sqrt{n-1})$,

所以$1+\frac{1}{\sqrt{2}}+\frac{1}{\sqrt{3}}+\cdots+\frac{1}{\sqrt{1000000}}$

$<1+2(\sqrt{2}-1+\sqrt{3}-\sqrt{2}+\cdots+1000-\sqrt{999999})=1999$,

且$1+\frac{1}{\sqrt{2}}+\frac{1}{\sqrt{3}}+\cdots+\frac{1}{\sqrt{1000000}}$

$>2(\sqrt{2}-1+\sqrt{3}-\sqrt{2}+\cdots+\sqrt{1000001}-1000)$

$=2\sqrt{1000001}-2>1998$,

即$1998<S<1999$,所以S的整数部分为1998.

6. 32 **解析** 由$\left(x_{n+1}-\frac{1}{x_n}\right)\left(x_{n+1}-\frac{x_n}{2}\right)=0$,

得$x_{n+1}=\frac{1}{x_n}$或$x_{n+1}=\frac{x_n}{2}$.

要满足$x_1=x_{12}$,且x_1取最大值,可知当$1\leqslant n\leqslant10$时满足$x_{n+1}=\frac{x_n}{2}$,当$n=11$时满足$x_{n+1}=\frac{1}{x_n}$,$x_{11}=\left(\frac{1}{2}\right)^{10}x_1=\frac{x_1}{2^{10}}$,$x_{12}=\frac{1}{x_{11}}=\frac{2^{10}}{x_1}$,因为$x_1=x_{12}$,所以$x_1^2=2^{10}$,解得$x_1=\pm2^5$.

要使得x_1最大,则$x_1=2^5=32$.

7. **解析** (1)由$a_n=1-2S_n$,得$a_{n-1}=1-2S_{n-1}$,$n\geqslant2$.

两式相减得$a_n-a_{n-1}=-2a_n$,即$a_n=\frac{1}{3}a_{n-1}$,$n\geqslant2$,

故$\{a_n\}$为等比数列,公比为$\frac{1}{3}$.

又$a_1=1-2S_1=1-2a_1$,得$a_1=\frac{1}{3}$,从而$a_n=\left(\frac{1}{3}\right)^n$.

设$\{b_n\}$的公差为d,$b_1=1$,由$T_{10}=55$得$10+45d=55$,即$d=1$,故$b_n=n$.

(2)由(1)知$T_n=\frac{n(n+1)}{2}$,

故$\frac{a_n+b_n}{T_n^2}=4\cdot\frac{n+\frac{1}{3^n}}{n^2(n+1)^2}<4\cdot\frac{n+\frac{1}{2}}{n^2(n+1)^2}=\frac{2(2n+1)}{n^2(n+1)^2}$,

又$\frac{2n+1}{n^2(n+1)^2}=\frac{(n+1)^2-n^2}{n^2(n+1)^2}=\frac{1}{n^2}-\frac{1}{(n+1)^2}$,

得$\frac{a_n+b_n}{T_n^2}<2\left[\frac{1}{n^2}-\frac{1}{(n+1)^2}\right]$,

从而$\frac{a_1+b_1}{T_1^2}+\frac{a_2+b_2}{T_2^2}+\cdots+\frac{a_n+b_n}{T_n^2}$

$<2\left[1-\frac{1}{2^2}+\frac{1}{2^2}-\frac{1}{3^2}+\cdots+\frac{1}{n^2}-\frac{1}{(n+1)^2}\right]$

$=2\left[1-\frac{1}{(n+1)^2}\right]<2$.

8. **解析** (1)$\left\{\frac{1}{T_n}\right\}$是等差数列,设其公差为$d$,则$\frac{1}{T_n}=2+(n-1)d$,又$T_2-T_5=\frac{1}{6}$,解得$d=1$,则$T_n=\frac{1}{n+1}$,从而$T_n=a_1a_2\cdots a_n=\frac{1}{n+1}$,则当$n\geqslant2$时,$a_n=\frac{T_n}{T_{n-1}}=\frac{n}{n+1}$,

又$a_1=T_1=\frac{1}{2}$也符合,则$a_n=\frac{n}{n+1}$.

(2)$b_n=\sqrt{\frac{n}{n+2}}-a_n=\sqrt{\frac{n}{n+2}}-\frac{n}{n+1}$.

要证 $S_n>0$,只需证 $b_n>0$,即$\sqrt{\frac{n}{n+2}}-\frac{n}{n+1}>0$,

只需证$\sqrt{\frac{n}{n+2}}>\frac{n}{n+1}$,即$(n+1)^2>n(n+2)$,

该式显然成立,所以 $S_n>0$.

又 $b_n=\sqrt{\frac{n}{n+2}}-\frac{n}{n+1}=\sqrt{\frac{n}{n+1}\cdot\frac{n+1}{n+2}}-\frac{n}{n+1}<\frac{\frac{n}{n+1}+\frac{n+1}{n+2}}{2}-\frac{n}{n+1}=\frac{1}{2}\left(\frac{1}{n+1}-\frac{1}{n+2}\right)$,

则 $S_n<\frac{1}{2}\left[\left(\frac{1}{2}-\frac{1}{3}\right)+\left(\frac{1}{3}-\frac{1}{4}\right)+\cdots+\left(\frac{1}{n+1}-\frac{1}{n+2}\right)\right]=\frac{1}{4}-\frac{1}{2(n+2)}<\frac{1}{4}$.

综上,$0<S_n<\frac{1}{4}$得证.

9. 解析 (1)由 $S_n=\frac{1}{4}(a_n+3)$,令 $n=1$,得 $a_1=1$.

当 $n\geqslant2$ 时,$S_n=\frac{1}{4}(a_n+3)$,$S_{n-1}=\frac{1}{4}(a_{n-1}+3)$,两式相减得 $a_n=\frac{1}{4}(a_n+3)-\frac{1}{4}(a_{n-1}+3)$,即 $a_n=-\frac{1}{3}a_{n-1}$,

由此可知,数列$\{a_n\}$是首项为 1、公比为$-\frac{1}{3}$的等比数列,

故 $a_n=\left(-\frac{1}{3}\right)^{n-1}$.

所以 $S_n=\frac{1}{4}(a_n+3)=\frac{3}{4}+\frac{1}{4}\left(-\frac{1}{3}\right)^{n-1}$,

$b_n=\frac{1-S_{2n}}{1+S_{2n}}=\frac{1+\frac{1}{3^{2n-1}}}{7-\frac{1}{3^{2n-1}}}$.

(2)结合不等式的性质有 $b_n=\frac{1+\frac{1}{3^{2n-1}}}{7-\frac{1}{3^{2n-1}}}>\frac{1+\frac{1}{3^{2n-1}}}{7}>\frac{1}{7}$,

故 $T_n>\frac{1}{7}n$.

又 $b_n-\frac{1}{7}=\frac{1+\frac{1}{3^{2n-1}}}{7-\frac{1}{3^{2n-1}}}-\frac{1}{7}=\frac{\frac{8}{3^{2n-1}}}{7\left(7-\frac{1}{3^{2n-1}}\right)}<\frac{\frac{8}{3^{2n-1}}}{7(7-1)}$

$=\frac{4}{21}\times\frac{1}{3^{2n-1}}$,

所以$\left(b_1-\frac{1}{7}\right)+\left(b_2-\frac{1}{7}\right)+\cdots+\left(b_n-\frac{1}{7}\right)$

$<\frac{4}{21}\left(\frac{1}{3}+\frac{1}{3^3}+\cdots+\frac{1}{3^{2n-1}}\right)$,

因为$\frac{1}{3}+\frac{1}{3^3}+\cdots+\frac{1}{3^{2n-1}}=\frac{\frac{1}{3}}{1-\frac{1}{9}}\left(1-\frac{1}{9^n}\right)<\frac{3}{8}$,

所以 $T_n-\frac{1}{7}n<\frac{4}{21}\times\frac{3}{8}=\frac{1}{14}$.

综上,$\frac{1}{7}n<T_n<\frac{1}{7}n+\frac{1}{14}$.

10. 解析 (1)不存在.因为 $b_4=\frac{1+3+5+7+9-7}{5-1}\notin\mathbf{N}^*$,所以数列 1,3,5,7,9 不存在"伴随数列".

(2)因为 $a_1<a_2<\cdots<a_m$,所以 $a_n-a_{n+1}<0$,

因为 $b_{n+1}-b_n=\frac{a_n-a_{n+1}}{m-1}$,$1\leqslant n\leqslant m-1$,$n\in\mathbf{N}^*$,

所以 $b_{n+1}-b_n<0$,即 $b_{n+1}<b_n$,

所以 $b_1>b_2>\cdots>b_m$ 成立.

(3)对任意 $1\leqslant i<j\leqslant m$,都有 $b_i-b_j=\frac{a_j-a_i}{m-1}$,

因为 $b_n\in\mathbf{N}^*$,$b_1>b_2>\cdots>b_m$,

所以 $b_i-b_j\in\mathbf{N}^*$,从而 $b_1-b_m=\frac{a_m-a_1}{m-1}=\frac{2048}{m-1}\in\mathbf{N}^*$.

因为 $b_{n-1}-b_n=\frac{a_n-a_{n-1}}{m-1}\in\mathbf{N}^*$,

所以 $a_n-a_{n-1}\geqslant m-1$.

而 $a_m-a_1=(a_m-a_{m-1})+(a_{m-1}-a_{m-2})+\cdots+(a_2-a_1)\geqslant(m-1)+(m-1)+\cdots+(m-1)=(m-1)^2$,

即 $2049-1\geqslant(m-1)^2$,

所以$(m-1)^2\leqslant2048$,故 $m\leqslant46$.

由于$\frac{2048}{m-1}\in\mathbf{N}^*$,验证可知 $m\leqslant33$.

所以 m 的最大值为 33.

11. 解析 (1)由条件知 $b_{n+1}-b_n=3$,即 $a_{n+2}-a_n=3$,

所以数列$\{a_n\}$的奇数项和偶数项分别成等差数列,且公差均为 3.

因为 $a_1=a$,$a_3=2a+2$,所以 $a_3-a_1=a+2=3$,即 $a=1$,

所以 $a_1=1$,$a_2=2$.

所以 $S_{2n}=\left[n+\frac{n(n-1)}{2}\times3\right]+\left[2n+\frac{n(n-1)}{2}\times3\right]=3n^2$.

(2)①由 $T_n=n^2$,得 $b_n=T_n-T_{n-1}=2n-1(n\geqslant2)$,

由于 $b_1=1$ 符合上式,所以 $b_n=2n-1(n\in\mathbf{N}^*)$,

所以 $a_n+a_{n+1}=2n-1$,

可得 $a_n-(n-1)=-(a_{n+1}-n)$,即$\frac{a_{n+1}-n}{a_n-(n-1)}=-1$,

所以数列$\{a_n-(n-1)\}$为等比数列,且公比为-1.

因为 $a_1=a>0$,所以 $a_n=a(-1)^{n-1}+(n-1)$,$n\in\mathbf{N}^*$.

②不等式$(a_n-1)(a_{n+1}-1)\geqslant2(1-n)$即为 $a_na_{n+1}-(a_n+a_{n+1})+1\geqslant2(1-n)$,

由于 $a_n+a_{n+1}=2n-1$,所以原不等式等价于 $a_na_{n+1}\geqslant0$.

当 n 是奇数时,$a_n=a+(n-1)$,$a_{n+1}=-a+n$,

所以 $a_na_{n+1}=[a+(n-1)](-a+n)=-a^2+a+n(n-1)\geqslant0$,

即$-a^2+a\geqslant-n(n-1)$对任意的 $n\in\mathbf{N}^*$ 且 $n\geqslant2$ 恒成立,

所以$-a^2+a\geqslant-6$,解得$-2\leqslant a\leqslant3$.

当 n 是偶数时,$a_n=-a+(n-1)$,$a_{n+1}=a+n$,

由 $a_na_{n+1}\geqslant0$,得$-a^2-a\geqslant-n(n-1)$对任意的 $n\in\mathbf{N}^*$ 且 $n\geqslant2$ 恒成立,

所以$-a^2-a\geqslant-2$,解得$-2\leqslant a\leqslant1$.

因为 $a>0$,所以 a 的取值范围是 $0<a\leqslant1$.

12. 解析 (1)由已知条件可知 a_n 与 a_{n+1} 同号且 $a_1=1>0$,

故 $a_n>0$,$\frac{1}{a_n}>0$,

从而 $a_{n+1}=a_n+\frac{1}{a_n}>a_n$，所以 $a_n<a_{n+1}(n\in\mathbf{N}^*)$ 成立.

(2)因为 $a_{n+1}=a_n+\frac{1}{a_n}>a_n$，所以 $a_n\geqslant1$，

则 $a_{n+1}^2-a_n^2=2+\frac{1}{a_n^2}$，即 $2<a_{n+1}^2-a_n^2\leqslant3$，

$2<a_2^2-a_1^2\leqslant3,2<a_3^2-a_2^2<3,\cdots,2<a_n^2-a_{n-1}^2<3,n\geqslant2$，
累加得 $2(n-1)<a_n^2-1<3(n-1)$，
且当 $n=1$ 时，$\sqrt{2\times1-1}=a_1=\sqrt{3\times1-2}$，
故 $\sqrt{2n-1}\leqslant a_n\leqslant\sqrt{3n-2}(n\in\mathbf{N}^*)$.

(3)由 $a_{n+1}^2-a_n^2=2+\frac{1}{a_n^2}$，$a_2^2=4$，

可得 $a_{2017}^2-a_2^2=2\times2015+\frac{1}{a_2^2}+\frac{1}{a_3^2}+\cdots+\frac{1}{a_{2016}^2}$，

则 $a_{2017}^2<4034+\frac{1}{3}+\frac{1}{5}+\frac{1}{7}+\cdots+\frac{1}{4031}$

$<4034+\frac{1}{2}+\left(\frac{1}{4}+\frac{1}{4}\right)+\left(\frac{1}{8}+\frac{1}{8}+\frac{1}{8}+\frac{1}{8}\right)+\cdots$

$+\left(\frac{1}{2^{11}}+\frac{1}{2^{11}}+\cdots+\frac{1}{2^{11}}\right)$

$<4034+5.5=4039.5$，
而 $a_{2017}^2>4034$，
又 $63^2=3969,63.5^2=4032.25,63.6^2=4044.96$，
所以 $63.5<a_{2017}<63.6$，
故使 $|a_{2017}-m|$ 的值最小的正整数 $m=64$.

13. 解析 (1)①因为 $a_2=\frac{1}{3}\times6^2-6+3=9$，$6\times\frac{3}{2}=9$，所以 $a_2=6\times\frac{3}{2}$.

②因为 $a_3=\frac{1}{3}\times9^2-9+3=21$，$6\times\left(\frac{3}{2}\right)^3=\frac{81}{4}$，所以 $a_3>6\times\left(\frac{3}{2}\right)^3$.

(2)先用数学归纳法证明当 $n\geqslant3$ 时，$a_n>6\times\left(\frac{3}{2}\right)^{\frac{n(n-1)}{2}}$.

当 $n=3$ 时，$a_3>6\times\left(\frac{3}{2}\right)^3$；

假设当 $n=k(k\geqslant3,k\in\mathbf{N}^*)$ 时结论成立，

即 $a_k>6\times\left(\frac{3}{2}\right)^{\frac{k(k-1)}{2}}$，

当 $n=k+1$ 时，

$a_{k+1}=\frac{1}{3}a_k^2-a_k+3$

$>\frac{1}{3}\left[6\times\left(\frac{3}{2}\right)^{\frac{k(k-1)}{2}}\right]^2-6\times\left(\frac{3}{2}\right)^{\frac{k(k-1)}{2}}+3$

$>\frac{1}{3}\left[6\times\left(\frac{3}{2}\right)^{\frac{k(k-1)}{2}}\right]^2-6\times\left(\frac{3}{2}\right)^{\frac{k(k-1)}{2}}$，

从而 $\frac{a_{k+1}}{6\times\left(\frac{3}{2}\right)^{\frac{k(k+1)}{2}}}>\frac{\frac{1}{3}\left[6\times\left(\frac{3}{2}\right)^{\frac{k(k-1)}{2}}\right]^2}{6\times\left(\frac{3}{2}\right)^{\frac{k(k+1)}{2}}}-$

$\frac{6\times\left(\frac{3}{2}\right)^{\frac{k(k-1)}{2}}}{6\times\left(\frac{3}{2}\right)^{\frac{k(k+1)}{2}}}=2\times\left(\frac{3}{2}\right)^{\frac{k(k-3)}{2}}>1$，

所以 $a_{k+1}>6\times\left(\frac{3}{2}\right)^{\frac{k(k+1)}{2}}$，

故当 $n=k+1$ 时，结论也成立.

综上，当 $n\geqslant3$ 时，$a_n>6\times\left(\frac{3}{2}\right)^{\frac{n(n-1)}{2}}$.

当 $n\geqslant3$ 时，可得 $\left(\frac{a_n}{6}\right)^{\frac{2}{n}}>\left(\frac{3}{2}\right)^{n-1}$，

$\sum\limits_{i=2}^{n}\left(\frac{a_i}{6}\right)^{\frac{2}{i}}>\left(\frac{a_2}{6}\right)^{\frac{2}{2}}+\left(\frac{3}{2}\right)^2+\left(\frac{3}{2}\right)^3+\cdots+\left(\frac{3}{2}\right)^{n-1}$

$=\frac{3}{2}+\left(\frac{3}{2}\right)^2+\left(\frac{3}{2}\right)^3+\cdots+\left(\frac{3}{2}\right)^{n-1}$

$=\frac{3}{2}\times\frac{1-\left(\frac{3}{2}\right)^{n-1}}{1-\frac{3}{2}}=2\times\left(\frac{3}{2}\right)^n-3$，

所以当 $n\geqslant3$ 时，$\sum\limits_{i=2}^{n}\left(\frac{a_i}{6}\right)^{\frac{2}{i}}>2\times\left(\frac{3}{2}\right)^n-3$.

14. 解析 (1)令 $n=1$，得 $2S_1=\frac{a_2a_1}{a_2-a_1}$，又 $a_1=1$，得 $a_2=2$；

令 $n=2$，得 $2S_2=\frac{a_3a_2}{a_3-a_2}$，即 $2(a_1+a_2)=\frac{2a_3}{a_3-2}$，得 $a_3=3$.

(2) $2S_n=\frac{a_{n+1}a_n}{a_{n+1}-a_n}$ ①，

$2S_{n-1}=\frac{a_na_{n-1}}{a_n-a_{n-1}}(n\geqslant2)$ ②，

①−②得 $2a_n=\frac{a_{n+1}a_n}{a_{n+1}-a_n}-\frac{a_na_{n-1}}{a_n-a_{n-1}}$.

因为数列 $\{a_n\}$ 的各项均为正数，所以 $a_n>0$，

从而 $2=\frac{a_{n+1}}{a_{n+1}-a_n}-\frac{a_{n-1}}{a_n-a_{n-1}}$.

去分母得 $2(a_{n+1}-a_n)(a_n-a_{n-1})=a_{n+1}(a_n-a_{n-1})-a_{n-1}(a_{n+1}-a_n)$，

化简并整理得 $a_na_{n+1}-2a_n^2+a_na_{n-1}=0$，
即 $2a_n=a_{n+1}+a_{n-1}(n\geqslant2)$，
所以数列 $\{a_n\}$ 为等差数列.

(3)由(2)知，$b_{n+1}b_n=n$ ③.
当 $n=1$ 时，$b_2b_1=1$，又 $b_1=1$，所以 $b_2=1$.
由③式知，$b_nb_{n-1}=n-1(n\geqslant2)$ ④.
③−④得 $b_{n+1}b_n-b_nb_{n-1}=1(n\geqslant2)$，
即 $b_n(b_{n+1}-b_{n-1})=1(n\geqslant2)$，

依题意，$b_n\neq0$，所以 $\frac{1}{b_n}=b_{n+1}-b_{n-1}(n\geqslant2)$.

当 $n\geqslant2$ 时，$\sum\limits_{i=1}^{n}\frac{1}{b_i}=\frac{1}{b_1}+\frac{1}{b_2}+\cdots+\frac{1}{b_n}$

$=\frac{1}{b_1}+b_3-b_1+b_4-b_2+\cdots+b_n-b_{n-2}+b_{n+1}-b_{n-1}$

$=\frac{1}{b_1}-b_1-b_2+b_n+b_{n+1}$

$\geqslant2\sqrt{b_{n+1}b_n}-1=2\sqrt{a_n}-1$，

当 $n=1$ 时，$\frac{1}{b_1}\geqslant1$，原不等式也成立.

综上，$\sum\limits_{i=1}^{n}\frac{1}{b_i}\geqslant2\sqrt{a_n}-1$.

15. 解析 (1)依题意可得 $S_1=a_3-2,S_2=a_4-2$,
两式相减得 $a_2=a_4-a_3$,所以 $a_2=a_2q^2-a_2q$,
因为 $a_n>0$,所以 $q^2-q-1=0$,且 $q>0$,解得 $q=\frac{1+\sqrt{5}}{2}$.
(2)①因为 $2T_n=b_{n+1}^2-n-1$,所以 $2T_{n+1}=b_{n+2}^2-n-2$,
两式相减得 $2b_{n+1}=b_{n+2}^2-b_{n+1}^2-1$,
即 $b_{n+2}^2=(b_{n+1}+1)^2$.
因为 $b_n>0$,所以 $b_{n+2}=b_{n+1}+1$,即 $b_{n+2}-b_{n+1}=1$.
当 $n=1$ 时,由 $2T_1=b_2^2-2$,可得 $b_2=2$,故 $b_2-b_1=1$,
所以 $b_{n+1}-b_n=1$ 对任意的正整数 n 都成立,数列 $\{b_n\}$ 是等差数列,公差为 1,首项为 1,通项公式为 $b_n=n$.
②因为 $S_n=a_{n+2}-2$,所以 $S_{n+1}=a_{n+3}-2$,
两式相减得 $a_{n+1}=a_{n+3}-a_{n+2}$,即 $a_{n+3}=a_{n+1}+a_{n+2}$,
所以对任意的正整数 $n\geqslant 2$,都有 $a_{n+2}=a_n+a_{n+1}$.
令 $P_n=\sum\limits_{i=1}^{n}\frac{a_i}{2^{b_i}}=\frac{a_1}{2}+\frac{a_2}{2^2}+\frac{a_3}{2^3}+\frac{a_4}{2^4}+\cdots+\frac{a_{n-1}}{2^{n-1}}+\frac{a_n}{2^n}$.
当 $n=1,2,3$ 时,$P_n<\frac{a_1+a_2+a_3}{2}$ 显然成立.
当 $n\geqslant 4,n\in\mathbf{N}^*$ 时,$P_n=\frac{a_1}{2}+\frac{a_2}{2^2}+\frac{a_3}{2^3}+\frac{a_2+a_3}{2^4}+\frac{a_3+a_4}{2^5}+\cdots+\frac{a_{n-3}+a_{n-2}}{2^{n-1}}+\frac{a_{n-2}+a_{n-1}}{2^n}$

$=\left(\frac{a_1}{2}+\frac{a_2}{2^2}+\frac{a_3}{2^3}+\frac{a_2}{2^4}+\frac{a_3}{2^5}+\cdots+\frac{a_{n-3}}{2^{n-1}}+\frac{a_{n-2}}{2^n}\right)+\left(\frac{a_3}{2^4}+\frac{a_4}{2^5}+\cdots+\frac{a_{n-2}}{2^{n-1}}+\frac{a_{n-1}}{2^n}\right)$

$=\left(\frac{a_1}{2}+\frac{a_2}{2^2}+\frac{a_3}{2^3}+\frac{a_2}{2^4}+\frac{a_3}{2^5}+\cdots+\frac{a_{n-3}}{2^{n-1}}+\frac{a_{n-2}}{2^n}-\frac{a_1}{2^2}-\frac{a_2}{2^3}\right)+\left(\frac{a_1}{2^2}+\frac{a_2}{2^3}+\frac{a_3}{2^4}+\frac{a_4}{2^5}+\cdots+\frac{a_{n-2}}{2^{n-1}}+\frac{a_{n-1}}{2^n}\right)$

$=\frac{a_1}{2}+\frac{a_2}{2^2}+\frac{a_3}{2^3}-\frac{a_1}{2^2}-\frac{a_2}{2^3}-\frac{a_1}{2^3}+\left(\frac{a_1}{2^3}+\frac{a_2}{2^4}+\frac{a_3}{2^5}+\cdots+\frac{a_{n-3}}{2^{n-1}}+\frac{a_{n-2}}{2^n}\right)+\left(\frac{a_1}{2^2}+\frac{a_2}{2^3}+\frac{a_3}{2^4}+\frac{a_4}{2^5}+\cdots+\frac{a_{n-2}}{2^{n-1}}+\frac{a_{n-1}}{2^n}\right)$

$=\frac{a_1+a_2+a_3}{2^3}+\frac{1}{4}P_{n-2}+\frac{1}{2}P_{n-1}$

$<\frac{a_1+a_2+a_3}{2^3}+\frac{1}{4}P_n+\frac{1}{2}P_n$

$=\frac{a_1+a_2+a_3}{2^3}+\frac{3}{4}P_n$,

所以 $P_n<\frac{a_1+a_2+a_3}{2^3}+\frac{3}{4}P_n$,即 $P_n<\frac{a_1+a_2+a_3}{2}$.
综上,$\sum\limits_{i=1}^{n}\frac{a_i}{2^{b_i}}<\frac{a_1+a_2+a_3}{2}$.

【拓展探究】

16. 解析 (1)①等差数列 1,2,3,4,5,…的通项公式为 $a_n=n$,
$(a_i-a_{i+2})(a_{i+2}-a_{i+1})=[i-(i+2)][i+2-(i+1)]=-2<0$,所以此数列不是“跳跃数列”.
②等比数列 $1,-\frac{1}{2},\frac{1}{4},-\frac{1}{8},\frac{1}{16},\cdots$ 的通项公式为 $a_n=\left(-\frac{1}{2}\right)^{n-1}$,
$(a_i-a_{i+2})(a_{i+2}-a_{i+1})$
$=\left[\left(-\frac{1}{2}\right)^{i-1}-\left(-\frac{1}{2}\right)^{i+1}\right]\left[\left(-\frac{1}{2}\right)^{i+1}-\left(-\frac{1}{2}\right)^{i}\right]$
$=\frac{9}{4}\times\left(-\frac{1}{2}\right)^{2i}>0$,
所以此数列是“跳跃数列”.
(2)必要性:若 $a_1>1$,则 $\{a_n\}$ 是单调递增数列,不是“跳跃数列”;若 $a_1=1$,则 $\{a_n\}$ 是常数数列,不是“跳跃数列”.
充分性:用数学归纳法证明.
若 $0<a_1<1$,则对任何正整数 n,均有 $a_{2n-1}<a_{2n+1}<a_{2n}$,$a_{2n}>a_{2n+2}>a_{2n+1}$ 成立.
当 $n=1$ 时,$a_2=a_1{}^{a_1}>a_1^1=a_1$,$a_3=a_1{}^{a_2}<a_1{}^{a_1}=a_2$,
又 $a_2=a_1{}^{a_1}<1$,则 $a_3=a_1{}^{a_2}>a_1^1=a_1$,所以 $a_2>a_3>a_1$,
所以 $a_1{}^{a_2}<a_1{}^{a_3}<a_1{}^{a_1}$,即 $a_3<a_4<a_2$,
当 $n=1$ 时命题成立.
假设当 $n=k$ 时,$a_{2k-1}<a_{2k+1}<a_{2k}$,$a_{2k}>a_{2k+2}>a_{2k+1}$ 成立,
则 $a^{a_{2k}}<a^{a_{2k+2}}<a^{a_{2k+1}}$,即 $a_{2k+1}<a_{2k+3}<a_{2k+2}$,
从而 $a^{a_{2k+1}}>a^{a_{2k+3}}>a^{a_{2k+2}}$,即 $a_{2k+2}>a_{2k+4}>a_{2k+3}$,
所以当 $n=k+1$ 时命题也成立.
综上可知命题成立,$\{a_n\}$ 满足 $(a_i-a_{i+2})(a_{i+2}-a_{i+1})>0$,
故 $\{a_n\}$ 是“跳跃数列”.
(3)由 $a_{n+1}=\frac{19-a_n^2}{5}$,
得 $a_{n+2}=\frac{19-a_{n+1}^2}{5}=\frac{19-\left(\frac{19-a_n^2}{5}\right)^2}{5}=\frac{19\times25-(19-a_n^2)^2}{125}$,
所以 $a_{n+2}-a_{n+1}=\frac{19\times25-(19-a_n^2)^2}{125}-\frac{19-a_n^2}{5}$
$=\frac{1}{125}(a_n^2-5a_n-19)(19-a_n^2-5a_n)$,
$a_{n+2}-a_n=\frac{19\times25-(19-a_n^2)^2}{125}-a_n$
$=\frac{1}{125}(a_n-2)(a_n-3)(19-a_n^2-5a_n)$.
①若 $a_{n+1}>a_n$,则 $a_{n+1}>a_{n+2}>a_n$,
所以 $\begin{cases}\frac{1}{125}(a_n^2-5a_n-19)(19-a_n^2-5a_n)<0,\\ \frac{1}{125}(a_n-2)(a_n-3)(19-a_n^2-5a_n)>0,\end{cases}$
解得 $a_n\in\left(\frac{5-\sqrt{101}}{2},2\right)$.
②若 $a_{n+1}<a_n$,则 $a_{n+1}<a_{n+2}<a_n$,
所以 $\begin{cases}\frac{1}{125}(a_n^2-5a_n-19)(19-a_n^2-5a_n)>0,\\ \frac{1}{125}(a_n-2)(a_n-3)(19-a_n^2-5a_n)<0,\end{cases}$
解得 $a_n\in\left(3,\frac{5+\sqrt{101}}{2}\right)$.
若 $a_n\in\left(\frac{5-\sqrt{101}}{2},2\right)$,则 $a_{n+1}=\frac{19-a_n^2}{5}\in\left(3,\frac{5+\sqrt{101}}{2}\right)$,
所以 $a_1\in(-2,2)$;
若 $a_n\in\left(3,\frac{5+\sqrt{101}}{2}\right)$,则 $a_{n+1}=\frac{19-a_n^2}{5}\in(-2,2)$,所以 $a_1\in(3,\sqrt{21})$.
综上,$a_1\in(-2,2)\cup(3,\sqrt{21})$.

第12讲　导数恒成立　参数会分类

【典例分析】

【例1】解析　解法1:由 $k(x-2)<f(x)$,

可得 $x\ln x+x-kx+2k>0$,即 $\ln x+\frac{2k}{x}+1-k>0$.

设 $g(x)=\ln x+\frac{2k}{x}+1-k$,可得 $g'(x)=\frac{x-2k}{x^2}$,$k\in\mathbf{N}^*$.

若 $k=1$,则 $\ln x+\frac{2}{x}>0$,满足题意;若 $k>1$,则有下表.

x	$(0,2k)$	$2k$	$(2k,+\infty)$
$g'(x)$	$-$	0	$+$
$g(x)$	减	最小值	增

可得 $g(x)_{\min}=g(2k)=\ln 2k+2-k>0$.

设 $m(x)=\ln 2x+2-x(x\geqslant 1)$,可得 $m'(x)=\frac{1}{x}-1\leqslant 0$,由此可得 $m(x)$在$(1,+\infty)$上单调递减.

因为 $m(4)=\ln 8-2>0$,$m(5)=\ln 10-3<0$,故 k 的最大值为4.

解法2:当 $x>2$ 时,不等式 $k(x-2)<f(x)$恒成立,

即 $k<\frac{x\ln x+x}{x-2}$恒成立,即 $k<\left(\frac{x\ln x+x}{x-2}\right)_{\min}$.

设 $g(x)=\frac{x\ln x+x}{x-2}$,可得 $g'(x)=\frac{x-4-2\ln x}{(x-2)^2}$.

设 $m(x)=x-4-2\ln x$,它与 $g'(x)$同正负,可得 $m'(x)=1-\frac{2}{x}$.

因为 $x>2$,所以 $m'(x)>0$,$m(x)$在$(2,+\infty)$上单调递增.

又 $m(2)=-2-2\ln 2<0$,$m(12)=8-2\ln 12=2(4-\ln 12)>0$,所以存在 x_0 使 $m(x_0)=0$,即 $x_0-4=2\ln x_0$,可得下表.

x	$(0,x_0)$	x_0	$(x_0,+\infty)$
$g'(x)$	$-$	0	$+$
$g(x)$	减	最小值	增

所以可得 $k<g(x)_{\min}=g(x_0)=\frac{x_0\ln x_0+x_0}{x_0-2}=\frac{x_0(x_0-4)+2x_0}{2(x_0-2)}=\frac{x_0}{2}$.

下面来缩小 $m(x)=x-4-2\ln x$ 的零点 x_0 的范围.

观察 $y=\frac{1}{2}x-2$ 和 $y=\ln x$ 的图象,

易知 $m(8)=2(2-\ln 8)<0$,$m(10)=2(3-\ln 10)>0$,

所以$g(x)_{\min}=\frac{x_0}{2}\in(4,5)$.

又因为 $k\in\mathbf{N}^*$,故 k 的最大值为4.

【例2】解析　$f'(x)=\frac{a}{x}+x-(a+1)=\frac{(x-1)(x-a)}{x}$,

$f(1)=-\frac{1}{2}$.

根据导函数零点与[1,2]的位置关系,分类讨论如下.

①当 $a\leqslant 1$ 时,可得 $f'(x)\geqslant 0$,所以 $f(x)$在$[1,2]$上单调递增,则有 $f(x)_{\max}=f(2)\geqslant 0$,即 $a\ln 2-a\geqslant 0$,解得 $a\leqslant 0$.

②当 $1<a<2$ 时,列表如下.

x	$(1,a)$	a	$(a,2)$
$f'(x)$	$-$	0	$+$
$f(x)$	减	最小值	增

则有 $f(x)_{\max}=\max\{f(1),f(2)\}\geqslant 0$,可得 $a\leqslant 0$,与条件矛盾,舍去.

③当 $a\geqslant 2$ 时,可得 $f'(x)\leqslant 0$,所以 $f(x)$在$[1,2]$上单调递减,可得 $f(x)\leqslant f(1)=-\frac{1}{2}$,不满足题意.

综上所述,a 的取值范围为$(-\infty,0]$.

【例3】证明　设 $g(x)=-2\ln x+\frac{x^2-2ax-2a^2+a}{x+a}$,因为其与 $f(x)$正负相同,所以原题即证存在 $a\in(0,1)$,使得$g(x)\geqslant 0$ 在区间$(1,+\infty)$上恒成立,且 $g(x)=0$ 在区间$(1,+\infty)$上有唯一解.

$g'(x)=\frac{x^2+2ax-a}{(x+a)^2}-\frac{2}{x}=\frac{(x+2a)(x^2-2x-a)}{x(x+a)^2}$,

易知存在 $x_0\in(1,+\infty)$,使 $x_0^2-2x_0-a=0$,可得下表.

x	$(1,x_0)$	x_0	$(x_0,+\infty)$
$g'(x)$	$-$	0	$+$
$g(x)$	减	最小值	增

可得 $g(x)_{\min}=g(x_0)=0$,

即$\frac{x_0^2-2ax_0-2a^2+a}{x_0+a}-2\ln x_0=0$,

将 $a=x_0^2-2x_0$ 代入化简可得 $x_0^2-2x_0-1+\ln x_0=0$.

设 $h(x)=x^2-2x-1+\ln x$,易知 $h(x)$在$(1,+\infty)$上单调递增,且 $h(1)=-2<0$,$h(\mathrm{e})=\mathrm{e}^2-2\mathrm{e}>0$,所以 $x_0\in(1,\mathrm{e})$.

因为 $a=x_0^2-2x_0=1-\ln x_0$,所以 $a\in(0,1)$,得证.

【例4】解析　(1)令 $g(x)=\frac{f(x)}{x}=mx+n-\ln x$,则 $f(x)\geqslant 0$ 等价于 $g(x)\geqslant 0$.

$g'(x)=m-\frac{1}{x}$,因为 $m>0$ 且 $g'(x)$单调递增,所以有下表.

x	$\left(0,\frac{1}{m}\right)$	$\frac{1}{m}$	$\left(\frac{1}{m},+\infty\right)$
$g'(x)$	$-$	0	$+$
$g(x)$	减	最小值	增

可得 $g(x)_{\min}=g\left(\frac{1}{m}\right)=1+n+\ln m\geqslant 0$,即 $n\geqslant -\ln m-1$,

即$\frac{n}{m}\geqslant -\frac{\ln m+1}{m}$.

设 $h(x)=-\frac{\ln x+1}{x}$,则 $h'(x)=\frac{\ln x}{x^2}$,可得下表.

x	$(0,1)$	1	$(1,+\infty)$
$h'(x)$	$-$	0	$+$
$h(x)$	减	最小值	增

所以 $h(x)_{\min}=h(1)=-1$,可得$\frac{n}{m}\geqslant -\frac{\ln m+1}{m}\geqslant -1$,当 $m=1$,$n=-1$ 时取到等号.

(2)由(1)知,当$\frac{n}{m}$取得最小值-1时,$m=1,n=-1$,

所以$e^{x-1}+(1-2a)x\geqslant af(x)$,

即$e^{x-1}+(1-2a)x\geqslant a(x^2-x-x\ln x)$,

即$\frac{e^{x-1}}{x}-ax+a\ln x+1-a\geqslant 0$.

设$r(x)=\frac{e^{x-1}}{x}-ax+a\ln x+1-a$,

则$r'(x)=\frac{(e^{x-1}-ax)(x-1)}{x^2}$.

由$e^x\geqslant x+1$,可得$e^{x-1}\geqslant x$.

根据$r'(x)$的正负分类讨论如下.

①当$a\leqslant 1$时,得$ax\leqslant x\leqslant e^{x-1}$,即$e^{x-1}-ax\geqslant 0$,可得下表.

x	$(0,1)$	1	$(1,+\infty)$
$r'(x)$	$-$	0	$+$
$r(x)$	减	最小值	增

由$r(x)_{\min}=r(1)=2(1-a)\geqslant 0$,得$a\leqslant 1$.

②当$a>1$时,得$r(1)=2(1-a)<0$,不满足题目要求.

综上,a的取值范围为$(-\infty,1]$.

【例5】解析 (1)$f'(x)=(x-1)(e^x+2a)$.

①当$a=0$时,$f(x)=(x-2)e^x$只有一个零点,不合题意.

②当$a>0$时,可得下表.

x	$(-\infty,1)$	1	$(1,+\infty)$
$f'(x)$	$-$	0	$+$
$f(x)$	减	最小值	增

由$f(x)_{\min}=f(1)=-e<0,f(2)=a>0$,可得$f(x)$在$(1,2)$上有一个零点.

$f(x)=(x-2)e^x+a(x-1)^2=ax^2+(e^x-2a)x+a-2e^x$,

令$x_0<0$且$e^{x_0}<\frac{a}{2}<2a$,

可得$f(x_0)=ax_0^2+(e^{x_0}-2a)x_0+a-2e^{x_0}>0$,

所以在$(x_0,1)$上$f(x)$也有一个零点,满足题意.

③当$a<0$时,再分三种情况讨论.

(ⅰ)当$a=-\frac{e}{2}$时,$f'(x)=(x-1)(e^x-e)\geqslant 0$,$f(x)$单调递增,至多有一个零点,不满足题意.

(ⅱ)当$a<-\frac{e}{2}$时,$\ln(-2a)>1$,列表如下.

x	$(-\infty,1)$	1	$(1,\ln(-2a))$	$\ln(-2a)$	$(\ln(-2a),+\infty)$
$f'(x)$	$+$	0	$-$	0	$+$
$f(x)$	增	极大值	减	极小值	增

因为$f(1)=-e<0$,所以$f(x)$至多有一个零点,不满足题意.

(ⅲ)当$-\frac{e}{2}<a<0$时,$\ln(-2a)<1$,列表如下.

x	$(-\infty,\ln(-2a))$	$\ln(-2a)$	$(\ln(-2a),1)$	1	$(1,+\infty)$
$f'(x)$	$+$	0	$-$	0	$+$
$f(x)$	增	极大值	减	极小值	增

因为当$x<1$时,$(x-2)e^x<0,a(x-1)^2<0$,所以$f(x)<0$,$f(x)$至多有一个零点,不满足题意.

综上,a的取值范围为$(0,+\infty)$.

(2)欲证$x_1+x_2<2$,即证$x_1<2-x_2$.

由(1),设$x_1<1<x_2$,得$x_1<2-x_2<1$.

又由(1)知$f(x)$在$(-\infty,1)$上单调递减,所以欲证$x_1<2-x_2$,即证$f(x_1)>f(2-x_2)$.

又$f(x_1)=f(x_2)$,即证$f(x_2)>f(2-x_2)$.

设$g(x)=f(x)-f(2-x)(x>1)$,

则$g'(x)=f'(x)+f'(2-x)$

$=(x-1)(e^x+2a)+(1-x)(e^{2-x}+2a)$

$=(x-1)(e^x-e^{2-x})$.

由$x>1$,得$x>2-x$,从而$e^x-e^{2-x}>0$,$g'(x)>0$,$g(x)$在$(1,+\infty)$上单调递增,

所以$g(x)>g(1)=0$,得$f(x_2)>f(2-x_2)$,原命题得证.

【例6】解析 解法1:设$g(x)=xe^{2x}-ax-\ln x-1$,

则$g'(x)=(2x+1)e^{2x}-a-\frac{1}{x}=\frac{x(2x+1)e^{2x}-ax-1}{x}$,

$g''(x)=4(x+1)e^{2x}+\frac{1}{x^2}>0$,

所以$g'(x)$在$(0,+\infty)$上单调递增.

设$r(x)=x(2x+1)e^{2x}-ax-1$,可得$r(x)$与$g'(x)$在$(0,+\infty)$上有相同的零点分布且$r(0)=-1<0$,又因为$e^{2x}>1$,所以$r(x)=x(2x+1)e^{2x}-ax-1>2x^2+(1-a)x-1$.

设方程$2x^2+(1-a)x-1=0$的正根为x_1,可得$r(x_1)>0$,所以$r(x)$在$(0,+\infty)$上有零点,即$g'(x)$在$(0,+\infty)$上有零点,又$g'(x)$在$(0,+\infty)$上单调递增,所以存在一个$x_0\in(0,+\infty)$,使$g'(x_0)=0$.

所以$(2x_0+1)e^{2x_0}-a-\frac{1}{x_0}=0$,

可得$a=(2x_0+1)e^{2x_0}-\frac{1}{x_0}$.

列表如下.

x	$(0,x_0)$	x_0	$(x_0,+\infty)$
$g'(x)$	$-$	0	$+$
$g(x)$	减	最小值	增

$g(x)_{\min}=g(x_0)=x_0e^{2x_0}-ax_0-\ln x_0-1=-2x_0^2e^{2x_0}-\ln x_0$.

对任意的$x>0$,$f(x)\leqslant xe^{2x}$恒成立,等价于$g(x)_{\min}\geqslant 0$,

即$2x_0^2e^{2x_0}\leqslant -\ln x_0$,即$2x_0e^{2x_0}\leqslant\frac{1}{x_0}\ln\frac{1}{x_0}=e^{\ln\frac{1}{x_0}}\ln\frac{1}{x_0}$.

设$h(x)=xe^x$,易知$h(x)$在$(0,+\infty)$上单调递增,又$h(2x_0)\leqslant h\left(\ln\frac{1}{x_0}\right)$,所以$2x_0\leqslant\ln\frac{1}{x_0}$,即$e^{2x_0}\leqslant\frac{1}{x_0}$.

所以$a=(2x_0+1)e^{2x_0}-\frac{1}{x_0}\leqslant(2x_0+1)\frac{1}{x_0}-\frac{1}{x_0}=2$,即实数$a$的取值范围为$(-\infty,2]$.

解法2:对任意的$x>0$,$f(x)\leqslant xe^{2x}$恒成立,等价于$a\leqslant e^{2x}-\frac{\ln x+1}{x}$在$(0,+\infty)$上恒成立.

设 $g(x)=e^{2x}-\frac{\ln x+1}{x}$,则 $g'(x)=\frac{\ln x+2x^2e^{2x}}{x^2}$.

再令 $h(x)=\ln x+2x^2e^{2x}$,

可得 $h(x)$ 在 $(0,+\infty)$ 上单调递增,

又 $h(1)=2e^2>0,h\left(\frac{1}{4}\right)=\frac{e^{\frac{1}{2}}-8\ln4}{8}<0$,

所以存在 $x_0\in(0,+\infty)$,使 $h(x_0)=0$,即 $g'(x_0)=0$,可得 $2x_0^2e^{2x_0}+\ln x_0=0$.

列表如下.

x	$(0,x_0)$	x_0	$(x_0,+\infty)$
$g'(x)$	$-$	0	$+$
$g(x)$	减	最小值	增

$g(x)_{\min}=g(x_0)=e^{2x_0}-\frac{\ln x_0+1}{x_0}=-\frac{\ln x_0}{2x_0^2}-\frac{\ln x_0+1}{x_0}$.

由 $2x_0^2e^{2x_0}+\ln x_0=0$,可得 $2x_0^2e^{2x_0}=-\ln x_0$,

从而 $2x_0e^{2x_0}=\frac{1}{x_0}\ln\frac{1}{x_0}=e^{\ln\frac{1}{x_0}}\ln\frac{1}{x_0}$.

设 $m(x)=xe^x$,易知 $m(x)$ 在 $(0,+\infty)$ 上单调递增且 $m(2x_0)=m\left(\ln\frac{1}{x_0}\right)$,所以 $-2x_0=\ln x_0$,

$g(x)_{\min}=-\frac{\ln x_0}{2x_0^2}-\frac{\ln x_0+1}{x_0}=\frac{2x_0}{2x_0^2}-\frac{-2x_0+1}{x_0}=2$.

所以实数 a 的取值范围为 $(-\infty,2]$.

解法3:因为 $e^x\geqslant x+1$,所以 $e^{\ln x+2x}\geqslant\ln x+2x+1$,即 $xe^{2x}\geqslant\ln x+2x+1$.

又对任意的 $x>0,f(x)\leqslant xe^{2x}$ 恒成立,即 $xe^{2x}\geqslant\ln x+ax+1$,所以 $xe^{2x}\geqslant\ln x+2x+1\geqslant\ln x+ax+1$,比较系数得实数 a 的取值范围为 $(-\infty,2]$.

【巩固练习】

1. D **解析** 设 $f(x)=x^4-4x^3$,可得 $f'(x)=4x^3-12x^2=4x^2(x-3)$,所以 $f(x)_{\min}=f(3)=-27$,由 $-27>2-a$,得 $a>29$,故选D.

2. D **解析** 由 $\left(2x-\frac{y}{e}\right)\ln\frac{y}{x}\leqslant\frac{x}{me}$,

可得 $\left(2e-\frac{y}{x}\right)\ln\frac{y}{x}\leqslant\frac{1}{m}$.

令 $t=\frac{y}{x}$,设 $f(t)=(2e-t)\ln t$,则 $f'(t)=-\ln t+\frac{2e}{t}-1$,

可得 $f'(t)$ 单调递减且 $f'(e)=0$,

所以 $f(t)_{\max}=f(e)=e$,

可得 $e\leqslant\frac{1}{m}$,即 $0<m\leqslant\frac{1}{e}$,故选D.

3. C **解析** 设 $h(x)=f(x)-g(x)$,存在 $x_0\in\mathbf{R}$,满足 $f(x_0)=g(x_0)$ 且 $f'(x_0)=g'(x_0)$,即 $h(x_0)=h'(x_0)=0$.

对于A,$h(x)=-x^2-x+2,h'(x)=-2x-1$,令 $h'(x_0)=0$,得 $x_0=-\frac{1}{2}$,而 $h\left(-\frac{1}{2}\right)\neq0$,所以不存在"S点",故A错误.

对于B,$h(x)=x^3-3x^2+3x-1,h'(x)=3x^2-6x+3$,令 $h'(x_0)=0$,得 $x_0=1$,而 $h(1)=0$,所以存在"S点",故B错误.

对于C,$h(x)=\frac{e}{2}x^2-1-\ln x,h'(x)=ex-\frac{1}{x}$,令 $h'(x_0)=0$,得 $x_0=e^{-\frac{1}{2}}$,而 $h(e^{-\frac{1}{2}})=0$,所以存在"S点",故C正确.

对于D,设 $t=x+\ln x$,则 $h(t)=e^t-t-1,h'(t)=e^t-1$,令 $h'(t_0)=0$,得 $t_0=0$,而 $h(0)=0$,且 $x+\ln x=0$ 有解,所以存在"S点",故D错误.

故选C.

4. ABD **解析** 对于A,$f(x)=x+\frac{1}{x}\geqslant2$,故A正确.

对于B,$f'(x)=1+\ln x,f'(x)$ 单调递增且 $f'\left(\frac{1}{e}\right)=0$,所以 $f(x)\geqslant f(x)_{\min}=f\left(\frac{1}{e}\right)=-\frac{1}{e}$,所以 $f(x)$ 有下界;易知 $\ln x\geqslant1-\frac{1}{x}$,则有 $f(x)=x\ln x\geqslant x\left(1-\frac{1}{x}\right)=x-1$,所以 $f(x)$ 无上界.故B正确.

对于C,$f(x)=\frac{e^x}{x^2}>0$,所以 $f(x)$ 有下界,故C错误.

对于D,因为 $f(x)=\frac{\sin x}{x^2+1}\leqslant\frac{1}{x^2+1}\leqslant1,f(x)=\frac{\sin x}{x^2+1}\geqslant\frac{-1}{x^2+1}\geqslant-1$,所以 $f(x)$ 有界,故D正确.

故选ABD.

5. $\left[-1,\frac{\pi}{2}\right]$ **解析** 存在 $x_0\in\left[0,\frac{\pi}{2}\right]$,使得 $f(x_0)=x_0$,

即 $a=x-\cos x$ 在区间 $\left[0,\frac{\pi}{2}\right]$ 上有解.

设 $g(x)=x-\cos x$,则 $g'(x)=1+\sin x\geqslant0,g(x)$ 在 $\left[0,\frac{\pi}{2}\right]$ 上单调递增,所以 $g(x)\in\left[-1,\frac{\pi}{2}\right]$,故 a 的取值范围为 $\left[-1,\frac{\pi}{2}\right]$.

6. e **解析** 由 $f(x)=\left(x+\frac{3}{x}-3\right)e^x-\frac{a}{x}\leqslant0$ 有正实数解,

可得存在 $x>0$,使 $a\geqslant(x^2-3x+3)e^x$ 成立.

设 $g(x)=(x^2-3x+3)e^x$,则 $g'(x)=(x^2-x)e^x$,可得 $g(x)_{\min}=g(1)=e$,所以实数 a 的最小值为e.

7. $-\frac{1}{2}-\ln2$ **解析** 由 $f(m)=g(n)$,可得 $e^{m-1}=2+\ln2n=t$,则有 $m=\ln t+1,n=\frac{e^{t-2}}{2}$.

设 $h(t)=n-m=\frac{e^{t-2}}{2}-\ln t-1$,则 $h'(t)=\frac{e^{t-2}}{2}-\frac{1}{t}$,

可得 $h'(t)$ 单调递增且 $h'(2)=0$,

所以 $h(t)_{\min}=h(2)=-\frac{1}{2}-\ln2$,

即 $n-m$ 的最小值为 $-\frac{1}{2}-\ln2$.

8. $(-\infty,-\sqrt{2}]$ **解析** $f(x)=\frac{x^4-x^3(\cos\theta+1)-x(\sin\theta+1)+1}{x^2}$

$=x^2+\frac{1}{x^2}-\left(x+\frac{1}{x}\right)-\left(x\cos\theta+\frac{1}{x}\sin\theta\right)$

$\geqslant x^2+\frac{1}{x^2}-\left(x+\frac{1}{x}\right)-\sqrt{x^2+\frac{1}{x^2}}$

$=x^2+\frac{1}{x^2}-\sqrt{x^2+\frac{1}{x^2}+2}-\sqrt{x^2+\frac{1}{x^2}}$.

设 $t=\sqrt{x^2+\frac{1}{x^2}}\geqslant\sqrt{2}$,$g(t)=t^2-\sqrt{t^2+2}-t$,

则 $g'(t)=2t-1-\frac{t}{\sqrt{t^2+2}}>2t-1-1>0$,

$g(t)$在$(\sqrt{2},+\infty)$上单调递增,得 $g(t)_{\min}=g(\sqrt{2})=-\sqrt{2}$.

因为上述不等式均可取到等号,所以 m 的取值范围是$(-\infty,-\sqrt{2}]$.

9. 解析 若对 $\forall x_1\in\left[\frac{1}{2},2\right]$,$\exists x_2\in\left[\frac{1}{2},2\right]$,使 $f'(x_1)\leqslant g(x_2)$成立,则 $f'(x_1)_{\max}\leqslant g(x_2)_{\max}$.

$f'(x)=x^2+2x+a=(x+1)^2+a-1$,因为 $f'(x)$在$\left[\frac{1}{2},2\right]$上单调递增,所以 $f'(x)_{\max}=f'(2)=a+8$.

$g'(x)=\frac{1-x}{e^x}$,可得下表.

x	$\left(\frac{1}{2},1\right)$	1	$(1,2)$
$g'(x)$	+	0	−
$g(x)$	增	最大值	减

则 $g(x)_{\max}=g(1)=\frac{1}{e}$.

因此,$a+8\leqslant\frac{1}{e}$,得 $a\leqslant\frac{1}{e}-8$.

综上,a 的取值范围为$\left(-\infty,\frac{1}{e}-8\right]$.

10. 解析 解法 1:设 $h(x)=f(x)-mg(x)=\ln x-mx^2+(1-2m)x+1$,

可得 $h'(x)=\frac{-2mx^2+(1-2m)x+1}{x}=\frac{(1-2mx)(x+1)}{x}$.

①当 $m\leqslant0$ 时,$h'(x)>0$,所以 $h(x)$在$(0,+\infty)$上单调递增,又 $h(1)=-3m+2>0$,故不满足题意.

②当 $m>0$ 时,$h'\left(\frac{1}{2m}\right)=0$ 且 $y=1-2mx$ 单调递减,所以可得下表.

x	$\left(0,\frac{1}{2m}\right)$	$\frac{1}{2m}$	$\left(\frac{1}{2m},+\infty\right)$
$h'(x)$	+	0	−
$h(x)$	增	最大值	减

应有 $h(x)_{\max}=h\left(\frac{1}{2m}\right)=\frac{1}{4m}-\ln2m\leqslant0$.

设 $t(m)=\frac{1}{4m}-\ln2m$,易知 $t(m)$在$(0,+\infty)$上单调递减,

又$t\left(\frac{1}{2}\right)=\frac{1}{2}>0$,$t(1)=\frac{1}{4}-\ln2=\frac{1-\ln16}{4}<0$,

所以当 $m\geqslant1$ 时,$t(m)\leqslant t(1)<0$,满足题意,故整数 m 的最小值为 1.

解法 2:设 $h(x)=f(x)-mg(x)=\ln x-mx^2+(1-2m)x+1$,可得 $h(1)=-3m+2$,当 $m\leqslant0$ 时,$h(1)=-3m+2>0$,不满足题意.

然后证明当 $m=1$ 时,对任意的 $x>0$ 都有 $h(x)\leqslant0$.

因为 $\ln x\leqslant x-1$,所以 $h(x)=\ln x-x^2-x+1\leqslant x-1-x^2-x+1=-x^2\leqslant0$,满足题意,所以整数 m 的最小值为 1.

11. 解析 解法 1:当 $x\geqslant0$ 时,$f(x)\geqslant0$,即 $x(e^x-1-ax)\geqslant0$,即 $e^x-1-ax\geqslant0$.

设 $g(x)=e^x-1-ax$,可得 $g'(x)=e^x-a$,$g(0)=0$.

根据导函数的正负分类讨论如下.

①当 $a\leqslant1$ 时,$g'(x)=e^x-a\geqslant0$,可得 $g(x)$在$[0,+\infty)$上单调递增,$g(x)\geqslant g(0)=0$,所以 $a\leqslant1$ 满足题意.

②当 $a>1$ 时,因为 $g'(\ln a)=e^{\ln a}-a=0$ 且 $g'(x)$单调递增,所以可得下表.

x	$(0,\ln a)$	$\ln a$	$(\ln a,+\infty)$
$g'(x)$	−	0	+
$g(x)$	减	最小值	增

可得 $g(\ln a)<g(0)=0$,所以 $a>1$ 不满足题意.

综上,$a\in(-\infty,1]$.

解法 2:当 $x\geqslant0$ 时,$f(x)\geqslant0$,即 $x(e^x-1-ax)\geqslant0$,即 $e^x-1-ax\geqslant0$.

设 $g(x)=e^x-1-ax$,可得 $g'(x)=e^x-a$,$g(0)=0$.

因为 $e^x-1-ax\geqslant0$ 等价于 $g(x)\geqslant g(0)$,所以可得必要条件 $g'(0)\geqslant0$,即 $1-a\geqslant0$,可得 $a\leqslant1$.

然后证明当 $x\geqslant0$ 且 $a\leqslant1$ 时,$e^x-1-ax\geqslant0$ 恒成立.

由 $a\leqslant1$,可得 $x+1\geqslant ax+1$,因为 $e^x\geqslant x+1$,所以 $e^x\geqslant ax+1$,即 $a\leqslant1$ 是充分条件.

综上,$a\in(-\infty,1]$.

12. 解析 (1)$f'(x)=\ln x+\frac{1}{x}$.

由 $xf'(x)\leqslant x^2+ax+1$,

得 $x\ln x\leqslant x^2+ax$,即 $\ln x-x\leqslant a$.

设 $g(x)=\ln x-x$,则 $g'(x)=\frac{1}{x}-1$,可得下表.

x	$(0,1)$	1	$(1,+\infty)$
$g'(x)$	+	0	−
$g(x)$	增	最大值	减

所以 $a\geqslant g(x)_{\max}=g(1)=-1$,即 $a\in[-1,+\infty)$.

(2)由(1)可得 $\ln x-x\leqslant-1$,

用$\frac{1}{x}$代替 x,可得$-\ln x-\frac{1}{x}\leqslant-1$,即 $\ln x+\frac{1}{x}\geqslant1$,

所以 $f'(x)=\ln x+\frac{1}{x}>0$,可得 $f(x)$在$(0,+\infty)$上单调递增且 $f(1)=0$.

根据 $x-1$ 的正负分类讨论如下.

①当 $x\geqslant1$ 时,可得 $f(x)\geqslant f(1)=0$,所以$(x-1)f(x)\geqslant0$.

②当 $0<x<1$ 时,可得 $f(x)<f(1)=0$,所以$(x-1)f(x)>0$.

综上,$(x-1)f(x)\geqslant0$.

13. 解析 解法 1:$f(x)\leqslant ax+1$ 恒成立,

即$(1-x^2)e^x-ax\leqslant1$ 恒成立.

设 $g(x)=(1-x^2)e^x-ax$，

则 $g'(x)=(1-x^2-2x)e^x-a$，

$g''(x)=-(x^2+4x+1)e^x<0$，

$g'(x)$在$[0,+\infty)$上单调递减，$g'(0)=1-a$，$g(0)=1$.

①当 $g'(0)=1-a\leqslant 0$ 时，可得 $g'(x)\leqslant 0$，$g(x)$在$[0,+\infty)$上单调递减，所以 $g(x)\leqslant g(0)=1$，即 $a\geqslant 1$ 满足题目要求.

②当 $g'(0)=1-a>0$ 时，因为 $g'(x)$在$[0,+\infty)$上单调递减，所以 $g'(x)$在$[0,+\infty)$上至多存在一个零点.

若存在零点 x_0 使 $g'(x_0)=0$，可得 $g(x)$在$[0,x_0)$上单调递增，得 $g(x_0)>g(0)=1$，不满足题目要求；

若不存在零点，可得 $g'(x)>0$，则 $g(x)$在$(0,+\infty)$上单调递增，得 $g(x)>g(0)=1$，不满足题目要求.

综上，a 的取值范围为 $a\geqslant 1$.

解法 2：$f(x)\leqslant ax+1$ 恒成立，

即$(1-x^2)e^x-ax\leqslant 1$ 恒成立.

设 $g(x)=(1-x^2)e^x-ax$，

则 $g'(x)=(1-x^2-2x)e^x-a$.

因为当 $x\geqslant 0$ 时，$g(0)=1\geqslant g(x)$，所以必要条件为 $g'(0)\leqslant 0$，即 $a\geqslant 1$.

然后证明当 $a\geqslant 1$ 时，$(1-x^2)e^x\leqslant ax+1$ 恒成立.

因为 $a\geqslant 1$，所以 $ax+1\geqslant x+1$，

又因为 $e^x\geqslant x+1$，所以 $e^{-x}\geqslant -x+1$，即 $1\geqslant(1-x)e^x$，

从而有 $1+x\geqslant(1-x^2)e^x$，

所以$(1-x^2)e^x\leqslant ax+1$ 成立.

综上，a 的取值范围为 $a\geqslant 1$.

解法 3：$f(x)\leqslant ax+1$ 恒成立，

即$(1-x^2)e^x-ax\leqslant 1$ 恒成立.

设 $g(x)=(1-x^2)e^x-ax$，

则 $g'(x)=(1-x^2-2x)e^x-a$.

因为当 $x\geqslant 0$ 时，$g(0)=1\geqslant g(x)$，所以必要条件为 $g'(0)\leqslant 0$，即 $a\geqslant 1$.

然后证明当 $a\geqslant 1$ 时，$g(x)\leqslant 1$ 恒成立.

$g''(x)=-(x^2+4x+1)e^x$，当 $x\geqslant 0$ 时，$g''(x)<0$，$g'(x)$在$[0,+\infty)$上单调递减，可得 $g'(x)<g'(0)=1-a$.

当 $a\geqslant 1$ 时，可得 $g'(x)<1-a\leqslant 0$，$g(x)$在$[0,+\infty)$上单调递减，所以 $g(x)\leqslant g(0)=1$.

综上，a 的取值范围为 $a\geqslant 1$.

14. 解析 解法 1：$f'(x)=ae^{x-1}-\dfrac{1}{x}$.

易知 $f'(x)$单调递增，$f'(x)=ae^{x-1}-\dfrac{1}{x}=\dfrac{axe^{x-1}-1}{x}$的正负性和零点分布与 $g(x)=axe^{x-1}-1$ 相同，且 $g(0)=-1<0$，由 $e^x\geqslant x+1$，得 $g\left(\dfrac{1}{\sqrt{a}}+1\right)=a\left(\dfrac{1}{\sqrt{a}}+1\right)e^{\frac{1}{\sqrt{a}}}-1\geqslant a\left(\dfrac{1}{\sqrt{a}}+1\right)^2-1=a+2\sqrt{a}>0$.

所以存在 $x_0\in(0,+\infty)$，使 $f'(x_0)=0$，即 $ae^{x_0-1}-\dfrac{1}{x_0}=0$，

可得 $a=\dfrac{1}{x_0e^{x_0-1}}$，列表如下.

x	$(0,x_0)$	x_0	$(x_0,+\infty)$
$f'(x)$	$-$	0	$+$
$f(x)$	减	最小值	增

$f(x)\geqslant 1$ 恒成立等价于 $f(x_0)\geqslant 1$，

可得 $f(x_0)=ae^{x_0-1}-\ln x_0+\ln a=\dfrac{1}{x_0}-x_0-2\ln x_0+1\geqslant 1$，

即$\dfrac{1}{x_0}-x_0-2\ln x_0\geqslant 0$.

因为函数 $y=\dfrac{1}{x}-x-2\ln x$ 单调递减，且当 $x=1$ 时，$y=0$，

所以 $0<x_0\leqslant 1$，又因为 $a=\dfrac{1}{x_0e^{x_0-1}}$在$(0,1]$上单调递减，

所以 $a\geqslant\dfrac{1}{1\times e^0}=1$，即 a 的取值范围为 $a\geqslant 1$.

解法 2：$f(x)\geqslant 1$ 恒成立的必要条件是 $f(1)\geqslant 1$，即 $a+\ln a\geqslant 1$.

设 $g(a)=a+\ln a$，则 $g(1)=1$.

因为 $g(a)$在$(0,+\infty)$上单调递增，由 $a+\ln a\geqslant 1$，即 $g(a)\geqslant g(1)$，可得 $a\geqslant 1$.

然后用放缩法证明当 $a\geqslant 1$ 时，$f(x)\geqslant 1$ 恒成立.

因为当 $a\geqslant 1$ 时，$ae^{x-1}+\ln a\geqslant e^{x-1}\geqslant x\geqslant\ln x+1$，

所以 $ae^{x-1}+\ln a\geqslant\ln x+1$，

即 $ae^{x-1}+\ln a-\ln x\geqslant 1$，即 $f(x)\geqslant 1$.

所以 a 的取值范围为 $a\geqslant 1$.

15. 解析 (1) $f(x)=x(ax-a-\ln x)\geqslant 0$，即 $ax-a-\ln x\geqslant 0$.

设 $g(x)=ax-a-\ln x$，则 $g'(x)=a-\dfrac{1}{x}$，$g(1)=0$.

①当 $a\leqslant 0$ 时，$g'(x)=a-\dfrac{1}{x}<0$，可得 $g(x)$在$(0,+\infty)$上单调递减，当 $x>1$ 时，$g(x)<0$，不满足题目要求.

②当 $a>0$ 时，$g'\left(\dfrac{1}{a}\right)=0$，$g'(x)$单调递增，可得下表.

x	$\left(0,\dfrac{1}{a}\right)$	$\dfrac{1}{a}$	$\left(\dfrac{1}{a},+\infty\right)$
$g'(x)$	$-$	0	$+$
$g(x)$	减	最小值	增

则 $g(x)_{\min}=g\left(\dfrac{1}{a}\right)=1-a+\ln a\geqslant 0=g(1)$，可得$\dfrac{1}{a}=1$，

即 $a=1$.

综上，$a=1$.

(2)由(1)得 $f(x)=x^2-x-x\ln x$，

则 $f'(x)=2x-2-\ln x$，$f''(x)=2-\dfrac{1}{x}$，可得下表.

x	$\left(0,\dfrac{1}{2}\right)$	$\dfrac{1}{2}$	$\left(\dfrac{1}{2},+\infty\right)$
$f''(x)$	$-$	0	$+$
$f'(x)$	减	最小值	增

可得 $f'(x)$在$\left(0,\dfrac{1}{2}\right)$上单调递减，$f'\left(\dfrac{1}{2}\right)=\ln 2-1<0$，

$f'(e^{-2})=2e^{-2}>0$,所以存在 $x_0\in\left(e^{-2},\frac{1}{2}\right)$,使 $f'(x_0)=0$,可得下表.

x	(e^{-2},x_0)	x_0	$\left(x_0,\frac{1}{2}\right)$
$f'(x)$	+	0	−
$f(x)$	增	极大值	减

可得 $f(x_0)>f(e^{-2})=e^{-4}+e^{-2}>e^{-2}$.

由 $f'(x_0)=0$ 可得 $2x_0-2=\ln x_0$,

所以 $f(x_0)=x_0^2-x_0-x_0(2x_0-2)=-x_0^2+x_0=-\left(x_0-\frac{1}{2}\right)^2+\frac{1}{4}<\frac{1}{4}$.

综上,$f(x)$存在唯一的极大值点 x_0,且 $e^{-2}<f(x_0)<2^{-2}$.

【拓展探究】

16. 解析 解法 1:$f(x)=ae^{ax}-\sqrt{x}=e^{ax}\left(a-\frac{\sqrt{x}}{e^{ax}}\right)$.

设 $g(x)=a-\frac{\sqrt{x}}{e^{ax}}$,可得 $g(x)$同样存在两个零点,$g'(x)=\frac{2ax-1}{2e^{ax}\sqrt{x}}$,所以有下表.

x	$\left(0,\frac{1}{2a}\right)$	$\frac{1}{2a}$	$\left(\frac{1}{2a},+\infty\right)$
$g'(x)$	−	0	+
$g(x)$	减	最小值	增

可得 $g(x)_{\min}=g\left(\frac{1}{2a}\right)=a-\frac{\sqrt{\frac{1}{2a}}}{e^{\frac{1}{2}}}<0$,

解得 $0<a<\sqrt[3]{\frac{1}{2e}}$.

因为 $g(0)=a>0$,$g\left(\frac{1}{a^4}\right)=a-\frac{\frac{1}{a^2}}{e^{a^{-3}}}>a-\frac{\frac{1}{a^2}}{\frac{1}{a^3}}=0$,所以 $g(x)$在$\left(0,\frac{1}{2a}\right)$,$\left(\frac{1}{2a},\frac{1}{a^4}\right)$上各有一个零点,满足题目要求,所以 a 的取值范围为 $0<a<\sqrt[3]{\frac{1}{2e}}$.

解法 2:$f(x)=ae^{ax}-\sqrt{x}=e^{ax+\ln a}-e^{\frac{1}{2}\ln x}$,$f(x)=0$ 即 $e^{ax+\ln a}=e^{\frac{1}{2}\ln x}$.

因为 $y=e^x$ 为单调函数,所以有 $ax+\ln a=\frac{1}{2}\ln x$.

设 $g(x)=2ax+2\ln a-\ln x$,则 $f(x)$存在两个零点等价于 $g(x)$存在两个零点.

$g'(x)=2a-\frac{1}{x}$,列表如下.

x	$\left(0,\frac{1}{2a}\right)$	$\frac{1}{2a}$	$\left(\frac{1}{2a},+\infty\right)$
$g'(x)$	−	0	+
$g(x)$	减	最小值	增

所以有 $g(x)_{\min}=g\left(\frac{1}{2a}\right)=1+2\ln a+\ln 2a=\ln 2ea^3<0$,

解得 $0<a<\sqrt[3]{\frac{1}{2e}}$.

又因为 $g(a^2)=2a^3>0$,$g\left(\frac{1}{a^4}\right)=\frac{2}{a^3}+6\ln a=2\left(\frac{1}{a^3}+\ln a^3\right)>2\left[\ln\left(\frac{1}{a^3}\right)+\ln a^3\right]=0$,所以 $g(x)$在$\left(0,\frac{1}{2a}\right)$,$\left(\frac{1}{2a},\frac{1}{a^4}\right)$上各有一个零点,满足题目要求,所以 a 的取值范围为 $0<a<\sqrt[3]{\frac{1}{2e}}$.